广东省课程思政示范校建设项目

编委会

主　编：丁　霞　彭华国
编　委：曾兰燕　丁西泠　王　智　陈霓婷

新发展理念下
高职院校课程思政
研究与实践

丁　霞　彭华国　主编

暨南大学出版社
JINAN UNIVERSITY PRESS

中国·广州

图书在版编目（CIP）数据

新发展理念下高职院校课程思政研究与实践/丁霞，彭华国主编. —广州：暨南大学出版社，2023.12
ISBN 978 - 7 - 5668 - 3760 - 8

Ⅰ.①新…　Ⅱ.①丁…　②彭…　Ⅲ.①高等职业教育—思想政治教育—教学研究—中国　Ⅳ.①G711

中国国家版本馆 CIP 数据核字（2023）第 157870 号

新发展理念下高职院校课程思政研究与实践
XIN FAZHAN LINIAN XIA GAOZHI YUANXIAO KECHENG SIZHENG YANJIU YU SHIJIAN
主　编：丁　霞　彭华国
···

出 版 人：阳　翼
策　　划：黄圣英
责任编辑：颜　彦
责任校对：刘舜怡
责任印制：周一丹　郑玉婷

出版发行：暨南大学出版社（511443）
电　　话：总编室（8620）37332601
　　　　　营销部（8620）37332680　37332681　37332682　37332683
传　　真：（8620）37332660（办公室）　37332684（营销部）
网　　址：http://www.jnupress.com
排　　版：广州尚文数码科技有限公司
印　　刷：广州市金骏彩色印务有限公司
开　　本：787mm×1092mm　1/16
印　　张：14.5
字　　数：276 千
版　　次：2023 年 12 月第 1 版
印　　次：2023 年 12 月第 1 次
定　　价：59.80 元

（暨大版图书如有印装质量问题，请与出版社总编室联系调换）

前　言

2016 年 12 月，全国高校思想政治工作会议上，习近平总书记提到"把思想政治工作贯穿教育教学全过程，开创我国高等教育事业发展新局面"，基于此，"课程承载思政、思政寓于课程"的课程思政改革在高校开始试点进行。2019 年 3 月 18 日，习近平总书记在学校思想政治理论课教师座谈会上再次强调"要坚持显性教育和隐性教育相统一，挖掘其他课程和教学方式中蕴含的思想政治教育资源，实现全员全程全方位育人"，让课程思政改革更有了厚植的土壤。教育部《高等学校课程思政建设指导纲要》也明确指出，必须将价值塑造、知识传授和能力培养三者融为一体，不可割裂。党的二十大报告指出要完善思想政治工作体系，推进大中小学思想政治教育一体化建设。2022 年 5 月新修订施行的《中华人民共和国职业教育法》则以立法的形式指出实施职业教育应当弘扬社会主义核心价值观，对受教育者进行思想政治教育和职业道德教育。这些指示和文件精神既强调和奠定了高职教育要把课程思政体系建设作为重要工程的基调，也为高职院校做好思想政治教育工作提供了科学遵循。广东省教育厅 2020 年制定的《关于全面推进高职院校课程思政建设工作的意见》（粤教职〔2020〕9 号），也强调要把思想政治教育贯穿人才培养体系，全面推进高职院校课程思政建设工作。

为了响应和服务国家、省市关于高职院校课程思政建设的文件精神，广州科技贸易职业学院 2020 年申报教育部职业院校文化素质教指委全国职业院校课程思政研究中心（以下简称"思政中心"）并成功入选（全国共 29 个）。在思政中心主任丁霞教授的带领下，思政中心指导学院教师开展各项课程思政建设探索与实践工作。思政中心团队围绕"立德树人"根本任务，深入省内外高职学校、企业及有关机构开展广泛的调研工作，根据高职院校人才培养目标及高职学生的特点，深入剖析人才培养方案，研究高职院校课程思政建设模式与路径；开展高职院校专业群课程思政体系构建研究与实践，通过产教融合背景下专业群课程思政体系构建，帮助专业双师团队深入挖掘课程思政的德育内涵和元素，优化课程内容、丰富教育形式、提高教学效果、提升育人质量，为学校思政育人工作拓展思政教育边际和辐射空间，壮大师资队伍和建设育人共同体，主动与产业对接并合作共促，实现课程思政高质量建设和发展。

　　本书的研究与实践，能够为政府制定课程思政的有关政策提供参考，同时对于推进广州市乃至广东省、全国其他高职院校课程思政建设工作具有一定的借鉴作用。本书所收集项目研究成果的某些观点还有待实践的进一步验证，不足之处希望读者批评指正。

编　者

2023 年 12 月 13 日

目　录

CONTENTS

模块三　课程思政教学实践

模块一
课程思政建设路径研究

高职院校思想政治教育改革矛盾观研究

丁　霞①

摘　要：改革矛盾观是影响思想政治教育改革实践、决定改革去向及成败的重要因素。高职院校思想政治教育改革矛盾观相互方之间不是非此即彼、有你无我的绝对排斥关系，而是对立统一的辩证关系。多年来，矛盾双方竞争发展、相互博弈，造就了高职院校思想政治教育的跨越式发展。应认识矛盾观的同一性和共同价值，鼓励矛盾观多样发展。

关键词：高职院校；思想政治教育；改革；矛盾；矛盾观

引言：　高职院校思想政治教育改革的困惑

随着"职教二十条"、最新的《中华人民共和国职业教育法》的出台，高等职业教育进入蓬勃发展的新时代。新时代新形势下，作为教育对象的高职院校学生的主体意识逐渐觉醒，有了更强的自我意识和主观能动性。作为高职院校铸魂育人、立德树人的关键环节，高职院校思想政治教育改革也面临新的挑战和要求。要构建"大思政格局"、落实立德树人根本任务，高职院校思想政治教育改革势在必行。伴随着经济结构和社会结构的迅速转型，功利主义、极端实用主义的教育价值观曾是影响高职院校学生的重要因素。作为德育的主要途径，高职院校思想政治教育承载着优化道德教育、提升思想素质、塑造价值观的重要历史任务。但随着社会经济基础水平的提升，上层建筑对高职院校思想政治教育提出了新的要求，培养出高素质技术技能人才是高职院校的育人目标。因此，高职院校思想政治教育必须改革。改革需澄清几个困惑：第一，当前高职院校思想政治教育是否必须全盘推倒再重建？第二，是否重视专业发展的传统思想政治教育是消极的，而重视职业再造的现代思想政治教育就是积极的？第三，思想政治教育重在预防、诊治，还是发展？第四，思想政治教育改革必须坚持实践第一，还是理论第一？

---

①　作者简介：丁霞，广州科技贸易职业学院副院长、教授，主要研究方向：思想政治教育。

一、　何为思想政治教育改革矛盾观

（一）概念诠释

本文认为，思想政治教育改革矛盾观指人们在思想政治教育改革活动中，用以指导改革行为的、具有逻辑对立关系的观念、看法和认识。思想政治教育改革矛盾观是影响改革实践、决定改革去向及成败的重要因素。

（二）四大矛盾观及以往的认识

当前，在高职院校思想政治教育改革领域，表现突出的四大矛盾观有：专业观与职业观，未来观与现实观，理论观与实践观，发展观与预防观。每种矛盾观的相互方常被视为逻辑对立的关系，在以往高职院校思想政治教育改革的实践中，职业观、现实观、实践观及预防观被认识和定义为"积极的、肯定的、长远的"；而专业观、未来观、理论观、发展观则被批评有形式主义倾向和功利主义思想，并被贴上"消极的、否定的、短视的"标签（见表1）。

表1　以往对矛盾观的认识

以往认识	矛盾观
积极的 肯定的 长远的	职业观 现实观 实践观 预防观
消极的 否定的 短视的	专业观 未来观 理论观 发展观

高职院校思想政治教育改革无疑是一场利益角逐和能量比对的激烈竞争。我们必须弄清楚矛盾观两方的关系，并使这些矛盾观有理有据地站稳脚跟，使之成为指引改革的坚定认识，才能有效减少改革的代价。基于以上关于高职院校思想政治教育改革认识上的偏差，研究认为，需要对此进行学理解释和澄清。

二、　四大矛盾观的主要内容及论争焦点

（一）职业观与专业观

职业观指的是人们对某一特定职业的根本看法和态度，也是社会对从事某种

专业工作人员的较为恒定的角色认定。职业观有三个构成要素——维持生活、完善个性、服务社会。因此，优势的职业观将指引主体从个体职业生涯发展的角度，以学生、家长、用人单位的身份开展教育改革，主体将更加关注职业的市场前景、社会评价。

专业观是人们对各专业持有的态度及认识，对于人们如何选择、评价、建设专业起到重要作用。对于高职院校思想政治教育改革来说，优势的专业观将指引主体从专业发展的角度，以高职院校教师、研究者或行政管理者的身份开展教育改革，重点关注专业、科目及课程的发展，并以提高专业报到率、就业率、对口率为重要任务。

多年以来，职业观和专业观论争的焦点是专业重心还是职业重心，而这也是困扰高职院校思想政治教育改革的重要因素。一方面，以专业为重心的改革，使学科得到了长足的发展，专业的学术性得到了加强，哲学理论教育、政治理论教育、伦理道德教育、民主法治教育、心理健康教育等科目之间的协调性得到了提升；另一方面，以职业为重心的改革，使教学更贴近市场需求，较好地解决了思想政治教育实效性不足的问题，人才规格与市场标准具有了更高的契合度。

（二）现实观与未来观

现实观是一种以现实为导向的意识和观念。以现实观指引高职院校思想政治教育改革，更关注影响思想政治教育的各种市场因素，注重培养学生的岗位认识和职业道德，并以就业为导向选择思想政治教育素材，做到有的放矢。

未来观是人们持有的一种着眼于未来的意识和观念。以未来观指引高职院校思想政治教育改革，将更加关注改革后教育的发展趋势和未来效益，重心是从终身教育的角度提升教育者的思想水平，反对"止于够用"的教育行为。

围绕当前就业和未来发展两大主题，现实观和未来观展开了激烈论战，论争的焦点是：一方面，持有未来观的高职院校思想政治教育改革者，指称现实观存在"短视"思想；另一方面，持有现实观的高职院校思想政治教育改革者，坚持市场导向的信念，批评未来观指引的教育行为存在目标不清晰、标准模糊等问题。

（三）实践观与理论观

思想政治教育改革中的实践观，是人们在改革活动中始终坚持的"实践第一"的态度、观点和看法。秉持实践观指引高职院校思想政治教育改革，改革更倾向学以致用、以工促学，强调学生通过参与社会实践、亲身情感体验来提升思想政治水平。

思想政治教育改革中的理论观，是人们认为在改革的活动中，只有打下坚实的理论基石才能提升思想政治教育质量，以给学生筑基铸魂的一种观念。这种观念强调通过扎实的思想政治理论学习让学生形成完善的世界观和方法论，为学生启智润心，重视杜绝学术浮夸论调和形式主义学习之风。

高职院校思想政治教育改革中的实践观和理论观，辩驳的焦点在于理论和实践究竟谁是第一、谁为基石，其支持者都在改革的过程中找到了事实根据。当然，我们必须警惕理论至上或者实践至上的现象。

（四）预防观与发展观

思想政治教育改革中的预防观，是人们在改革的活动中持有的一种认真诊治、积极预防的态度和观念，略带有悲观主义、现实主义的倾向。持预防观的改革者认为，思想政治教育危机无处不在，必须积极预防，避免危机出现和问题再次发生。

思想政治教育改革中的发展观，是人们以发展的视角看待思想政治教育改革的一种观念。发展观指引的改革具有乐观主义的倾向，改革重心落在增强学生具有潜在发展能力的精神素质上。但极端化的发展观容易使思想政治教育改革走向盲目乐观主义的境地。

预防导向和发展导向孰重孰轻的问题是预防观和发展观论争的焦点。高职院校思想政治教育改革究竟应以预防为导向，还是以发展为导向，人们在实践中都能找到支持的力量。

三、 矛盾观的对立统一关系及对高职院校思想政治教育改革的促进作用

高职院校思想政治教育改革四大矛盾观的相互方之间虽立论清晰、事实依据充分，但仍不能绝对地驳倒各自的对立面，理由是角度不同。矛盾观相互方之间，并不是非此即彼、有你无我的绝对排斥关系，而是遵循矛盾辩证统一发展定律的对立统一关系，并具有矛盾的斗争性、同一性特征。

多年来，正是高职院校思想政治教育改革中矛盾观相互方之间的力量消长、不断博弈，造就了思想政治教育的跨越式发展。

（一）职业、实践导向的改革和专业、理论导向的改革各有所长

新中国成立初期至 20 世纪 80 年代初期，我国高职院校思想政治教育沿循

"理想主义"的道路行进，以专业观、理论观指引教育改革，之后被狠批"空洞无物""虚无主义"；80年代中后期，在市场经济模式下，高职院校思想政治教育大改革，几近"推倒重来"，直接调头向"实用主义"道路行进。多年实践证明，传统具有理想主义倾向的专业观、理论观，和现代具有实用主义倾向的职业观、实践观对学生的成长和发展都缺一不可。职业观、实践观的教育让学生更快适应社会现实需要、促进社会各行业的发展，专业观、理论观的教育让学生思想价值观得到长足发展、推动国家素质教育的发展。高职院校思想政治教育改革单纯以传统具有理想主义倾向的专业观、理论观，或者现代具有实用主义倾向的职业观、实践观作指导，改革代价必然非常巨大。这种忽左忽右式的改革，只会增加改革既得利益者的额外收益，剥夺广大人民群众的全面教育权益。

高职院校思想政治教育在走过"理想主义"和"形式主义"的老路，同时在付出惨痛的代价之后，形成了共性启示：职业、实践导向的改革和专业、理论导向的改革并不决然对立，而是各有所长，互为补充。四种观念、四种导向联合作用在高职院校思想政治教育改革上，能减少改革的代价，促进思想政治教育科学发展。

（二）未来、发展导向的改革和现实、预防导向的改革具有共性价值

未来观、发展观指引的高职院校思想政治教育改革，与现实观、预防观指引的改革，区别在于意识导向和方式方法。前两者以乐观主义的态度去改革，提倡采用建设性策略，支持树榜样、立标杆、扬人善等思想政治教育方法；后者以现实主义态度去改革，重视预防性策略在思想政治教育中的运用，如加强法制教育、关注心理危机预防、强化组织纪律等。

对高职院校思想政治教育改革而言，两组矛盾观不仅有区别性，也有共同性。纵观新中国成立以来高职院校思想政治教育改革的历史，不难发现，即便导向不同、方法各异，想方设法地发挥思想政治教育的"育人"作用，体现其在意识形态领域的价值，永远是主流的、主要的。因此，无论是未来、发展导向的思想政治教育改革，还是现实、预防导向的改革，两者具有目标的同一性、价值的共同性。

四、　对高职院校思想政治教育改革矛盾观持有的立场及态度

应该怎样处理好四组观念矛盾方之间的关系？概括地说，应鼓励多样探索，鼓励人们从多方位、多角度对思想政治教育改革作探讨，不要坚持某一种观念而

压制、替代其他观念。在把握共性规律和基本价值的基础上，要使矛盾各方真正起到促进思想政治教育发展的作用。

（一）发挥职业观、实践观的优势作用，专业观、理论观的补充作用

高职院校思想政治教育改革必须本着实事求是的态度，遵循职业发展规律，不断调整教育思路，解决理论内容过于庞杂、教学方法脱离实际的问题，才能获得发展。这点正体现了职业观和实践观对高职院校思想政治教育的导向作用。

换个角度，为了避免职业导向和实践导向的高职院校思想政治教育改革走向极端实用主义，从而满布功利色彩，同时为了避免教师学术不端行为发生，帮助学生打下扎实的专业理论功底，专业导向和理论导向的改革是高职院校思想政治教育改革的必由之路。

关键问题是，职业、实践导向的改革和专业、理论导向的改革各有所长，高职院校思想政治教育改革在具体的执行过程中，绝对不能搞平均主义，那是否应有所偏重？

基于当前社会现实需要和思想政治教育的学科特点，本文认为，职业、实践导向的改革应为主流，起优势作用；专业、理论导向的改革可为补充，起辅助作用。高职院校需要在以马克思主义理论为指导的大背景下，关心学生的发展与需求，不断改革创新，促进大学生的全面发展。这是本文的基本立场。

（二）发挥未来观、发展观的主导作用，正视现实观、预防观的辅助作用

首先，我们需要坚持未来性、发展性是高职院校思想政治教育改革的主旋律，倡导以未来观、发展观为改革的主要指引。在现实与未来、预防与发展两者难以兼顾的情况下，合理的改革应以未来发展为主导，毕竟"发展才是硬道理"，以发展为主导是当代中国改革的核心问题和主旋律，也是加速解决种种社会问题的根本途径。正如习近平总书记所强调的，学校思想政治教育就是要"努力培养担当民族复兴大任的时代新人"。高职院校思想政治教育工作也是助推中国特色社会主义发展和解决社会主要矛盾的有力途径。

其次，我们需要非常慎重地处理好当前现实与未来发展的关系。在高职院校思想政治教育改革过程中，应该正视现实，做好预警。既看到社会和人性光辉的一面，通过思想政治教育巩固它，同时也要看到社会和人性阴暗的一面，有意识地通过思想政治教育扭转它，从而最大限度地降低改革风险与代价，千方百计地避免问题重现，发挥思想政治教育改革现实观、预防观的辅助作用。这是本文的基本态度。

参考文献

［1］高姗姗．高校思想政治教育改革纵论［J］．中学政治教学参考，2020（42）．

［2］陈晓红．新时代高校思想政治工作的新形势新内涵新要求：学习习近平关于高校思想政治工作的重要论述［J］．福建师范大学学报（哲学社会科学版），2019（3）．

［3］王鹏宇．社会主要矛盾转变下的高校思想政治教育发展路径研究［J］．新西部，2020（12）．

［4］习近平主持召开学校思想政治理论课教师座谈会强调　用新时代中国特色社会主义思想铸魂育人　贯彻党的教育方针落实立德树人根本任务［N］．人民日报，2019 – 03 – 19．

［5］彭正德，邵似玉．新时代高校思想政治教育主要矛盾探析［J］．思想教育研究，2020（7）．

［6］蔡春．在权力与权利之间：教育政治学导论［M］．北京：北京师范大学出版社，2010．

［7］教育部社会科学研究与思想政治工作司．比较思想政治教育学［M］．北京：高等教育出版社，2001．

［8］罗文，杨纪武，张天祥，等．云南师范大学思想政治理论课教育教学改革与探索［M］．昆明：云南大学出版社，2009．

［9］范前锋．新矛盾观：构建和谐社会的方法论初探［J］．贵州社会主义学院学报，2008（1）．

［10］许丽萍．现代思想政治教育的实践性研究［D］．哈尔滨：哈尔滨师范大学，2011．

［11］韦冬雪．思想政治教育过程矛盾和规律研究［D］．重庆：西南大学，2008．

［12］叶启绩，齐久恒．高校思想政治理论课教师专业化发展新探［J］．思想政治教育研究，2011（1）．

［13］石中英，张夏青．30 年教育改革的中国经验［J］．北京师范大学学报（社会科学版），2008（5）．

高校"立德树人"的理论审思与实践建构①

彭华国②

摘　要："立德树人"是我党教育工作的根本任务，也是教育工作者必须始终坚持和践行的初心使命。高等职业院校开展思想政治教育存在学校、教师、学生三个层面的误区，应重新审视"立德树人"新的使命和内涵，明晰"立"什么"德"和"树"什么"人"的问题。要真正实现"立德树人"的"大思政"育人格局，需融合育人课程、整合育人渠道、组合育人队伍，将"立德树人"做深做实，同心同向同行重塑高等职业院校"大思政"育人新格局。

关键词：立德树人；大思政；理论审思

党的初心和使命就是为人民谋幸福、为民族谋复兴。中国共产党成立100多年来，这个初心和使命始终激励着中国共产党人奋勇前行，团结带领全国人民取得了一个又一个丰功伟绩，实现了从站起来、富起来到强起来的伟大飞跃，开启了国家富强、民族振兴、人民幸福的伟大复兴新征程。作为一名教育工作者，教育的初心和使命是什么？习近平总书记强调："要全面贯彻党的教育方针，落实立德树人根本任务，发展素质教育，推进教育公平，培养德智体美全面发展的社会主义建设者和接班人。"[1]

习近平总书记立足全局，深刻回答了培养什么样的人、如何培养人、为谁培养人等重大问题，是新时代高等教育理论的精髓。由此，"立德树人"既是高等教育的根本任务，也是我国教育现代化的行动指南，更是党的教育工作者必须始终坚持和践行的初心和使命。

一、新时代"立德树人"的理解与认识

进入新时代，人类面临前所未有的德性挑战。为实施人才强国战略，进一步

---

①　本文为广东省党建研究会2020年度课题成果。
②　作者简介：彭华国，广州科技贸易职业学院党委书记、副教授，主要研究方向：思想政治教育。

提升国民素质和人才培养质量，实现中华民族伟大复兴，需进一步强化对"立德树人"这一教育方针的深刻认识。

（一）"立德树人"是我党始终坚持的教育方针

新中国成立以来，党的教育目标始终强调人的全面发展。毛泽东指出："我们的教育方针，应该使受教育者在德育、智育、体育几方面都得到发展，成为有社会主义觉悟的有文化的劳动者。"[2]党的十八大首次强调高校"立德树人"的根本任务，党的十九大要求将"立德树人"的定位置于"全面发展"之上，进一步继承、丰富和发展了党的教育方针。我党始终坚持将"立德树人"作为教育方针，指出德性的成长和德育的发展是人全面发展的重要组成要素，体现了党对"教育如何培养人"这个问题的一贯重视。

（二）"立德树人"是高水平人才培养体系建设的核心

孔子曰："弟子入则孝，出则悌，谨而信，泛爱众，而亲仁。行有余力，则以学文。"[3]教育的首要任务是先教人做人，后教人读书。有大德方有大智慧，高等教育应该把握新时代对人才培养的新要求，"德"在人才素质中处于首要地位，是形成高水平的人才培养体系的核心要素。习近平总书记在"立德树人"教育方针方面提出了一系列新的主张和论断，2013年5月4日，在同各界优秀青年代表座谈时，告诫广大青年要坚定理想信念，"功崇惟志，业广惟勤"；[4]2014年5月4日，在北京大学考察时将青年价值观的养成比喻成扣扣子，要扣好人生的第一粒扣子[5]，因为青年的价值观决定整个社会的价值观；2018年5月2日，在北京大学师生座谈会上要求大学生"立鸿鹄志，做奋斗者"，强调人无德不立，立德是育人的根本。[6]

这些论述是习近平总书记对新时代教育发展和人才成长规律的深刻感悟，进一步回答了"培养什么样的人、如何培养人"的问题。

（三）"立德树人"是办成人民满意教育的时代要求

全心全意为人民服务是中国共产党的根本宗旨，办好人民满意的教育是为人民服务的重要内容，党历来重视以人民为中心的教育发展理念。习近平总书记指出人民对美好生活的向往就是我们的奋斗目标，"办好人民满意的教育"和"落实立德树人根本任务"，体现了以人民为中心的教育理念。教育发展必须不断满足人民群众日益增长的教育需要，新时代人民对教育的期盼不仅是满足谋生需要的"成业之教"和满足学习需求的"成学之教"，更是满足成人需要的"成人之教"和满足终身幸福需求的"幸福之教"，而立德树人则是办成人民满意教育的时代之需。

二、 高等职业院校开展思想政治教育的几个误区

高等职业院校在贯彻落实立德树人根本任务、深入开展思想政治教育的实际工作中，往往会陷入以下几个误区：

（一） 学校层面，"知识技能优先"的观念影响思想政治教育推进的深度

一些高校存在知识技能教育与思想价值教育相分离的现象，削弱了高校课程体系应有的"共同体"育人合力，往往只注重学生知识与技能的传授，而忽略学生价值观的培养，造成高校课程育人的重任落在思想政治理论课仅有的几门课程上，专业课教师教书不育德，思想政治理论课教师单线孤军作战的现象普遍存在。

（二） 教师层面，"课程思政"与"思政课程"区别存疑影响思想政治教育推进的力度

习近平总书记在学校思想政治理论课教师座谈会上提出"要坚持显性教育和隐性教育相统一，挖掘其他课程和教学方式中蕴含的思想政治教育资源，实现全员全程全方位育人"[7]。

课程思政即是"课程承载思政、思政寓于课程"。对于非思政课教师，区分课程思政与思政课程有一定难度，他们对于如何将自己的专业课与思政课融合心存疑惑，思政元素往往碎片化植入，缺乏系统化设计、立体化渗透；或者对思政元素"度"的把握不够准确，专业课过度思政化，引发学生反感，影响思想政治教育推进的力度。

（三） 学生层面，"学习功利化"影响思想政治教育的情感温度

随着高等教育的普及，大学毕业生就业和发展压力愈来愈大，他们更愿意将有限的时间和精力投入见效更快的专业知识和专业技能的提升中。而思政教育只会对学生产生潜移默化的影响和积沙成塔的改变，学生对思政教育没有兴趣深入思考，也没能细心体会课堂中专任教师、通识课教师用温暖的话语所传递出的蕴藏于课程之中的人文意识，影响了思想政治教育推进的情感温度。

三、 高等职业院校贯彻落实 "立德树人" 的实践思考

（一） 发挥思政课的主导作用

习近平总书记在 2019 年 3 月 18 日学校思想政治理论课教师座谈会上指出："思政课是落实立德树人根本任务的关键课程"，"思政课作用不可替代"。2019

年 8 月中共中央办公厅、国务院办公厅印发的《关于深化新时代学校思想政治理论课改革创新的若干意见》更是从意义、要求、教材体系、教师队伍、课程特色等方面阐述了全方位推进思政课改革创新的措施和路径，提出应进一步发挥思政课的主导作用。

（二）课程思政与思政课程协同育人，同心同向同行

作为高校思政育人的重要形式，课程育人应发挥积极作用，实现思政课主导，各门课程明确分工、协同配合、高效联动，合力打通德育"大动脉"，畅通"微循环"，提升育人"硬实力"。改变课程思政上级文件要求高、专业教师热情低的现状，在务实的合作中促进学生树立正确价值观、提升专业技能、热心服务社会的多方互利共赢，实现育人的总体目标。落实同心同向同行，关键要解决在各类课程中增强育人意识，打破过去把思政教育仅仅局限于必修的几门思政课这一传统思维，自觉养成课堂中的价值引导意识，树立全过程、全课程育人理念，把思政课、专业课和通识课、选修课各类课程看成"思想政治教育共同体"，以立德树人为圆心，共同构建"大思政"育人格局，擘画思政教育的"同心圆"。以课程思政建设为契机，在知识传授和技能培养中，以润物无声的方式实现价值引领。

（三）强化思政引领，打造课程思政精品示范

一方面，强化思政课教师的引领作用，全面梳理课程思政的思政融入元素，并进行分类归纳，供各专业课、通识课教师进行课程思政教学设计时参考。加强思政课教师与专业教师合作，进行课程思政的系统化设计、多样化实施策略。通过课程设计中蕴含的价值观、人生观、世界观、家国情怀等来引导学生增强对中国特色社会主义的情感共鸣和价值认同。

另一方面，加强课程思政教学的培训，高职院校相互交流经验，邀请专家进行课程思政教学指导，鼓励高职院校重点课程专业带头人积极开展本专业课程思政教学示范，持续开展各类课程思政教学比赛，打造一批课程思政精品示范课程，并通过制作微课、慕课等方式对课程思政进行浸润化演绎，加强师生对课程思政的理解。

（四）加强思政课与日常思政教育的渠道协同

加强思政课与日常思政教育的目标融合。思政课倾向理论的灌输，目的是学习马克思主义理论；日常思政教育具有鲜明的实践特征，强调学生管理、学生服务和学生实践。目前，大多数学校的思政课与日常思政教育在教育目标上存在分化现象，不利于提高学生思政育人水平。以理论教育为主的思政课与以组织实践

活动为主的日常思政教育应配合互补，才能实现课堂内外的知信行相统一。这就要求思政课除了要讲授基本理论以外，更要重视教育的针对性，让理论更加契合实际、贴近生活、贴近学生。而思政教育不仅要以学生为本，重视教育温度，满足成长的期待和需求，更要强调教育深度，把实践育人上升到理论高度，为学生的成长与发展答疑释惑。

加强思政课与日常思政教育的方法结合。长期以来，思政课与日常思政教育的方法呈现割裂的分离状态。思政课主要在课堂上进行，思政教师虽具有良好的理论知识，但实践活动开展的范围和广度受到限制。而日常思政教育则相反，主要在课余时间进行，有志愿服务、团建活动、文艺演出、各类比赛等多种实践形式，范围广泛，实践育人优势显著，但理论深度略显不足。唯有把二者结合起来，才能优势互补、协同育人。同时，思政课要把社会实践纳入课堂教学，把教学延伸到课堂之外，尝试实施"课堂教学＋社会实践"[8]的教学方式。

（五）加强思政课专任教师与专业课教师、学生管理人员的队伍协同

无论是"课程育人"还是"渠道育人"，都离不开教师组织、协调、全程参与，实现两者协同育人更离不开教师队伍的协同，包括专职与专职、专职与兼职思政课队伍之间的联合育人。

首先，加强思政课专任教师与辅导员队伍协作。思政课教师承担着高校思想政治理论课的教学任务，其关注点在专业研究、课程建设和课堂教学上，对大学生日常的行为表现、思想动态了解途径和掌握方式较为有限。辅导员、班主任等组织各类学生活动，与学生朝夕相处，解决他们日常生活中的各种问题，能够全面系统地了解学校思政工作，但是囿于业务繁忙，无法提供准确的理论指导，造成高校思政工作的分割状态。

其次，增强思政课专任教师与其他课程教师育人合力。两者协同育人意识需一致，教学中要互通有无、互进课堂。可邀请其他学科专家进入思政课堂开展专题授课，制定激励政策，鼓励思政课专任教师听专业课、通识课教师授课，让思政课专任教师在深入了解课程专业知识的基础上，能够更好地在价值引领、社会实践、校企合作、实践教学设计等环节提出建设性的思政育人建议和指导。

最后，完善推进队伍协作的保障制度建设。完善管理机制，明确协同育人具体内容，融合思政课与专业课教学、专任教师与学生管理人员的信息资源共享互动交流；[9]完善考核机制，把课程思政开展情况纳入教师考核，提升学校治理水平与治理能力，建章立制，在职称晋升、发展培训、评选推优过程中，使参与协同育人的教师、管理者得到更多机会。

　　总之，要真正实现"立德树人"的大思政育人格局，需各类课程与思政课同心同向同行，扩展育人渠道，实现优势互补。整合育人队伍，实现思政课教师与专业课、通识课教师及学工、团委、辅导员、班主任的协调配合，最终形成课程协同、渠道协同、队伍协同的"三协同"，将"立德树人"做深做实，以实际行动诠释"立德树人"的初心与使命。

参考文献

［1］习近平. 习近平谈治国理政：第三卷［M］. 北京：外文出版社，2020：36.

［2］毛泽东. 毛泽东文集：第七卷［M］. 北京：人民出版社，1999：226.

［3］论语·学而篇［M］. 北京：北京燕山出版社，2016：3.

［4］甘生统. 功崇惟志，业广惟勤［N］. 光明日报，2017－01－13（2）.

［5］习近平. 在同各界优秀青年代表座谈时的讲话［N］. 人民日报，2013－05－04.

［6］习近平. 在北京大学师生座谈会上的讲话［M］. 北京：人民出版社，2018：17.

［7］习近平. 思政课是落实立德树人根本任务的关键课程［J］. 求是，2020（17）：15.

［8］项久雨. 高校思想政治理论课协同效应生成的三个维度［J］. 思想理论教育，2018（4）：67－68.

［9］李力. 新时代高校立德树人协同策略研究［D］. 长春：东北师范大学，2019：100.

融合广东特色课程思政群，发挥聚合效应①

黄雪梅 丁 霞②

摘 要：实现中华民族伟大复兴新的历史使命需要凝聚最广泛的中国力量。新时代赋予了课程思政发挥聚合效应的重要使命。课程思政建设以因事而化、因时而进、因势而新为基本原则，与广东地方特色相结合，将宝贵的岭南历史文化资源运用到新时代的粤港澳大湾区建设实践中，以构建思政为引领的"1+n"模式的特色课程思政群为路径，发挥课程思政群的聚合效应，从而丰富课程思政的建设使命、内容和方法，为各地课程思政特色发展提供新思路。

关键词：聚合效应；课程思政；广东特色；课程思政群

习近平总书记指出："当今世界正在经历百年未有之大变局，实现中华民族伟大复兴正处于关键时期，把各方面智慧和力量凝聚起来，形成海内外中华儿女心往一处想、劲往一处使的强大合力。"[1]习近平总书记在多个场合都强调要凝聚起同心共筑中国梦的磅礴力量。服务中华民族伟大复兴是教育的重要使命，而课程思政以其构建全员、全程、全课程育人格局的独有的"三全"特征，必将担负这一重大使命，发挥凝聚各方面力量的聚合效应。

聚合效应，是指以共同的目标即中华民族伟大复兴为愿景，广泛凝聚各方力量，形成强大合力，产生"1+1>2"的效应。发挥聚合效应，是新时代发展对课程思政提出的突出要求。课程思政建设以因事而化、因时而进、因势而新为基本遵循，希冀在原有课程思政建设基础上，切合广东的经济社会发展使命和历史文化特点，构建融合广东特色课程思政"群"，发挥聚合效应，践行教育使命，以此为各地课程思政践行新使命提供新思路。

---

① 本文为2018年广州市教育科学规划课题"粤港澳大湾区文化融合背景下高职思政育人实效性研究"（编号：201811690）结题论文。
② 作者简介：黄雪梅，广州科技贸易职业学院副教授；丁霞，广州科技贸易职业学院副院长、教授。

一、 课程思政发挥聚合效应的重大意义： 新时代赋予的使命使然

课程思政发挥聚合效应，是在中国处在新的历史方位并着力实现中华民族伟大复兴历史新使命的背景下提出的。新时代为广东在改革开放和中国特色社会主义现代化建设中赋予了重要的地位和使命，践行好使命，服务好全国发展大局，需要凝聚粤港澳三地乃至海内外中华儿女的力量，这是新时代赋予课程思政的重要使命。

第一，赋予粤港澳大湾区推动港澳融入国家发展大局使命使然。

习近平总书记以敏锐的洞察力作出"当今世界处于百年未有之大变局"的重大判断。这一判断说明当今世界，中国等国家的崛起使得世界格局发生了变化，大国间的战略博弈加剧。这预示着中华民族伟大复兴从外部环境看，处在船到中流浪更急、人到半山路更陡的时候。国家提出以"一带一路"为建设重点，坚持全国一盘棋，加强协作，凝聚力量，迎接挑战。粤港澳大湾区建设在这一新形势下被赋予重要的战略使命。作为"一带一路"建设的重要支撑区，粤港澳不仅要加强合作，还要深化内地与港澳合作，推动港澳融入国家发展大局。[2]中国特色社会主义制度和国家治理体系的巨大优势主要体现在党的集中领导、统一安排和互相协作上，港澳融入国家发展大局是实现中华民族伟大复兴的重要一环。但是，粤港澳大湾区建设当前面临着三地民心隔阂的现实问题，这种隔阂为粤港澳大湾区建设带来了重重阻力。如何消弭隔阂，以实现港澳融入国家发展大局，这是重要的时代之问。

第二，赋予粤港澳大湾区引领改革开放使命使然。

改革开放推动了中国特色社会主义事业的伟大飞跃，是党和人民大踏步赶上时代的重要法宝，也是实现中华民族伟大复兴的关键一环。2018年10月，在纪念改革开放40周年之际，习近平总书记时隔6年再赴广东考察调研，发出了高举新时代改革开放旗帜、把改革开放不断推向深入的宣言。自党的十八大以来，习近平总书记多次对广东提出希望，从"三个定位，两个率先"到"四个坚持、三个支撑、两个走在前列"，再到"四个走在全国前列"，要求广东改革开放的精神实质一脉相承、走在前列的使命担当一以贯之、先行先试的政治勇气一如既往。当前粤港澳大湾区建设已进入战略实施期，要求进一步提升粤港澳大湾区在对外开放中的支撑引领作用，这是国家赋予湾区建设的重大使命。粤港澳三地在改革开放中有着各自明显的优势，要将三地力量聚合在一起，践行改革开放引领作用这一战略使命，现实中存在较严峻的压力。由于三地之间现存意识隔阂和制

度差异，给凝聚共识、铸就强大的改革开放引领合力带来了一定的阻力。

第三，赋予广东侨乡凝聚最广泛发展力量使命使然。

实现中华民族伟大复兴中国梦必须凝聚中国力量。新中国的主要缔造者毛泽东主席就非常重视建设力量的凝聚，他曾在《论十大关系》中指出："提出这十个问题，都是围绕着一个基本方针，就是要把国内外一切积极因素调动起来，为社会主义事业服务。"进入新时代的中国，继承老一辈政治家的智慧，指出实现中国梦必须凝聚中国力量，这就是包括全国各族人民和海内外中华儿女的最广泛发展力量的凝聚。习近平总书记曾指出："我国有 5 000 多万海外侨胞，这是我国发展的一个独特优势。改革开放有海外侨胞的一份功劳。"[3]广东是中国最大的侨乡，拥有 3 000 多万海外华侨华人，这是广东特殊的发展优势。广大的华侨华人怀着赤子之心，为祖国的革命、建设和改革开放做出了巨大贡献。"现在，我们比历史上任何时期都更接近中华民族伟大复兴的目标，比历史上任何时期都更有信心、有能力实现这个目标。"[4]众所周知，越是到目标即将实现的时候往往也是困难、阻力最大的时候。因此，广东当前的一项重要工作就是必须着力凝聚力量，发挥聚合效应。中共中央、国务院印发的《粤港澳大湾区发展规划纲要》提出："要积极引导华侨华人参与大湾区建设，更好发挥华侨华人、归侨侨眷以及港澳居民的纽带作用……"

从以上分析可知，在中华民族伟大复兴的关键时期，国家赋予了粤港澳大湾区重要的战略使命，但现实的共同阻力就是三地的隔阂问题。课程思政要践行为中华民族伟大复兴服务的使命，坚持问题导向，找准解决问题的钥匙，思考如何凝聚民心，同心共筑中国梦。

二、　课程思政发挥聚合效应的精神之匙：　岭南侨乡文化

岭南由于其天然独特的地域特点，在发展历程中得以吸取和融汇中原文化、当地土著文化、海外文化、华侨文化和港澳文化等多种文化元素，进而逐渐形成具有鲜明中西合璧特征的一种文化类型。尤其到了近代，随着岭南人的大量出洋，多种文化思潮相互交织，岭南侨乡文化更成为中西文化交流的重要桥梁，并且逐渐得到粤港澳及海内外中华儿女的认同。在实现中华民族伟大复兴和粤港澳大湾区建设新的实践背景下，针对凝聚发展合力的时代之需，在习近平新时代中国特色社会主义思想指导下，依据《高校思想政治工作质量提升工程实施纲要》关于"深入开展中华优秀传统文化的传承和转化提升质量"精神，要进一步挖掘岭南侨乡文化的思想精华和道德精髓，坚定文化自信，实现以文化人，凝聚粤

港澳三地乃至海内外中华儿女力量。

第一，岭南侨乡文化强烈的"根"意识回答了"我们是谁"。

文化是历史的馈赠。岭南侨乡文化深植于岭南地区发展的历史长河之中，深耕于其乡土之间，是连接粤港澳三地乃至海内外中华儿女的精神纽带，昭显粤港澳三地同根同源。粤港澳三地具有地域相连、文化相通的特点。在历史上，粤港澳三地同属广东省，即使在近代以后出现了分离，但三地仍保持着广泛的联系。粤港澳三地发展的过去、现在和将来可以用"风雨同舟、守望相助、共创未来"来概括，在粤港澳大湾区建设及中华民族伟大复兴的今天，粤港澳三地命运更紧密相连。文化即交际，语言承载文化。根据相关方言专家研究，早期香港的方言多样，但来自珠三角用粤方言的广府人逐渐占大部分，且以商界和文化界的人士居多，因此以广州话为标准的粤语很快成为香港的通用语言，大洋洲、美洲等地的许多华侨华人也讲粤语，共同的语言成为实现跨地区文化认同的重要基础。

第二，岭南侨乡文化家国情怀的"魂"回答了"我们为了谁"。

爱国主义是中华民族的民族精神的核心，是中华民族团结一心的精神力量。岭南侨乡文化有着浓浓的家国情怀，其中潮汕侨批当属最具代表性的文化之一。侨批就是出国谋生的海外潮人寄回家乡赡养胞亲和禀报平安的民间寄汇，体现了海外侨胞报效桑梓和倾力支持祖国事业的家国情怀。据《潮州志》记载："都市大企业及公益交通事业各建设多由华侨投资而成，内地乡村所有新祠厦屋更有十之八九系侨资盖建。"在抗战期间，遍布世界各地的侨胞节衣缩食，以年捐、月捐、节日特别捐、结婚祝寿喜筵节约捐等形式捐款救国。据统计，海外侨胞每月捐赠约达 2 000 万元国币，相当于国内每月军费的三分之一。[5]在庆祝澳门回归祖国 20 周年大会上，习近平总书记对澳门的成功总结了五大"亮点"，其中第一大亮点就是爱国爱澳成为澳门全社会的核心价值，他指出："澳门各类学校的爱国主义教育有声有色，国家意识和爱国精神在青少年心田中深深扎根"[6]，有爱国之因，才有繁荣之果。

第三，岭南侨乡文化的"坚守、理解、对话和变通"特点回答了"我们还可以这样"。

"我们还可以这样"透出强烈的文化自信。纵观岭南文化发展史，最早是实现了中原汉文化与当地土著文化的融合，本土文化逐渐转向汉文化认同，形成岭南文化中坚守中原文化本根性的特点；随后在与海外文化和港澳文化元素融合的过程中，岭南文化始终坚守自身文化的底色。岭南侨乡文化就是在不同文化群体相互交往的漫长历史过程中融合而成的，这一过程充斥着冲突、交融和成长。这种历练造就了岭南侨乡文化突出的坚守底色、善解人意、擅于对话、长于变通的特点。粤港澳大湾区是一个跨制度的区域，存在着一国、两制、三个关税区等在政治制度、法律体系、行政体系等方面的差异，文化也存在差异。岭南侨乡文化突出的特点有利于跨越文化的障碍，形成共识，提供凝聚力。例如，"一国两制"的制度设计就体现了"我们还可以这样"的自信，充分展现了我国国家制度和国家治理体系的显著优势。习近平总书记在总结澳门的成功实践时提到一大亮点"包容和谐增强社会凝聚力"，这正是岭南侨乡文化"坚守、理解、对话和变通"特点在政治思想上跨越差异求共识的现实范例。

三、 课程思政发挥聚合效应的路径： 构建特色课程思政群

建"群"起于国家职业教育发展新要求，即打造高水平专业群。广东省教育厅据此发布《关于组织开展广东省高职院校高水平专业群建设工作的通知》，指出："发挥专业群的集聚效应和服务功能，为我省经济社会发展提供高素质技术技能人才支持和智力支撑。"在职业教育发展的新趋势下，借鉴专业群理念，明确课程思政以发挥聚合效应为建设方向，提高创新思维能力，在课程思政原有各专业课程挖掘思政元素的基础上，构建以"1＋n"（"1"指思政课程，"n"指跨学系专业课程思政）为模式、项目（如岭南老字号文化项目、潮汕侨批文化项目等）为导向、思政为引领的特色课程思政群。

第一，构建特色课程思政群的目标路径：价值引领、能力本位。

为贯彻落实习近平总书记全国教育大会和"3·18"讲话精神，围绕培养什么人、怎样培养人、为谁培养人这一教育根本问题，要充分发挥思政教育作为高校意识形态工作主阵地的功能，确定构建特色课程思政群的目标设定路径。①"价值引领"体现思政铸魂功能。我国是中国共产党领导的社会主义国家，这就决定了我们的教育必须把培养社会主义建设者和接班人作为根本任务，培养一代又一代拥护中国共产党领导和我国社会主义制度、立志为中国特色社会主义奋斗终身的有用之才。这就要求思政课程发挥引领作用，强化思政铸魂育人功能。②"能力本位"体现高等教育提质要求。新时代新形势下，粤港澳大湾区已进入战略实施阶段，针对粤港澳大湾区将打造成为全球科技创新中心和全球制造业中心的现实需要，培养能契合粤港澳大湾区建设所需的高素质产业生力军，打造创新型、复合型、应用型人才成为高等教育人才培养的方向。

第二，构建特色课程思政群的逻辑路径：对接专业、文化为匙。

为贯彻落实习近平总书记对广东的重要讲话和重要指示批示精神，广东省提

出职业教育"扩容、提质、强服务"要求。广东高校正着力将专业建在产业链上以打造专业群，集聚发展力量。课程思政建设将以此为契机，结合广东产业发展趋势和未来粤港澳大湾区发展对人才的要求，以岭南侨乡文化为精神之匙，探索构建特色课程思政群，推动职业技能和职业精神培养的共融共进。①对接专业，可以提升育人实效性。构建课程思政群对专业课育人和思政育人都有积极意义。一方面，对专业课而言，既可以提高专业课教师的政治站位，提升专业课教学的战略意义，还可依托"群"的理念培养新时代复合型人才。另一方面，对思政课而言，为思政教学收集丰富的与学生专业相关的学习案例和素材，可以解决长期以来思政教学存在的理论性强、枯燥乏味问题，在丰富思政教学资源库的同时，增强思政教学的亲和力和针对性，提升思政育人实效性。②文化为匙，可以发挥文化的教化和聚合效应。岭南侨乡文化是凝聚粤港澳三地乃至海内外中华儿女的精神纽带，有着丰富的资源，如侨批文化、老字号文化、建筑文化等，具有影响时代发展的重要的人文精神、价值理念、道德规范。在大力培养契合粤港澳大湾区建设的高素质产业生力军的过程中，将岭南侨乡文化与粤港澳大湾区建设相融相通，在实现凝聚民心、以文化人时代任务的同时，实现传统文化的创造性转化、创新性发展。

第三，构建特色课程思政群的实施路径：项目导向、任务驱动。

项目导向、任务驱动，也即项目化教学。项目化教学的特点为探索构建特色课程思政群提供了可能性、可行性和实操性。①项目化教学的系统性、综合性（多学科交叉）的特点，为实现专业融通提供了可能性。通过找准思政课与各专业开展课程思政的内容契合点，以思政教学内容为主线，契合相关专业人才培养目标，顺应培养复合型人才的教育改革趋势，融会贯通，实现思政课程与各专业课程思政相融通，构建特色课程思政群。②项目化教学的"学生主体"特点，为实现协同育人目标提供了可行性。项目化教学契合当代大学生的认知特点。我们当前面对的大学生已经是Z世代人（即95后，1995—2005年生）。来自MEC/Wavemaker的《中国"Z世代"研究报告》显示，Z世代人是真正的互联网时代生人，对热爱的事会钻研到极致，不盲从，主动性强。因此，在做好学情分析的基础上，可以选取适当的项目，分任务驱动，让学生在教师的引导下开展自主探究，自主收集材料、分析材料、归纳材料、解决问题，协作完成一个系统完整的工作项目。③项目化教学的实践性特点，为构建特色课程思政群提供了实操性。实操性不仅表现为项目过程的可操作，而且表现为项目结果的可测。项目化教学本身就是一个学习的过程，不仅能实现价值引领、能力培养、知识传授三位一体的目标，以及课程思政的素质内化、知行合一的育人目标，而且"项目"本身是为创造服务或成果而进行的工作，其结果可测，能有效改善目前课程思政效果评估难的问题。

综上所述，构建融合广东特色的课程思政群，发挥聚合效应，可以为广东践行发展使命铸魂助力，拓宽教育服务中华民族伟大复兴使命的途径；可以汲取岭南侨乡文化的思想精华和道德精髓，解决岭南侨乡文化传承什么、怎么传承、由谁传承的问题；还可以为思想政治理论课改革创新提供新视角，以落实习近平总书记强调的"八个相统一"要求，不断增强思政课的亲和力、针对性；更重要的是可以丰富课程思政建设的内容和方法，如以北京为核心的京派文化和以上海为核心的海派文化等，都可以成为特色课程思政建设的融入点。

参考文献

[1] 习近平：在中央政协工作会议暨庆祝中国人民政治协商会议成立 70 周年大会上的讲话［EB/OL］.（2019 – 09 – 20）. http://www.xinhuanet.com/politics/leaders/2019 – 09/20/c_1125020851. htm.

[2] 中共中央国务院印发《粤港澳大湾区发展规划纲要》［EB/OL］.（2019 – 02 – 18）. https://www.guancha.cn/politics/2019_02_18_490557. shtml.

[3] 习近平总书记考察暨南大学在师生和校友中引起强烈反响［EB/OL］.（2018 – 10 – 26）. http://www.chinanews.com/gn/2018/10 – 26/8661059. shtml.

[4] 习近平. 习近平谈治国理政：第一卷［M］. 北京：外文出版社，2018：35 – 36.

[5] 王炜中. 侨批缘［M］. 桂林：广西师范大学出版社，2017：142、194.

[6] 习近平在庆祝澳门回归祖国 20 周年大会暨澳门特别行政区第五届政府就职典礼上的讲话［EB/OL］.（2019 – 12 – 20）. http://www.xinhuanet.com/politics/leaders/2019 – 12/20/c_1125371345. htm.

[7] 沙军. "课程思政"的版本升级与系统化思考［J］. 毛泽东邓小平理论研究，2018（10）：81 – 85.

[8] 邱仁富. "课程思政"与"思政课程"同向同行的理论阐释［J］. 思想教育研究，2018（4）：109 – 113.

[9] 付绯凤. 论侨乡文化的德育价值及实现途径［J］. 五邑大学学报（社会科学版），2011（1）：23 – 25.

协同与转化：　基于高等学校课程思政的理想信念教育路径①

丁西泠②

摘　要：我国高等教育肩负着培养德智体美劳全面发展的社会主义事业建设者和接班人的重大任务，理想信念教育在"培养什么人、为谁培养人"问题上具有重要的战略意义。当前，社会环境日趋复杂，学生理想信念选择多元，理想信念教育存在教育内容宏观抽象，教育目标单一，教师的课程责任意识不明确，教育浅层次、形式化、割裂化等问题。新时代下，各类课程教师应坚定科学的理想信念，树立正确的课程责任意识；推进全面深入的课程思政建设改革，合力促成所有课程的思政元素融入性转化；创新理想信念教育方式方法，更新教育内容，使教育贴近学生实际需要。

关键词：高校课程思政；理想信念教育；协同；转化

习近平总书记曾强调："新时代中国青年要树立远大理想。青年的理想信念关乎国家未来。青年理想远大、信念坚定，是一个国家、一个民族无坚不摧的前进动力。"[1]青年能否树立科学的理想信念，决定着中华民族复兴伟业能否实现，影响着未来民族素养和价值取向。我国高等教育肩负着培养德智体美劳全面发展的社会主义事业建设者和接班人的重大任务，理想信念教育在"培养什么人、为谁培养人"问题上具有重要的战略意义。在推进高校理想信念教育常态化、制度化方面，思政课应该发挥引领作用，其他各门课程也应与思政课同向同行，促进课程有效转化，形成协同效应。

一、　高校课程思政协同推进理想信念教育的必要性

2020年4月，教育部等八部门共同颁布了《教育部等八部门关于加快构建

---

①　本文为广州市高校第十一批教育教学改革项目成果。
②　作者简介：丁西泠，广州科技贸易职业学院教授，主要研究方向：思想政治教育、法学。

高校思想政治工作体系的意见》，要求以理想信念教育为核心建立完善全员、全程、全方位育人体制机制；[2] 5 月，教育部《高等学校课程思政建设指导纲要》（教高〔2020〕3 号）中强调"课程思政建设内容要紧紧围绕坚定学生理想信念，以爱党、爱国、爱社会主义、爱人民、爱集体为主线"[3]。2021 年 3 月，习近平总书记在看望参加政协会议的医药卫生界教育界委员时发表重要讲话，再次提到教育要"把立德树人融入思想道德教育、文化知识教育、社会实践教育各环节，贯穿基础教育、职业教育、高等教育各领域，体现到学科体系、教学体系、教材体系、管理体系建设各方面"[4]。高等学校作为人才培养、思想文化碰撞、意识形态交锋的阵地，各种理想信念教育的话语、不同种类论调在这里集聚，若不能正确诠释、合理引导，将会导致理想信念教育"失声""失真""失效"。[5]

然而，一些专业课教师并不重视理想信念教育，个别教师本身也受到一些非马克思主义社会思潮的影响，理想信念不科学、不坚定，有时会在课堂上发表不当言辞。一些高校理想信念教育机制整体运转不够顺畅，存在相互矛盾、内容冲突、效果抵消等现象。因此，高校应紧紧抓住课程思政建设契机，树立全课程育人理念，挖掘各类课程中的思政元素，实现知识传授与价值引领的融合促进、双向互动，把各类课程视为"教育共同体"，共同担负起以理想信念为重点的"立德树人"重大使命。

二、　基于课程思政的理想信念教育现状分析

（一）信息时代下学生理想信念选择呈多样化倾向

近年来，国际国内社会环境日趋复杂，网络上更是众声喧嚣，西方不良社会思潮、价值观念等意识形态的渗透无处不在。例如，一些自媒体话语制造者通过文字、声色、光影将这种充满敌意的意识形态渗透包上美丽的糖衣，将其思想隐喻在自媒体公众号的推文中，诱导大学生陷入他们的话语逻辑陷阱；在网络上恶意造谣传谣，攻击诋毁党和政府形象的现象时有发生。大学生具有旺盛的好奇心，关注社会发展，内心敏感细腻，自我意识强烈，诸多社会政治问题和思想理论问题会引发他们的思考，但部分大学生理论学习不深入，缺乏明辨是非的能力，因此，在种种因素误导之下，他们的理想信念可能存在困惑和偏差，有着功利化、自由主义、重视个人利益、金钱至上等多元的不当选择倾向。

（二）理想信念教育缺乏"课程思政"的有效转化

当前，一些高校的理想信念教育存在侧重对宏观抽象概念的分析、基本理论

的讲解，教育目标比较单一，教学内容相对陈旧等问题，较少考虑到作为网络原住民的新时代大学生所处的时代背景、实际需要。对大学生目前的理想信念现状是什么、为什么会这样、深层逻辑是什么、应如何引导等问题的思考不够；教育方式浅层次、形式化，以说教为主，未能将理论与现实社会相结合，浮于大学生认知水平的表面，忽视了对大学生兴趣特点、接受能力的考量；此外，较少考虑在此基础上的教育制度的设计、通识专业课程的课程思政转化和大众话语的建构等。

（三）教师的课程责任意识和协同意识有待加强

一直以来，不少高校存在知识传授、技能教育与价值引领、理想信念教育分离的局面，使大家认为通识课、专业课与思政课教育各行其道、各司其职、互不干扰。这种理想信念教育、价值观教育"于己无关"的观念，使打算尝试进行课程思政改革的通识课、专业课教师对诸如政治认同、家国情怀、理想信念等思政元素的课程融入无从下手。如果只靠文件要求、通识课与专业课教师自行摸索，没有思政课教师从旁指引，其思政元素的融入也只能是有限的、随机的、无序的、碎片化的，缺乏系统性、计划性和方向性。

三、 课程思政协同推进理想信念教育路径

（一）各类课程教师应坚定科学的理想信念，强化课程的责任意识和协同意识

理想信念教育是一个系统工程，不仅需要思政课发挥重要作用，其他课程也应发挥作用，协同发力。"欲人勿疑，必先自信"，让有信仰的人讲信仰。各类课程教师均应首先树立起科学的理想信念，坚定自身信念、优化知识结构、提升人格魅力，才能在课堂上有的放矢、言传身教，展现出坚定、自信、热情、爱生、崇教的整体状态。教师的教学话语充满正能量，才能激发学生的共情，产生课堂教学的感染力和吸引力。

为了实现立德树人的根本目的，发挥各类课程的教育价值，在全面理解自己所教授课程的基础上创造性地进行以理想信念为核心的价值引导层面的课程建构，成为通识课、专业课教师应该担负的重要课程责任之一。学校应引导教师树立正确的课程责任意识，积极鼓励思政课教师与通识课、专业课教师互助合作：思政课教师发挥思政元素融入性转化的引领作用，指导通识课、专业课教师将思政元素、价值引导适时、适度、有机地融入通识课、专业课的授课内容及学生顶

岗实习、校企合作、志愿服务的各项活动中；期间，思政课教师也能进一步深入了解专业发展、社会需要、国情民意，提高教学针对性，积累教学素材，实现双方共赢。

（二）推进课程思政改革，促成所有课程的思政元素融入性转化

应构建"一体化设计、专业化运行、协同化育人"的课程思政教育体制机制，[6]进行全面深入的课程思政建设改革。其中课程转化是课程改革进程中各阶段顺畅对接的纽带，是确保课程思政改革理念落实的关键。思政课与通识课、专业课教师应合力促成课程的思政元素融入性转化。本文认为，美国教育家、改革家古德莱德的课程层级理论和教育家布洛菲的课程落差理论能为我们提供借鉴。

古德莱德将课程实施分为五个层级，分别为：理念课程、正式课程、知觉课程、运作课程和经验课程，[7]如图 1 所示。

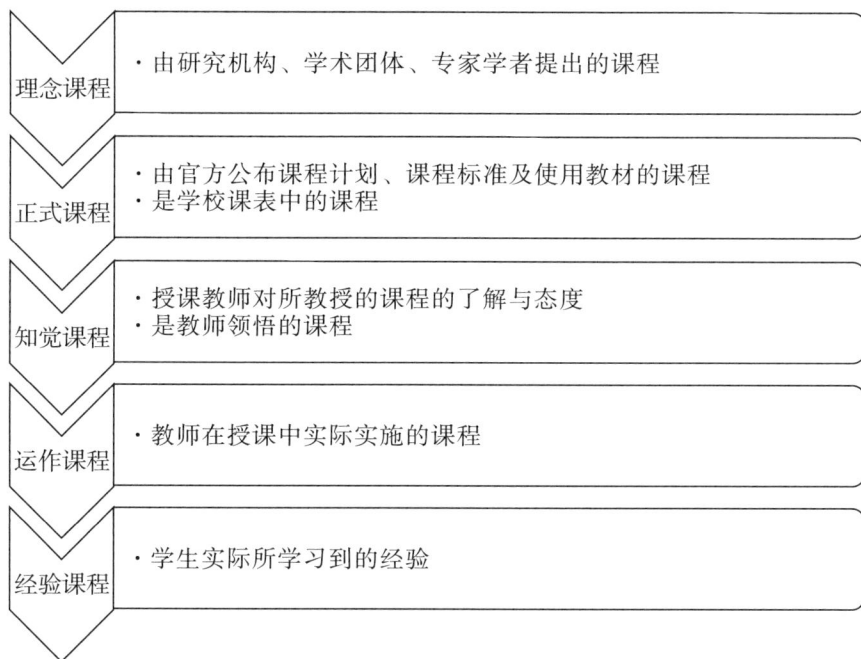

理念课程	·由研究机构、学术团体、专家学者提出的课程
正式课程	·由官方公布课程计划、课程标准及使用教材的课程 ·是学校课表中的课程
知觉课程	·授课教师对所教授的课程的了解与态度 ·是教师领悟的课程
运作课程	·教师在授课中实际实施的课程
经验课程	·学生实际所学习到的经验

图 1　古德莱德的课程层级理论图解

布洛菲认为，在课程转化中会存在课程落差。所谓课程落差，即官方的课程在几个课程实施层级间转化过程中不断地被增加、删减或曲解，产生课程的缺口。[7]

本文试图以古德莱德的课程层级理论和布洛菲的课程落差理论为基础，对课程思政的课程转化进行总体规划，对其中涉及的各种因素加以整合、借鉴并修

改，以形成课程转化的基本架构，如图 2 所示。

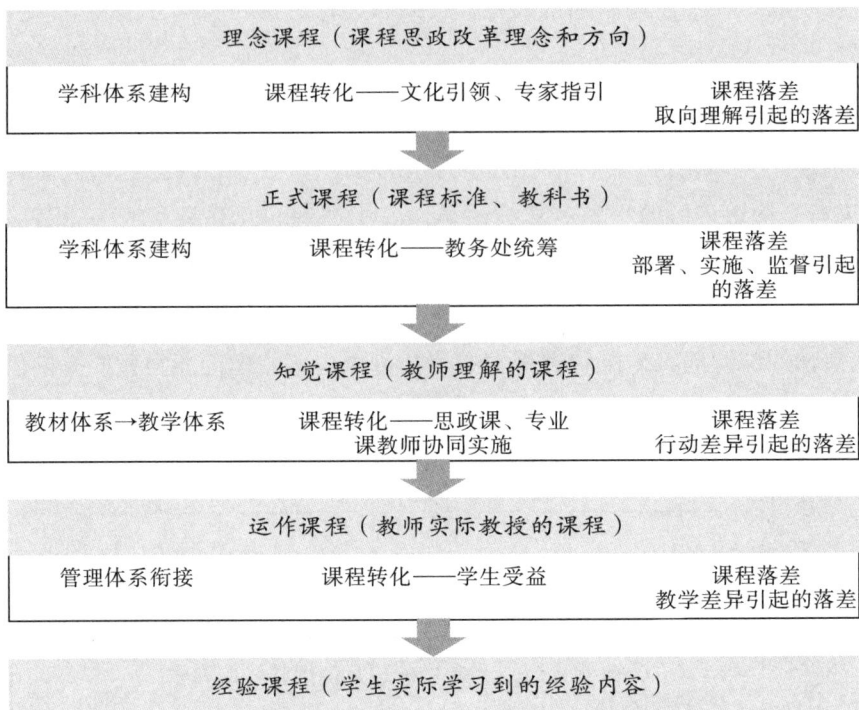

理念课程（课程思政改革理念和方向）		
学科体系建构	课程转化——文化引领、专家指引	课程落差取向理解引起的落差

正式课程（课程标准、教科书）		
学科体系建构	课程转化——教务处统筹	课程落差部署、实施、监督引起的落差

知觉课程（教师理解的课程）		
教材体系→教学体系	课程转化——思政课、专业课教师协同实施	课程落差行动差异引起的落差

运作课程（教师实际教授的课程）		
管理体系衔接	课程转化——学生受益	课程落差教学差异引起的落差

经验课程（学生实际学习到的经验内容）

图 2　课程思政的课程转化基本架构示意图

在目标向教科书"实然"呈现转化的过程中，围绕文件精神，专家学者进行课程思政的系统化设计探索，对与文件思想相关的教科书内容进行重新设计、编排，将思政元素系统、有机地融入通识课、专业课的授课教材。所存在的课程落差多是专家学者对文件理解的差异、思想表达的局限所引起的。

在正式课程向知觉课程转化的过程中，在各高校教务处的统筹部署下，学校公布各专业课程计划、课程标准、使用的教材，各类课程教师理解正式课程的相关要求，所存在的课程落差多为缺少顶层设计、推进力度不足、实施未能落地、教师专业能力的差异与文字理解的不同等原因所引起的。

在知觉课程向运作课程转化的过程中，以各类课程教师为参与人，这是教师将他们所理解的课程转化为实际教学活动的课程的过程。此时，思政课与通识课、专业课教师应通力合作。这里存在的课程落差多是思政课与通识课、专业课教师沟通不足，彼此了解不够，改革行动不合拍，反思深度不一致所引起的。

在运作课程向经验课程转化过程中，学生为主要参与人，这个转化过程是学生将教师在课堂传达的教学内容转化为自己理解的内涵的过程，以内化于心、外化于行的学习转化方式进行。[7]

在学科体系建设方面，应根据高校本身的学科发展情况，将相应的学科体系建设、制度改革与课程思政改革一体化设计，思政课可助力学科集群建设；在教材体系向教学体系转化方面，思政课教师应起到引领作用，与通识课、专业课教师进行常态化沟通交流，建章立制、制订规划，形成制度保障。可以成立课程思政工作领导小组，从事正式课程→运作课程以及运作课程→经验课程的转化支持；在管理体系上，则应将运作课程的实施与教学监督反馈制度相衔接，巩固齐抓共管的工作格局，形成多维度育人合力。

（三）创新理想信念教育方式方法，及时更新教育内容

（1）推进理想信念教育常态化。理想信念教育不需喊口号、做标语，应弱化其外在的功利性，潜移默化、润物无声，让其融入思想政治教育、文化知识教育和社会实践教育各环节。发掘各类课程教学内容中与理想信念相关的元素，通过对话、体验等方式进行微观表达，开展直接有效的理想信念教育。

（2）重视大众话语的建构，更新教育内容，提高教学实效。应根据社会发展需要不断更新理想信念课堂教育内容，将社会热点和难点问题与教育主题相结合来引领价值取向。重视理想信念大众话语的建构，从个体性、个性化、微观化的世界切入，[8]使"马克思主义""共产主义""共同理想""远大理想"等宏大概念落实为学生可以感知、可以感动、可以学习的身边榜样、平凡力量。例如利用对新冠疫情中许多可歌可泣、值得称颂的人物榜样和生动故事的讲解，让大学生认识到理想信念并非高不可攀、遥不可及，它就在我们身边，就在这些医生、护士、建筑工人身上，平凡岗位上的每个人都可能蕴含着理想信念光辉照耀下的非凡力量。用大学生听得懂、看得明的通俗易懂的方式将理想信念教育表达出来，使其"走下神坛"，融入大众日常生活、学习和工作中。

（3）重视"第二课堂"和"网络课堂"，创新教育渠道。"从书本上接收来的理论的东西，必须同实际结合，同实践结合，经受生活实践的检验。这样确立起来的理想信念才是坚定的、可靠的。"[9]通过对大学生社团活动、社会实践、志愿服务的科学设计、组织实施，在他们朋辈交往的活动中及时发现并消除存在于大学生群体中的偏差的理想信念、错误的价值观、不良的行为倾向等；通过网络自媒体运营、新媒体互动等，围绕大学生的关注点兴趣点打造关于理想信念的形式多样、内容丰富、方式灵活的交流互动平台……多种渠道创新理想信念教育方式方法，帮助大学生在对国情社情民情认识不断深化的过程中坚定科学的理想信

念，明确正确的人生方向。通过各类社会实践活动，拓展教育渠道，检验教育成效，反思教育不足，促进理想信念教育教学理论水平的进一步提高，从而继续完善对学生的马克思主义理论教育，使学生学懂弄通、真学真用，知信行相统一。

四、 结语

高等学校理想信念教育，应该既有显性教育，又含隐性教育；既注重宏观呈现，又重视微观表达；既涵盖课程改革，又包括渠道拓展。在思政课引领之下完成通识课、专业课的课程转化，与通识课、专业课教师在推进理想信念教育的互助合作中各取所需，实现资源共享、多方共赢。如此，大学生也将在持续改进的理论习得、实践养成中不断坚定科学的理想信念。

参考文献

[1] 习近平. 习近平谈治国理政：第三卷 [M]. 北京：外文出版社，2020：334.

[2] 教育部等八部门关于加快构建高校思想政治工作体系的意见 [Z]. 2020 – 04 – 22.

[3] 中华人民共和国教育部. 高等学校课程思政建设指导纲要 [Z]. 2020 – 06 – 01.

[4] 曹福泉，刘增谷，朱明. 以德立人 启未来之程 [N]. 中国青年报，2021 – 01 – 19（7）.

[5] 李朗. 高校党员干部理想信念教育话语体系建构研究 [J]. 学校党建与思想教育，2019（22）：25 – 27.

[6] 韩丽颖. 高校理想信念教育常态化、制度化的核心意涵与实践理路 [J]. 思想理论教育，2020（12）：44 – 49.

[7] 李刚，吕立杰. 课程改革中的课程转化向度及分析 [J]. 教育科学研究，2017（11）：12 – 18.

[8] 曹峰，曹群. 新时代大学生理想信念教育的理论逻辑及实践进路 [J]. 思想教育研究，2020（2）：134 – 137.

[9] 刘建军. 寻找思想政治教育的独特视角 [M]. 北京：中国人民大学出版社，2017.

从体验到"双联结":游戏化思维在高职职业核心能力训练中的应用

——以"团队合作与个人管理"课程教学设计为例①

王　舜　胡赛阳　张晓玲②

摘　要：高职职业核心能力训练课堂教学评价中，应该纳入课程思政方法，"有趣"应该成为标准之一，使学习回归快乐本源。高职职业核心能力训练中，可将游戏化思维融入课堂设计，通过游戏元素为课堂及学生提供有意义的选择，制造课堂"甜蜜点"。同时，应提升教师游戏力，在游戏化教学情境中建立师生间、认知与行为间的"双联结"。通过游戏选择与控制，实现从共识、共生到共创的动态循环推进，促进教与学的良性互动。

关键词：双联结；游戏化；职业核心能力；团队合作；个人管理；课程思政

在高职院校，各专业任课教师一边抚着课堂教学余留下的"痛点"，一边历数着学生们的"顽疾"，如缺乏学习热情、课堂专注力不够，他们充分交流后便仿佛觅到知音，辛苦敬业工作仍颇"受伤"的心灵始得慰藉。

截至 2017 年 12 月，我国网民规模达到 7.72 亿，互联网普及率为 55.8%；我国手机网民规模达 7.53 亿，网民使用手机上网的比例为 97.5%，网民中学生群体占比最高，为 25.4%。[1]截至 2015 年 12 月，青少年网民（指年龄在 25 周岁以下的网民，高职在校生均属于这一群体）网络音乐、游戏、视频的使用率分别为 80.2%、66.5%、75.4%，我国未成年网民网络游戏使用率达到 69.2%。[2]另

① 本文为 2016 年度广州市教育科学规划面上重点项目"提升学生职业岗位工作能力的教学模式与测评方法研究"（1201524307）、2014 年度广东省高等职业教育教学改革立项项目"基于'双核'融合的高职课程教学模式研究"（201401279）和广东省高等学校优秀青年教师培养计划 2015 年度培养对象资助项目的成果之一。

② 作者简介：王舜，广州科技贸易职业学院副教授，主要研究方向：新闻传播、职业教育；胡赛阳，清远职业技术学院教授，主要研究方向：可持续发展；张晓玲，清远职业技术学院教师，主要研究方向：教育管理。

外的数据显示,人类平均每周花费在网络游戏上的时间超过 300 亿小时。有国外学者早就敏感地意识到,高校教师面临着严峻挑战,他们需要与游戏及各种娱乐内容竞争,去抢夺学生有限的注意力资源,教师教导的是成功者、探险家、社交者和"杀手"。[3]显然,这场竞争异常激烈。

一、 回归本源:"有趣" 应该成为职业核心能力训练课堂评价的标准之一

职业核心能力是指专业能力之外,广泛需要并且可以让学习者自信和成功地展示自己,并根据具体情况选择和应用的可迁移的基本能力,通常包括团队合作、职业沟通、自我管理、解决问题、信息处理、领导力、执行力、礼仪、五常管理等方面。继 20 世纪 70 年代初德国初次提出了"核心能力"的概念后,澳大利亚于 1990 年开始推行 "核心能力取向的教育",欧美各国也陆续关注并实践职业核心能力的培养。随后我国也重视起来,部分高职院校在第一课堂开设相关课程,以课堂教学的方式践行职业核心能力的培养。能力的提高必须依靠训练,在参与和体验的过程中,边学边练,方能习得。职业核心能力训练课程的教学无法再沿用原有的传统课堂教学模式,单一的课堂讲授容易沦为针对行为习惯的说教,简单的任务练习也易因缺乏新鲜感而显得无趣。最大程度地调动学生的参与热情,在反复的行为训练中提升其职业核心能力是这一类课程真正需要做的。

游戏被认为是人类诸多活动的起源,如文学、艺术等。凯文·韦巴赫和丹·亨特认为,教育和工作其实就是游戏。[4]席勒认为,游戏的根本特征在于自由,游戏可以调和人身上自然与理性的矛盾,使人处于自由状态,从而达到人性的完满实现,人生的最高、最完美的境界是游戏,只有当人在充分意义上是人的时候,他才游戏;只有当人游戏的时候,他才是完整的人。[5]然而,当文学、艺术、教育等真正发展成一门学科的时候,其本源却被忽略了。良好的学习可以是有趣的,也可以是无趣的,只要学生达到最佳学习状态就好。[6]然而,当学生无法在无趣的状态下完成良好学习的时候,为什么课堂不能变得有趣呢?美国佛罗里达大学教授约翰·凯勒(J. M. Keller) 提出,学生的学习动机由四部分组成:注意(attention)、相关(relevance)、自信(confidence) 和满意(satisfaction),简称ARCS 模型。"注意"是指学习者能够对学习内容进行有意识的选择性注意,对学习目标与内容具有探究的兴趣与积极愿望,[7]可通过发问、活动或游戏、举例、幽默、冲突及新颖的内容和形式得以实现。

笔者在某高职院校对已完成"团队合作与个人管理"课程学习的学生展开

了一次问卷调查，调查共收回有效问卷602份，样本量约为总量的30%。在受访学生中，93.19%的学生认为团队合作与个人管理能力的培养对大学生的发展及生活很重要，80.56%的学生表示喜欢这门课程，18.6%的学生表示较喜欢，仅0.83%的学生表示不喜欢。在提到课堂教学有趣、有用、有效的重要性时，39.53%的学生认为有趣最重要，41.03%的学生认为有用最重要，19.44%的学生认为有效最重要。对于这些认为课程重要且喜欢该课程的学生来说，"有趣"仍成为与"有用"几乎同等重要的课堂教学评价指标。

注意是一种心理现象，对于有兴趣的事情，容易引起注意。"寓教于乐"的方式将课程思政元素融入教学，"有趣"应该成为课堂评价的标准之一，有趣的课堂才是有吸引力的，才能最大程度地调动学生参与和体验，让学生不至于宁愿低头玩手机游戏，"教"与"学"才能同步完成，才能避免课堂上的"独角戏"，而"游戏化的核心正是帮助我们从必须做的事情中发现乐趣"。[4]因此，我们可借助游戏化思维，回归教育的本源，将其内化为可持续高效课堂的组织战略，使游戏化教学设计成为课堂的"甜蜜点"（sweet spot）①，确保学生"持续的学习动机"的形成。

二、 课堂 "甜蜜点"： 游戏元素提供有意义的选择

所谓游戏化（gamification），指的是将游戏或游戏的元素、机制或理念应用到一些非游戏情境或过程中。[8]游戏化教学是一种融游戏特质与教育性因素为一体的教学模式，以其趣味性作为内在动机来启动、维持和调节学生参与活动的积极性，"为了个体的终身可持续发展"是其价值导向，也是其相应评价工作的理念宗旨。[9]

将游戏化思维运用于教学并不是一个新鲜的话题，在幼儿教育和基础教育中极为常见，但在高等教育中讨论并不多。笔者以"游戏化教学"为主题搜索中国知网发现，2012年以后各年度学术产出量快速增长，2017年达到480篇，据中国知网预测，2018年将达到564篇之多，成为当下又一研究热点。在所获得的文献中，77.55%的文献研究层次为基础教育和中等职业教育，仅3.51%的文献研究层次为高等教育。②可见，因高等教育面向的教育对象为成年大学生，游戏元素在教学中的应用并不像基础教育和中等职业教育那样普遍，究其原因，并非

---

① 原指录音时的最佳位置或者乐器演奏的最佳摆放点，本文借指课堂教学中兴趣点的设计。

② 数据截至2018年3月26日22：10。

不适合，而是暂时没有通行的可操作路径和具体的应用指南。部分高等教育研究者尝试着将游戏化教学应用于计算机、体育、英语、艺术等课程中，基于学科教学视角，结合实践经验提出了具体的实施方案。如王畅认为"课堂中的角色扮演、情景教学、互动式教学软件的使用、团队竞赛、自我检测、基于'云计算'的自主学习等都属于游戏化教学的一种实施路径"[10]，可"将手机 App 应用于高校教学，作为游戏化教学的一种重要手段"[11]。张曼以客户关系管理课程为例，构建了 PBL（点数、徽章和排行榜）体系下的课堂游戏化教学模式模型。[12]徐昊等针对智能设备广泛应用且成为生活中不可或缺的辅助设备这一现象，提出一种使用智能手机参与课堂教学的智慧学习平台。[13]庄培灿等尝试在高职项目管理课程中实施游戏化教学。[14]

上述游戏化思维在高职学科教学中的成功尝试至少可以证明，高职课堂实施游戏化教学是可行的，事实上这也与高职教育要求的"课程思政融盐于水"教育理念不谋而合。与基础教育和中等职业教育阶段实施游戏化教学重在激趣一样，高等职业教育实施游戏化教学起于激趣、止于启发，游戏是手段和方法，但不是目的。挑战、点数、个性化反馈、徽章、排行榜等是实现游戏化教学的最重要机制和动力，实施后可观察到学生在班级的参与性增强，被认可的学生比例增多，学生课程学习评价更好。[15]游戏元素为课堂注入活力，成为学生专注课堂学习、参与课堂互动的"甜蜜点"。

根据 ARCS 模型，学习动机由注意、相关、自信和满意四个要素组成，其均以学习的主动性为基点。职业核心能力的训练课堂既可以与专业课程教学相融合，也可以是独立于其他课程教学的第一课堂，而其指向均是能力和行为。职业核心能力的训练课堂不重在理论的讲解，而重在理论对行为的指导意义，尤其要解决理论与实践脱节的问题。游戏元素的加入使教师从知识的讲解者变身为游戏的组织者和问题的提出者，学生则从聆听者与接受者变身为游戏的参与者和知识的建构者。如"团队合作与个人管理"课程中"团队信任"这一内容，学生凭生活经验已经建立了基本认知，教师的讲解没有太多意义，但建立团队信任却并不是一件容易的事情，理论澄清无法解决实践中的困境，于是课堂教学中我们设计了"信任之旅"的小游戏。从班级随机挑选 2 名同学，1 人戴眼罩，另 1 人用3 种不同的方式提示其到达目的地，分别是牵手＋语言提示、伴其左右但不能有身体接触和语言提示、保持一定距离且不能有语言提示，其余同学当观察者，之后讨论建立信任的困难及建立团队信任的方法。在这一过程中，学生参与互动，在趣味游戏中轻松地体验不同情境下信任感建立的难易程度，重新对生活经验进行理性思考和深入探究，最后教师向学生提供一份团队信任能力测试题，学生饶有兴趣地完成自测，进行自我反思和行为调整。在课堂教学实施的每一步，因游戏元素的加入，教师给学生提供了有意义的选择，最大程度地激发学习动机，即：注意——能否到达目的地；相关——自己或同伴参与游戏；自信——成功抵达或成功解读原因；满意——对自测结果的期待。

三、　教师游戏力提升：　在游戏化教学情境中建立 "双联结"

每一位教师都应该熟悉游戏和练习，执教职业核心能力课程的教师更是如此，游戏的频率取决于它如何更好地帮助学习。教学不等于娱乐，当教学成为学习兼娱乐的时候，这是再好不过了。教师游戏力即教师将游戏元素注入课堂教学设计和组织，以提高课堂教学和学生培养质量的能力。游戏力源于游戏，但其内涵要比游戏更为丰富。游戏力本质上是一种接纳、赞赏、鼓励的态度，是一方谦卑地进入对方世界，以对方喜爱的方式，平等地与对方对话，从而建立联结，达成沟通和共识。[16]游戏元素的引入，成为教师与学生课堂沟通的桥梁，弥补了高职院校师生课外普遍缺乏交流的遗憾，实现了教师与学生之间、学生与学生之间"人的联结"，有利于建立较牢固的情感沟通的纽带，这是后述良好学习效果形成的基础。

美国心理学家桑代克创立的学习的联结理论强调，复杂行为是建立在条件联系上的复合反应，学习就是在刺激与反应之间建立联结的过程。学习的过程是一种渐进的、盲目尝试与逐渐减少错误的过程。行为学习理论代表人物斯金纳认为，一切行为都是由反射构成的。游戏化教学情境的创设与学生对知识的自主构建同步实现，学生在教师精心设计的游戏化教学情境中参与互动，在游戏元素的刺激下做出反应，通过游戏建立"行为的联结"，形成认知，实现能力提升的目标。

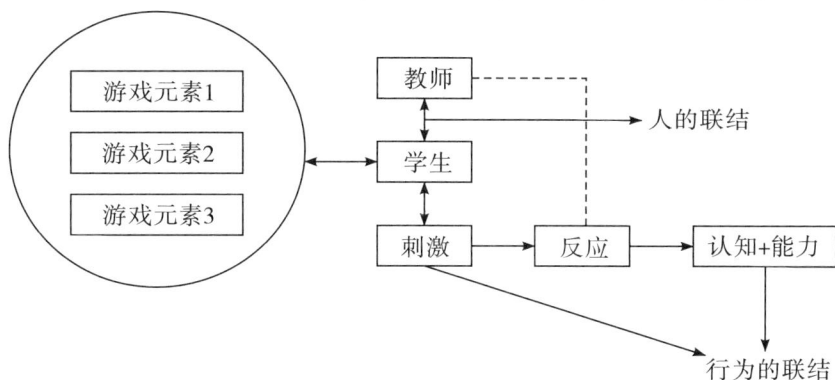

图1　游戏化教学中"双联结"结构图

以"双联结"的构建框架作为基础，教师将深刻认识游戏元素在高职职业核心能力训练中的重要性，自觉将其运用于教学设计与实践，反复尝试，积累经验，提升游戏力。"团队合作与个人管理"为精品资源共享课程，在课程设计中，团队教师为促进"双联结"的建立，从课程内容模块化搭建、教学目标能力点描述、教学案例故事化表达、教学游戏精细化设计、教学流程选择与编排等均注入游戏化思维，学生不仅能"做中学"，还能"玩中练"，职业核心能力的培养不再是理论宣导式输入，而是"双联结"游戏式训练。具体表现如下：

（一）积木式搭建：课程项目内容模块化

个人是起点，团队是归属。作为个体贡献者，关注的是自我管理，作为个体绩效贡献者，关注的是团队。"团队合作与个人管理"课程的整体教学目标是使高职学生在完善自我管理的基础上，更好地实现团队合作，培养合作意识和团队精神。课程运用游戏化思维，设置体验式情境，创新并使用融渗式教学方法，将普适性知识、专业化技能与职业核心能力有机融合，以五大项目、17 项学习任务及综合实训为载体，整合团队合作、职业沟通、自我管理、心理健康等多学科知识，重构课程模块，实现课中有目，目下有点，点内有练，练后延伸。本课程实施项目化教学，确保教学做和谐统一，形成学以致用、知行合一的鲜明特色。[17]课程架构本身就整合了院校原开设的多门课程，如"管理学基础""自我管理""团队建设与管理"等，每个知识和技能点均对应一个项目模块，教师可根据需要如积木搭建式灵活组合教学内容，也可有选择性地将模块内容植入专业课程的教学课堂中。具体如图 2 所示：

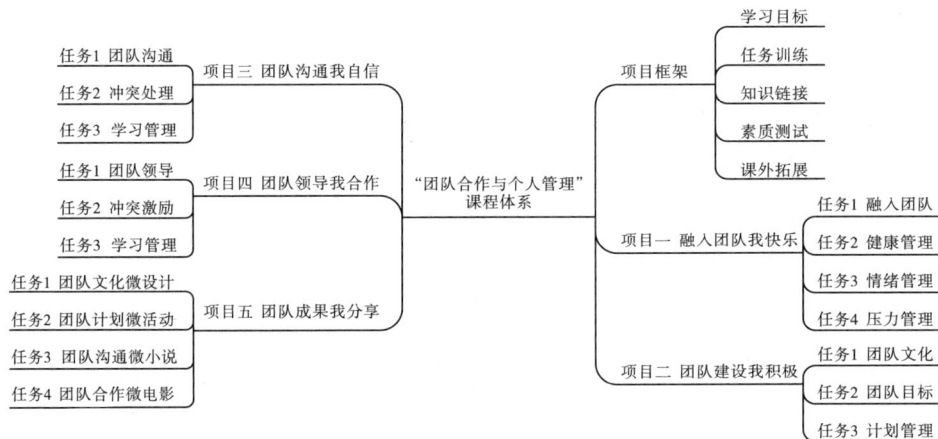

图 2　课程模块化内容结构图

（二）设计目标情境：学习目标及能力点描述可操练化

无论是教师教学还是学生学习，目标的设定越直观具体越好。"团队合作与个人管理"课程学习目标定位清晰，且包含知识目标、能力目标和素质目标，如与个人管理相关的内容模块"健康管理"对能力目标的描述为"能根据自己的实际制订一套符合自身情况的健身方案"，学习目标的实现不只是"务虚"的理论认知，而成为既定情境下依靠相关能力"务实"地完成操练任务的过程，这为角色扮演教学模式提供了良好的实施基础。

（三）讲故事：教学案例表述故事化

案例教学是一种由来已久的教学方法，本课程进一步将教学案例的表述方式故事化。叙事方式的改变重在以故事情节和矛盾冲突营造游戏感，将不同的叙事元素融入案例中，使学生在了解案例的过程中理解当中包含的强大的知识与能力信息，如以浙江均瑶集团董事长王均瑶的故事引导学生思考健康管理的重要性，以杰克·韦尔奇的故事引导学生讨论什么是领导能力。

（四）游戏植入：教学游戏选择与设计精细化

与部分游戏元素的引入不同，游戏植入是将完整的互动游戏引入课堂教学环节，这需要教师事先对游戏进行选择、设计和优化。为了让学生理解团队的特点，课程设计了创意游戏，要求学生团队设计人体雕塑，以身体静态姿势表达对"良好团队"的理解，完成展示，并评选最佳创意奖。这一设计让学生在创意过程中既深化了对团队的认识与理解，又实现了知识的可视化。同时，设计"通力合作"的游戏，让8～10人的学生团队围成一个圆圈，用一根长绳将每个人的手臂与旁边人的手臂拴在一起，接受指令后完成帮每个成员倒水、搬运东西等任务，未完成的团队为输。这一设计引导学生思考团队分工的方法及团队领导的作用。

（五）学玩融合："七步法"欢乐课堂教学编排科学化

融入游戏化思维的教学课堂中，需避免陷入为游戏而游戏的误区。"团队合作与个人管理"按照"项目背景→项目框架→学习目标→任务训练→知识链接→素质测试→课外拓展"七个层次的体例结构，采用欢乐课堂、团队小组学习和讨论、角色扮演、头脑风暴、案例分析、项目化教学展示等方法授课。突出项目化"教、学、做"的互动性，体现项目化课程教学特色，在教学内容组织上，充分利用精品资源共享课程线上、线下教学平台，按照"七步法"开展教学。

第一步：课前热身。3 分钟游戏导入，提高学生课堂注意力，创设欢乐课堂。

第二步：案例故事分享。通过案例故事的讲述与分析，提出合理性问题，达到"案例教学＋解决问题"教学目的。

第三步：活动与游戏。根据项目任务引入活动情境，在游戏化教学情境中，充分调动起学生的参与热情，实现"玩中练"的目的。

第四步：知识链接。链接以上训练情境所需的知识，进行理论解读，达到先做后学、"做中学"的目的。

第五步：课堂讨论。根据项目训练中的内容、任务或问题进行讨论与共享，通过课堂讨论、分析归纳，以达到问题解决的目的。

第六步：素质测试。引导学生通过自我测试达到继续消化吸收，调动学生课外拓展积极性。

第七步：课外拓展。布置课外拓展任务，促进学生将课堂学习内容延伸到课外训练，实现实训形式多样化。

四、 游戏选择与控制： 从共识、 共生到共创的动态循环推进

"团队合作与个人管理"是培养与训练学生职业核心能力的基础课程，是面向高职学生开设的一门公共选修课程与专业必修课程，着力于将普适性知识、专业性知识与职业技能有机结合，具有综合性、实践性和实用性的特点。根据高职院校实施"职业核心能力＋综合素质"人才培养模式的要求，课程以高职教育理论为指导，以情景活动为背景，以项目训练为导向，以典型任务为驱动，课堂训练提出"人人参与、个个合作、团队互助、快乐学习"，以达到团队合作与个人管理的教学目的。从学生对教学的反馈来看，他们非常喜欢融入了游戏化思维的教学设计，且游戏化元素越丰富的教学环节，参与度和接受度越高。

究竟哪些类型的游戏化教学设计更受学生欢迎呢？为此，在一项针对已完成"团队合作与个人管理"课程学习的学生的问卷调查中，要求学生对"您认为本课程采用什么教学方法好"这一问题做出回答，各类教学方法的受欢迎程度按降序排列为：游戏活动、角色扮演、视频赏析、讲授＋小组讨论、案例分析、小组讨论、动作表达、讲授。其中，认可游戏活动的学生比例高达 68.77％；同样包含游戏元素的角色扮演名列第二，占比为 66.61％；传统的讲授法学生认可度仅为 27.57％。具体如图 3 所示：

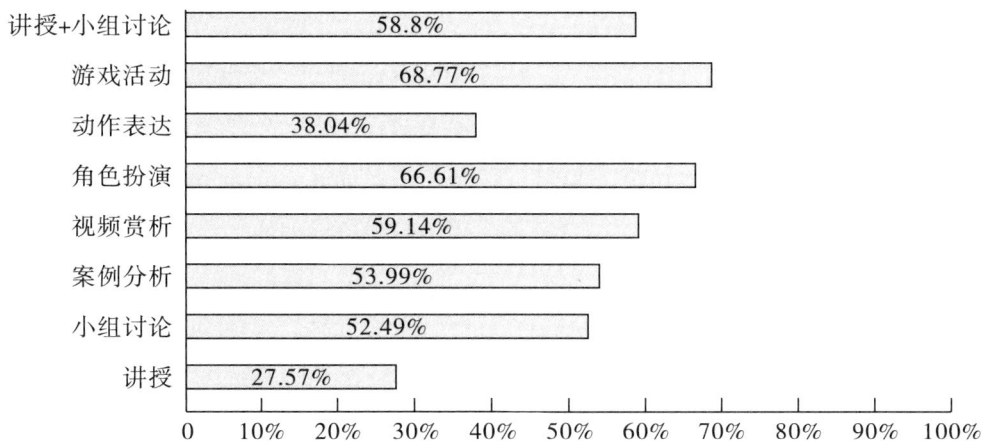

图3　参加"团队合作与个人管理"课程的学生对课程教学方法的偏好分布图

可见，也并非所有人都认同游戏化思维导入教学过程。在调查中发现，这一方面是由于受传统教学方法的思维定势影响，参与课堂互动的主观能动性不足，从而对互动性要求极高的游戏化教学设计难以认同；另一方面也因为对课堂游戏活动及其他游戏化教学是否因更重娱乐性而让学生忽视学习，影响课堂效率，仍存在争议。此外，本课程的游戏化教学设计仍存在某些不足，导致学生难以接受也是一部分原因。因此，游戏的选择与控制成为游戏化教学设计中至关重要的一环。

体验是方法，游戏是手段，能力训练是目的。一方面，要使游戏元素与课堂知识及技能点无缝对接，不牵强附会；另一方面，要避免过度娱乐。以角色扮演为例，这是游戏化教学设计中与游戏活动本身同等重要的一种教学组织方式，其不仅在能力训练课程中被使用，在各专业核心课程教学中同样被广泛使用。学者研究发现，在角色扮演教学模式实施中最重要的三大因素为激励因素（incentive factors）、教学模式（teaching mode）和课程选择（course selection）。[18]游戏活动本身也需激励，PBL（点数、徽章和排行榜）是最常用的方式。同样，也并非赋予学生一个角色，或交给学生一个游戏，学生就一定有参与的热情，还需要有合适的活动组织机制来驱动游戏的进行，并同课程本身的特点相契合。作为教师，必须清楚人性的弱点，使游戏化的教学环节具有及时反馈与可控性、目标性、无限成就感、交际的新互动以及随机性（即未知惊喜）。

一个能吸引学生参与的教学情境，一个融合游戏化思维的教学设计，应是以问题为引领，将教师和学生通过游戏元素整合在教学情境中，师生共同参与互动和体验，激发思维的碰撞，组织寻求问题解决方案的讨论，使学生对问题的理解达成"共识"，形成共鸣，建立教师与学生之间和游戏体验与认知、行为间的"双联结"，促进"共生效应"的产生，维持课堂秩序的平衡，最终实现职业核心能力的整体提升，实现"共创"，使学生的创新意识与行为能力同步进入一个新的层次。因此，如图4所示，将游戏化元素引入课堂教学后，从教学情境的设置到实现共识、共生与共创，形成了一个动态循环推进的闭环，学生的态度、技能、素质在反复的训练中得到不断提高。

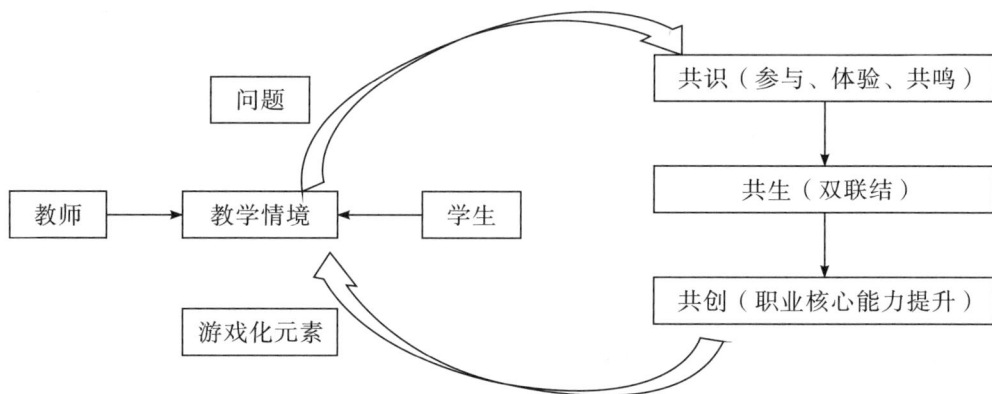

图4　游戏化思维融入教学课堂活动组织机制示意图

参考文献

［1］中国互联网信息中心. 第41次中国互联网络发展状况统计报告（2018年1月）［EB/OL］. http://www. cnnic. net. cn/hlwfzyj/hlwxzbg/hlwtjbg/201803/P020180305409870339136. pdf.

［2］中国互联网络信息中心. 2015年中国青少年上网行为研究报告（2016年8月）［EB/OL］. http://www. cnnic. cn/hlwfzyj/hlwxzbg/qsnbg/201608/P020160812393489128332. pdf.

［3］FUβ C, STEUER T, NOLL K, et al. Teaching the achiever, explorer, socializer, and killer—gamification in university education［M］. Berlin：Springer International Publishing, 2014：92 - 99.

［4］凯文·韦巴赫，丹·亨特. 游戏化思维：改变未来商业的新力量［M］. 周逵，王晓丹，译. 杭州：浙江人民出版社，2014：10 - 11.

［5］席勒. 审美教育书简［M］. 张玉能，译. 南京：译林出版社，2009：35 - 42.

［6］吴松发. 学习如何学习［M］. 厦门：鹭江出版社，2016：90 - 91.

［7］刘爽，郑燕林，阮士桂. ARCS模型视角下微课程的设计研究［J］. 中国电化教育，2015（2）：51 - 56.

［8］朱云，裴蕾丝，尚俊杰. 游戏化与 MOOC 课程视频的整合途径研究：以《游戏化教学法》MOOC 为例［J］. 远程教育杂志，2017（6）：95-103.

［9］申煜. 基于核心素养的游戏化教学评价体系初构［J］. 教育导刊，2017（3）：52-55.

［10］王畅. 游戏化教学策略在高校课堂教学中实践的可行性分析：以高校计算机课堂教学为例［J］. 吕梁教育学院学报，2014（3）：82-85.

［11］王畅. 手机 App 在高校游戏化教学中的应用研究［J］. 吕梁教育学院学报，2016（1）：84-86.

［12］张曼. PBL 体系下课堂游戏化教学模式探索：以《客户关系管理》课程为例［J］. 教育现代化，2016（25）：154-156

［13］徐昊，黄岚，宋冬蕾，等. 智慧课堂：智能化与游戏化教学探索与实践［J］. 计算机教育，2017（2）：10-13.

［14］庄培灿，林徐润，黄龙腾. 游戏化教学在高职项目管理课程中的应用初探［J］. 现代职业教育，2017（16）：104-105.

［15］DIAS J. Teaching operations research to undergraduate management students：the role of gamification［J］. International journal of management education，2017（1）：98-111.

［16］张蓓. 浅议"游戏力"在高职课堂中的应用［J］. 北京经济管理职业学院学报，2017（3）：65-68.

［17］胡赛阳，黄丽清. 团队合作与个人管理［M］. 广州：广东高等教育出版社，2016：1.

［18］CUI X，ZHANG Z，SUN L. Research and implementation of role-playing teaching mode supported by gamification［J］. Journal of physics：conference series，2017（1）.

从课程思政中实现大学生
德育培养的途径分析①

陈锦生②

摘　要：文章从课程思政和德育的定义对比入手，提出课程思政终极目的就是培养学生的德育。通过列举国内外的教育理念阐述课程思政与德育培养的关系，并提出了通过课程思政设计实现大学生德育能力培养的 6 种途径。

关键词：课程思政；德育；评价；体系

习近平总书记在全国高校思想政治工作会议上指出，"要用好课堂教学这个主渠道，思想政治理论课要坚持在改进中加强，提升思想政治教育亲和力和针对性，满足学生成长发展需求和期待……使各类课程与思想政治理论课同向同行，形成协同效应。要坚持把立德树人作为中心环节，把思想政治工作贯穿教育教学全过程，实现全程育人、全方位育人，努力开创我国高等教育事业发展新局面"[1]，把立德树人看作教育的根本任务来抓。

课程思政教育是指将思想观念、政治观点、道德水平等方面的思想政治教育纳入大学专业课的教学中。根据课程自身的特点，将中国特色社会主义与中国梦教育、理想信念教育、革命性传统教育、国防教育、劳动教育相结合等指导学生树立正确的世界观、人生观和价值观。[2]德育是一种培养学生树立正确的世界观、人生观和价值观，使学生能够具有良好的道德品质和正确的政治方向，形成正确的思维方式的教育。所以从课程思政和德育的定义上我们可以看出两者是一致的，执行课程思政目的就是培养学生的德育。[3]

---

①　本文已发表于《广东职业技术教育与研究》2020 年第 5 期。
②　作者简介：陈锦生，广州科技贸易职业学院交通工程学院副院长、副教授，主要研究方向：交通运输工程、职业教育研究。

一、　课程思政培养德育的理论来源

课程思政的教育理念虽然提出时间不长，但在国内外的教育理念里都能看到它的影子。

（一）西方的教育理念

古希腊哲学家苏格拉底指出"教育可以培养道德"[4]。柏拉图的隐喻意象阐释了道德教育中的"教育"是引导人的心灵从低级到高级，从虚幻到真实，达到永恒的善的境界。英国思想家、社会学家、实证主义者斯宾塞认为：教育的任务是教导人们为完美生活做准备。[5]赫尔巴特（Herbart）阐述，教育的终极目标是提高人的道德和品格。

（二）我国的教育理念

1. 我国古代的教育理念

在古代中国社会，对教育这一概念也主要从道德教育角度予以阐述，如：《学记》中的"教也者，长善而就其失者也"；《中庸》中的"天命之谓性，率性之谓道，修道之谓教"[6]；《荀子》中的"以善先人者谓之教"[7]；《说文解字》中的"教也，上所施，下所效也"。孔子是中国古代的伟大思想家和教育家，他把道德教育作为他整个教育的重中之重，[8]但他没有把德育设成专门的学科，而是将德育的要求渗透到文化知识学科中。

2. 我国近代的教育理念

中国近代著名的革命家和教育家蔡元培认为教育的最终目标是创造"完美的人格"。他在 1912 年发表的教育论文《关于新教育的观点》中提出了"五项教育"的思想，即军事国民教育、功利主义教育、公民道德教育、世界观教育和审美教育。

3. 我国现阶段的教育理念

教育部的文件明确指出：教育应着重"培养学生的创新精神和实践能力为重点，造就有理想、有道德、有文化、有纪律、德智体美劳等全面发展的社会主义事业的建设者和接班人"[9]。道德教育在保证其他教育的方向和保持其他教育的力量方面发挥着作用，体现了我国社会主义教育的方向。[10]

以上可以看出，从古至今中西方的教育理念虽有一定差异，但是将德育的培养放在教育首位的做法是保持高度的一致。所以课程思政的本质就是实现德育教育。

二、 课程思政实现大学生德育培养的途径

课程的思想政治教育是广大人民教师责任的必然要求。古人说："师者，传道授业解惑也。"传道是第一位的，教学生做人是教育的基本任务。在大学生专业课程的教学中，必须把德育教育放在首位。教师要真正做一名既会授业也会传道的老师，如果课程中没有思想政治，只有教而不育人，不是合格的老师。高校专业课教师只有不断调高自己的思想政治教育意识，才能积极参加思想政治教育改革。在课程思政中实现大学生德育培养的主要途径归纳如下：

1. 全面挖掘课程本身所蕴含的德育元素

高校各专业设立的课程是为系统地培养学生而精心设计的。特别是职业教育中的专业课程，都是从岗位的典型工作任务中提炼得来的，课程中蕴含着大量的德育元素。教师要将课程内容中蕴含的德育元素与课程内容相结合，在教学过程中将德育内容不断渗透，使大学生在接受课程教学中得到德育的培养。

2. 充分利用榜样的力量（工匠精神熏陶法）

榜样的力量是无穷的。榜样示范法利用榜样的突出特征来影响学生的思想、情感和行为。在上专业课程时，可以邀请在本行业或本岗位有突出贡献的专家来校授课，通过其自身事迹来感染学生。这些榜样可以用身边的人和事来激励学生，更直接、更亲切地感染和启发学生，鼓舞学生前进。榜样既能激发学生的学习兴趣，又能够通过言传身教的方式让学生得到德育的教育。

3. 实践育德

课程思政必须贯穿到实践中去，实践出真知。高职院校的课程教学如果没有通过实践去完成，那么课程思政就是一句空话。职业院校课程教学要穿插实践教学，让学生到社会、到现场锻炼，让学生在实际锻炼中完善自己的思想，培养吃苦耐劳的精神，增长才干，培养优良的品质和行为习惯。同时现场实践教学能够调动学生的主动性、积极性，培养学生的互助友爱、团结合作、纪律性与责任感等良好品德，使其在实践中得到德育的培养。

4. 课程中角色转换实现德育培养

在课堂上，学生与教师的角色应当适时进行互换，教师要更多地站在学生的角度考虑如何教授课程，学生也同样要站在教师的角度去想问题，实现课堂翻转。在课程学习中，小组的学生亦要充当工作任务中的各岗位人员，根据任务的处境或角色行事和生活，以体验他人处世态度和方式。角色扮演在培养个人关爱他人、理解他人的社交情感以及发展人际沟通技巧方面发挥着重要作用。角色扮

演方法应遵循情境，兼顾通用性、趣味性和分组性，只有让学生在角色扮演过程中自发学习相关的知识、态度和技能，不单方面地追求表演本身的艺术性，才能在角色转换或角色扮演中实现德育的培养。

5. 巧妙运用课程评价体系

高校都有良好的规章制度，指导学生道德规范和培养方向。在课程教育中教师要合理利用课程评价体系，将思政德育内容纳入课程评价考核体系中，并贯穿全过程。一旦学生在学习过程或实践过程中思想、品行不端正，不符合课程评价体系中的思政德育标准时，教师和同学必须当场指出，以促进学生道德的健康形成和发展。运用课程品德评价时，教师要公平公正、正确适度、合情合理、注重宣传与教育，以奖励为主，抑中带扬。教师要善于依靠和发展学生的积极因素，调动学生自我教育的积极性，克服消极因素，鼓励学生进行自我评估和反思，充分调动学生的主观能动性。巧妙运用课程评价体系，在德育培养中能起到良好的促进作用。

6. 充分考虑学生品德个体差异性

课程思政教育不能搞一刀切、一把尺子量到底。由于每个学生成长环境不同，道德水平、心理健康水平、认知能力等都是有差异性的，教师在课程教学过程中要因材施教，依据学生政治品德个性差异采取不同的方法和措施，加强德育教育的针对性和实效性。教师要时刻牢记以学生为中心，学会以学生的视角去看待问题、解决问题，不能把自己的意志强加给学生，利用好课程中的德育元素，用不同的教学方法潜移默化地感染每一个学生。

三、结语

课程思政的目的是培养学生具有良好的道德品质。本文通过阐述挖掘课程中的德育元素等方法，用于指导课程思政培养德育的途径。大学生是有独立思想的，是具有主观能动性的，所以课程思政不能生搬硬套，更不能简单地将思想政治课的一部分内容直接硬搬到专业课程的教学中。让课程中有"思想政治内容"，学生不会感到突然；课程里有"思政味"，学生就不会有"说教感"[11]，产生情感共鸣，能欣然接受，起到"润物无声"、潜移默化的效果[12]。

参考文献

[1] 陈志强. 高校思政课"同向同行"战略路径与效果预期 [J]. 青年学报，2018（3）：52－56.

［2］江玉莲. 增强高校思想政治工作有效性的路径建设［J］. 红河学院学报，2018（4）：143－146.

［3］李静静. 社会主义核心价值观嵌入高校思想政治理论课的路径浅析［J］. 科教导刊（电子版），2018（3）：59－60.

［4］柳红梅. 职业学校思想政治教育问题研究［J］. 河南教育（职成教版），2017（Z1）：60－61.

［5］邱素云. 新时代本科师范生教师职业道德教育研究——以海南师范大学为例［D］. 海口：海南师范大学，2018.

［6］林玉均. 王船山的《中庸》新解析——以与朱子解析的比较为中心［J］. 衡阳师范学院学报，2011（2）：17－23.

［7］吴兵兵. 先秦儒家"三达德"研究［D］. 重庆：重庆师范大学，2016.

［8］朱荣华. 柏拉图与孔子［J］. 大观周刊，2011（27）：17－19.

［9］王文澜. 素质教育视野中的中学音乐课程实施研究［D］. 兰州：西北师范大学，2017.

［10］吴华. 课程权力：从冲突走向制衡［D］. 长春：东北师范大学，2008.

［11］赵鹤玲. 新时代高校"课程思政"建设的现状及对策分析［J］. 湖北师范大学学报，2020（1）：108－110.

［12］蒙丽媛. 从"思政课程"到"课程思政"　做"三全育人"践行者［J］. 智库时代，2020（3）：154－155.

党史教育融入广东高职院校思政课实践教学路径探析

——以广州科技贸易职业学院为例

余青云①

摘　要：融党史教育于高职院校思政课教学，不仅是加强高职院校学生党史教育的应然之举，更是新时代背景下高职院校办好思想政治理论课的内在要求和改革创新思政课的应有之义。本文深入分析了融党史教育于高职院校思政课教学的现实意义，以及高职院校尤其是广东高职院校在开展党史教育融入思政课时面临的困境，最后提出以实践教学活动推动党史教育融入高职院校思政课教学的解决路径，把党史中蕴含的丰富的思政课教育资源转化为育人效能，进而有效推动高职院校思政课教学及党史教育取得实效。

关键词：党史教育；思政课；实践教学

我国高校人才培养必须始终围绕立德树人的根本目标，将青年学生培养成为中国特色社会主义事业合格的建设者和可靠的接班人，而思政课是高校落实立德树人极为重要的抓手和关键的着力点，如何更好地发挥高校思政课的育人实效，是新时代背景下高校思政课的重要任务。党的十八大以来，习近平总书记多次强调党史学习的重要性，党的历史是最生动的教科书[1]，党史中蕴含着丰富的思政课教学资源，对于帮助青年大学生汲取丰富的精神营养和力量具有重要意义。以党史学习为契机，融党史教育于高职院校思政课教学，不仅是加强高校大学生党史教育的应然之举，更是新时代背景下高校办好思政课的内在要求和改革创新思想政治理论课的应有之义。

---

① 作者简介：余青云，广州科技贸易职业学院助教，主要研究方向：中国近现代史基本问题研究。

一、 党史教育融入高职院校思政课的现实意义

（一） 贯彻落实党中央党史学习教育要求的应然之举

自 1921 年成立以来，中国共产党在百年伟大历程中形成了过硬的政治品格，铸就了深厚而庞大的精神谱系，积蓄了宝贵和丰富的历史经验。它们不仅是马克思主义在中国化过程中众多重大创新理论成果形成与发展的实践之基，更是我党取得辉煌成就的精神之源。因此，总结好、学习好我们党的成功经验，发扬好、承继好我们党的优良精神，具有重大的现实意义。

习近平总书记在 2021 年 2 月的党史学习教育动员大会上的讲话强调 "要抓好青少年学习教育，着力讲好党的故事、革命的故事、英雄的故事，厚植爱党、爱国、爱社会主义的情感，让红色基因、革命薪火代代传承"[2]。将党史教育有机融入高职院校思政课教学，不失为当前高职院校贯彻落实习近平总书记关于深入开展党史学习教育总要求的一种长效途径选择。

党史教育与思政课的有机融合，不仅能够使高职院校学生厘清和把握中国共产党的百年历史发展脉络，而且能够让理论基础相对薄弱的高职院校学生对中国共产党在百年间取得的辉煌成就及马克思主义在中国化进程中取得的一系列重大创新理论成果有更加透彻的理解和学习，进而对中国共产党有更深的体会、感悟和认同。

（二） 丰富和发展高职院校思政课教学的理论需要

思政课是高校落实立德树人极为重要的抓手和关键的着力点，但此前高职院校思政课教学普遍存在着课堂上学生学习兴趣不浓、积极性不高、主动性欠缺、教学效果不佳等现状。究其主要原因，高职院校思政课教材《思想道德与法治》与《毛泽东思想和中国特色社会主义理论体系概论》主要侧重于概念的解释和重大理论内容及历史地位的阐述，缺乏足够史料支撑的理论形成的历史背景、具体过程和历史细节介绍。总之，抽象性、理论性强，具体性弱，对于理论知识相对薄弱的高职院校学生来说，势必加大了其学懂弄通的难度。

"党的历史是最生动、最有说服力的教科书"[3]，百年党史波澜壮阔，无数著名的历史人物、重大党史事件无不为枯涩的思政课提供了最鲜活、最生动的教学素材。将党史知识有机融入高职院校思政课教学之中，不仅可以让学生对党在百年奋斗历程中取得的光辉成就有更加深入透彻的了解，而且可以通过红色党史故事、党的英雄人物事迹、革命的故事等的详尽讲解，把抽象的理论转化为有史

料支撑、有理有据、有血有肉、有温度、有情怀的生动鲜活的思想政治理论课，进而增强学生的学习兴趣和主动性、积极性，提升思政课的教学实效。

（三）树立正确党史观，抵御历史虚无主义的现实需要

近年来，网络上出现了一些歪曲事实、诋毁党的领袖、丑化英雄人物、否定民族精神等恶劣现象，历史虚无主义的泛滥给青年学生群体带来严重负面影响。一些历来为中国人民所熟知敬爱的先烈英雄，如董存瑞、黄继光等在网络上遭到恶意抹黑，而"新生代"大学生成长于互联网迅速发展的时代，习惯于从网络上获取信息，社会阅历尚浅且对各种思潮缺乏准确辨析能力，容易受历史虚无主义的迷惑。因此，我们要将党史教育融入高职院校思政课，帮助学生学会辨析网络上的历史虚无主义思潮，引导其树立正确的党史观。

党的历史是最好的教科书，也是最好的营养剂和清醒剂。重温党的百年历史不仅能够受到党的初心使命、理想信念、价值追求、精神品质的生动教育，增强青年学生对中国共产党及红色文化精神的认同，而且有助于引领广大青年学生立大志、明大德、成大才、担大任，争当一名以实现中华民族伟大复兴为己任的时代新人。

二、党史教育融入高职院校思政课面临的主要困境

（一）高职院校思政课程开设有差别

目前，国家规定的高职院校思政课主要包括"毛泽东思想和中国特色社会主义理论体系概论""思想道德与法治"两门课程，尚未将"中国近现代史纲要"或"中国共产党党史"课程纳入既有课程设置。党的历史是现今思想政治理论课开展的基础和底色，是中国共产党众多重大理论得以形成与发展的实践基础和深厚土壤，缺乏党史教育基础的思政治课教学或将因缺乏史料支撑而导致解释力和说服力不足，进而沦为空洞的理论说教，难以激发学生的学习兴趣和积极性、主动性。

由于高职院校并未开设"中国近现代史纲要"或"中国共产党党史"课程，部分高职学生欠缺中国近现代史相关知识，进而对学习理解"毛泽东思想和中国特色社会主义理论体系概论"课造成一定的困难。该课主要讲授中国共产党的理论创新发展史，也就是马克思主义中国化的三个重大理论成果，抽象性、理论性强，缺乏具体史料、历史背景支撑，将难以厘清党的重大创新理论成果形成与马克思主义中国化的历史进程之间的密切关系，导致学生在思政课理论学习中因中国近现代史知识或党史知识匮乏而产生一知半解、似懂非懂、囫囵吞枣的现象，进而影响学生对该课理论精髓的把握。

"思想道德与法治"课侧重对正确世界观、人生观、价值观理论内容的相关阐述。如果缺乏党史教育的融入，缺乏从无数革命先烈、英雄人物身上所展现出来的坚定的理想与信念、不变的初心与使命、巨大的力量和勇气这些宝贵的理想信念、价值追求、精神品质的滋养，那该如何对当代大学生进行有效的熏陶和思想政治教育，帮助其筑牢思想之基呢？

由此可见，加强党史教育，融党史教育于高职院校思政课教学，是当前高职院校丰富和发展思政课教学，提高思政课教学实效的迫切现实需要。

（二）高职院校学生学情有差异

总体来说，现阶段广东高职院校学生理工科偏多、自学能力不高、思政理论基础相对薄弱。近年来，广东高职院校在开展专业培养方面开始逐步推行校企合作、顶岗实习等实践性教学环节，通过对标行业、对标岗位，提高学生专业动手能力和岗位从业能力。从教学实效来看，理论实践一体化的教学方法更适合高职学生。

而思政课理论性、抽象性强，具体性弱，传统教学方法主要以理论灌输为主，经过多年教学实践验证，学生实际接受效果较差。

（三）思政课教学与党史教育轻重倒置

党史教育与思政课教学之间存在着相融共通的关系，两者除了在教育内容上相统一、相印证、相支撑，在教学目标上也是共通、共塑、共促。但在思政课日常教学实践中，如果掌握不好两者之间的主次关系，不免会出现跑偏现象。

这种跑偏现象主要表现在：一是党史教育与思政课教学缺乏有效融合，存在"两张皮"的现象。即在思政课教学中所选取的相关党史素材缺乏针对性和典型性，没能彰显党史教育深化思政课理论学习的目的和初衷，没有在二者之间架起一座相印证、相支撑的桥梁。二是把思政课上成了党史课，整堂思政课都围绕着相关的党史事件、历史人物和事迹来展开，忽视思政课程理论学习的重点，偏离了思政课教学目标及要求。

因此，分清党史教育和思政课教学的主次位置，实现二者的有机深度融合，是当前思政课教学需要注意的客观现实问题。

三、 党史教育融入高职院校思政课的实践教学路径

党史教育融入高职院校思政课教学，既是高职院校学生课程设置和学情所需，又是增强思政课教学实效的现实之举。开展形式多样、内容丰富的实践教学活动辅助思政课课堂理论教学，不仅有助于提高学生学习兴趣、提升学习效果，

而且有利于加深高职学生对中国共产党的认同。

（一）课堂实践教学

习近平总书记曾指出："办好思想政治理论课关键在教师，关键在发挥教师的积极性、主动性、创造性。"[4]思政课教师是高职院校思政课教学的主导者，是影响融党史教育于思政课教学实效的关键性因素。因此，在思政课教学中，思政课教师首先要找准教材内容切入点融入党史教育，组织学生开展与课堂教学内容相契合的课堂实践教学活动。

以"思想道德与法治"课为例，在第一章"树立正确的人生目的"的教学中，可以组织学生课前收集资料，课上分组讲述中共一大十三个代表由于各自不同的人生目的，最终走上不同的人生道路的故事，进而让高职学生理解人生目的在人生道路中的重要性。在第二章"理想信念的重要性"的教学中，可以通过竞赛的方式，比一比哪一小组讲述的红色经典故事多。这些活动不仅能提升学生的课堂参与度、调动学生的积极性，而且能够让学生领会到坚定理想信念是克服前进道路上无数艰难险阻最终取得成功的保证。

以"毛泽东思想和中国特色社会主义理论体系概论"课程为例，前四章均为毛泽东思想的相关教学内容，可以开展毛泽东诗词与重大历史事件相关联的课堂实践教学活动，课前组织学生收集毛泽东诗词，要求学生梳理其相对应的中国新民主主义革命时期以及社会主义建设时期的重大历史事件，并制作与教学内容相结合的 PPT 课件，以便学生在课堂上展示，进而加深学生对党史知识和课堂相关教学内容的学习。

除此之外，广州科技贸易职业学院大力支持建立了党史 VR 体验馆等，通过信息技术，全国著名的红色教育资源都可以在党史 VR 体验馆内虚拟呈现，营造体验式、沉浸式和互动式的学习环境，使学生在身临其境的过程中接受党史教育和思想政治教育洗礼。

（二）课外实践教学

课外，思政课教师可以联合学生社团、团委、学工部等组织开展丰富多彩的课外实践活动。例如广州科技贸易职业学院思政课教师依托学生社团——星火学社开展思政课实践教学活动，通过举办"传承岭南红色文化，弘扬爱国主义精神"活动，指导学生挖掘岭南红色人物、革命烈士、英雄人物，整理制作成岭南红色人物故事图片展（海报），同时评选出优秀学生担任"红色故事传承人"对图片展进行解说，让该校师生在红色故事和生动的党史中受到深刻的思政教育洗礼。

该校还开展"读书分享会""电影中的法治精神分享会""模拟法庭（已开展10届）"等活动，使同学们更好地把思政课堂中所学知识应用于实践。以"抗疫"为主题，举办"共战疫，书传情"家书诵读推广活动、以宣扬"院士精神"为主题的"院士精神"微视频解说大赛、"传承院士精神，厚植国家情怀"主题征文大赛。以"学党史"为主题，与广州市辛亥革命纪念馆联合举办线上线下"走读辛亥革命史"活动、"学习百年党史，争做有为青年"自媒体党史学习素材推广大赛、"党心民情"送党史理论下乡活动等。结合校园文化活动，举办红歌比赛、红色文艺汇演、红色经典诵读、党史知识竞赛等活动。活动均以青年学生聚焦的内容为切入点，采取学生乐于接受的方式进行思想上的引导，从而在学生中宣传马克思主义理论中国化的最新成果，巩固学校思想政治教育成果，增强青年学生对核心价值观的情感认同，增强其学习的内在动力，学生反响良好。多项活动得到《广州日报》、《羊城晚报》、人民网、南方网等多方媒体的宣传报道，思政教育收效显著。

除了上述丰富多彩的课外实践活动，该校思政课教师还深入挖掘本土红色教育资源，充分利用各类博物馆、红色教育基地、红色纪念馆等多种教育资源，提高课外实践教学活动的针对性和实效性。例如，该校某年的"毛泽东思想和中国特色社会主义理论体系概论"课实践教学活动是与江门市博物馆开展校馆协同育人实践："坚定党的领导　凝聚中国力量　团结一起向未来——以'侨'为'桥'的校馆协同育人侨乡文化展"，融通思政课程与课程思政，思政课教师与会展专业课教师合作引导学生参与实践教学尝试，利用高校育人平台，激活侨乡博物馆文物资源，以侨乡文化专题报告会、侨乡文化展等形式开展该课实践教学，以期帮助学生更好地感悟五邑华侨的爱国爱乡精神等传统美德，理解侨乡历史文化对凝聚港澳台同胞和海外华侨华人力量的重大意义，展现侨乡文化的时代价值，以团结、凝聚港澳台同胞和海外华侨华人力量，共同致力于中华民族伟大复兴的美好未来。

（三）通过开展课程思政，强化思政育人和党史学习效果

加强思政教育与专业课的融合，在所有课程中全面推进课程思政，将思政元素贯彻到课程标准制定、课程设计、课程评价等课程建设各方面，以爱国、爱党、爱社会主义为主线，坚定学生理想信念，突出职业理想和职业道德教育、"工匠精神"培养，结合专业特点和课程性质，找准育人角度，系统整理和分析每门课程的思政元素和思政教育融入点，有针对性地做好课程标准制定和课程设计工作。

以广州科技贸易职业学院为例，在城市轨道交通专业类学生专业课学习过程中，通过梳理改革开放以来我国城市轨道交通技术的发展以及重大装备的国产化成果，与中国共产党领导下的社会主义制度优越性结合起来开展教学，让学生提升专业素养的同时融入红色精神。同时，在学生专业实践训练过程中，让"安全重于泰山""工匠精神""爱国、爱党、敬业"等精神贯穿整个环节。专业与思政的深度融合，进一步强化了思政教育和党史教育，让学生深刻领悟发展好中国关键在于党的领导。

四、 结语

中国共产党波澜壮阔的百年党史，蕴含着丰富的思政教育资源，具有深刻的历史教育价值，是高职院校开展思想政治教育的优质资源，对青年大学生的成长成才具有深远意义。在我国经济快速发展、国际地位迅猛提升的当下，西方敌对势力加大对我国意识形态领域的渗透和冲击，思政教育与党史教育深度融入已成为刻不容缓的育人使命和时代教育课题。因此，高职院校要积极响应党中央的号召，融党史教育于思政课教学之中，把党史中所蕴含的磅礴力量转化为育人效能，帮助新时代青年大学生在党史和思政教育的结合中，坚定理想信念、践行初心使命，真正成长为以实现中华民族伟大复兴为己任的时代新人。

参考文献

[1] 习近平主持召开学校思想政治理论课教师座谈会强调：用新时代中国特色社会主义思想铸魂育人　贯彻党的教育方针落实立德树人根本任务［N］. 人民日报，2019 – 3 – 19（1）.

[2] 习近平. 在党史学习教育动员大会上的讲话［J］. 求是，2021（7）.

[3] 习近平. 思政课是落实立德树人根本任务的关键课程［J］. 求是，2020（17）：4 – 16.

[4] 杨博宁. 党史教育融入思政课教学的价值与路径［J］. 吉林省教育学院学报，2021，37（9）：10 – 12.

[5] 陈晓风. 党史观教育融入新时代高校思政课教学的思考［J］. 西安交通大学学报（社会科学版），2022，42（4）：113 – 119.

[6] 冯留建，江薇. 深化高校思政课党史教育的实践逻辑［J］. 思想政治课教学，2022（3）：29 – 33.

[7] 刘玲，韩美群. 知史爱党　知史爱国——党史教育融入高校思政课的思考［J］. 学习与实践，2021（4）：25 – 31.

[8] 陈锡喜，吕列霞. 习近平党史观融入高校思政课的价值与实践［J］. 中国大学教学，2021（5）：42 – 49.

高职院校课程思政建设机制的分析与反思①

侯进炳②

摘　要：健全的课程思政建设机制有利于明确主体责任、整合相关资源和及时纠正偏差，是课程思政建设顺利开展的重要保证。本文通过案例研究，得出高职院校可以通过建立"一核两翼三驱动"的组织管理机制、深化"四元协同"的运行机制和完善"全方位闭环式"考评机制来推进课程思政建设的经验。在此基础上，针对近年来高职院校课程思政建设中二级学院主动性欠缺和考评指标缺少差异化的问题，提出要凸显专业课教师在课程思政建设中"主力军"作用、调动各二级学院参与课程思政建设的主动性、构建差异化的课程思政建设考评指标体系的对策建议。

关键词：课程思政；建设机制；对策反思

高校是国家培养人才的重要基地，必须将思想政治工作体系贯通于高校人才培养体系，才能回答好"培养什么人、怎样培养人、为谁培养人"的根本问题。推进课程思政建设，是解决专业教育和思政教育有机融合的重要方法。以前思政教育一直通过思政课程的显性课程来体现，而忽略通识课和专业课隐形课程的作用，专业教育和思政教育存在"两张皮"现象。2016 年，习近平总书记在全国高校思想政治工作会议上明确指出，要用好课堂教学这个主渠道，使各类课程与思想政治理论课同向同行，形成协同效应。据此，"课程思政"这个概念引起学界广泛讨论。总的来说，课程思政基本内涵可以归纳为："使各类课程与思政课程同向同行，将显性教育和隐性教育相统一，构建全员全程全方位育人大格局。"[1]课程思政建设经过这几年的探索已经形成相对成熟的建设模式，但是在具体实践过程中仍存在各种限制，尤其高职院校课程思政建设起步晚、投入师资弱等问题会更多。因此对高职院校的课程思政建设机制进行研究，更具有迫切性和必要性。

---

①　本文为广州科技贸易职业学院 2020—2021 学年校级质量工程项目"高职院校课程思政建设的机制探索——以广州科技贸易职业学院为例"（编号：00056003）主要研究成果。

②　作者简介：侯进炳，广州科技贸易职业学院教师。

一、 高职院校课程思政建设机制的价值蕴含

关于课程思政建设机制如何构建的问题，学界有不同看法。如邱伟光的《课程思政的价值意蕴与生成路径》（2017）认为高校课程思政建设中，教师是关键，教材是基础，资源挖掘是先决条件，制度建设是根本保障，指出高校课程思政建设要做好顶层设计，统筹规划，建立常态化的领导机制、管理机制、运行机制及评价机制。陆书在《高职院校构建浸润式思想政治教育模式的有效探索》（2018）中提出浸润式思政教育模式，他认为高职院校可以从"文化浸润、课程浸润、活动浸润和管理浸润"四个方面推进课程思政建设。宫维明在《"课程思政"的内在意涵与建设路径探析》（2018）中认为通过建立预警机制、运行机制和效果评价机制三个方面来构建课程思政保障机制，就可以整合校内各项资源切实保障课程思政有序进行。王石、田洪芳在《高职"课程思政"建设探索与实践》（2018）中提出要确立制度与考核，确保课程思政稳定可持续推进，其中建立领导机制与列出考核指标是关键，这样才能促进课程思政落到实处。赵鹤玲在《新时代高校"课程思政"建设的现状及对策分析》（2020）中指出要解决当前课程思政面临的困境，就要加强顶层设计，建立健全相关制度体系，从制度上保障课程思政的教学质量。

总的来说，学界普遍认为机制的建立对高校课程思政建设有着重要推动作用。笔者认为课程思政建设机制的积极作用，具体表现为以下三个方面：①整合相关资源，有效推进课程思政建设。机制是各项制度的相互关系，代表着各利益主体博弈的平衡状态。所以，机制一旦建立就可以把分散的资源集中起来，形成强大的合力。而课程思政的建设就是要把原先分散的思政教育资源整合在一起，形成全员、全程、全方位的育人体系。因此，课程思政建设需要一套成熟的机制来整合资源。②明确主体责任，有效落实建设的各项任务。机制的建立就意味着各项规章制度的制定和出台。通过规章制度就可以明确课程思政建设中各方主体的责任。各二级教学管理部门、各专任教师和相关的行政管理人员都可以有序地参与到课程思政建设当中，这样可以促进"大思政工作格局"的形成，为课程思政建设提供制度保障。③及时纠正偏差，有效控制建设的整体过程。一项政策在执行落实的过程中因为信息传递失真等因素，每个阶段会出现不同程度的偏差。课程思政建设过程中也会出现各种偏差。这就需要一套机制尤其是评价考核机制来纠正偏差，保证课程思政建设的顺利开展。

二、 高职院校课程思政建设机制的路径分析

机制建设是一项系统而复杂的系统工程。正如上文所讲，机制牵涉到各项制度的相互关系以及各方利益主体的博弈。因此，随着各项规章制度的制定与出台，机制也随之建立起来。本文就以广州科技贸易职业学院（以下简称"广州科贸"）为例，分析高职院校课程思政建设机制的形成路径。在2018年，广州科贸就全面推行课程思政建设，建立起"思政课程与课程思政融合共进"的课程思政建设新模式，以"价值引领、一体设计、协同育人"为抓手，大力推进"全员、全程、全方位"的课程思政建设改革。在2021年成立"全国职业院校课程思政研究中心"（以下简称"课程思政研究中心"）对全校的课程思政建设进行指导，这在广东省处于领先地位。我们通过研究发现，广州科贸的课程思政建设机制从以下三个方面搭建起来。

（一） 创新管理机制，强化组织领导

高校在课程思政建设过程中"按照党委统一领导、党政部门协同配合、以行政渠道为主组织落实的思路，基本上都是成立课程思政改革领导小组，并设立专门办公室推进落实"[2]。在此基础上，广州科贸进一步完善课程思政建设管理机制，率先在广东省乃至全国成立课程思政研究中心来指导课程思政建设的相关工作。中心由学校领导担任主任，马克思主义学院、教务处的负责人担任副主任，其他相关部门领导及各二级学院负责人任工作组成员（如图1所示）。在课程思政研究中心下设办公室负责统筹协调整体工作。由于马克思主义学院承担着全校的思政课，对课程思政建设的相关政策文件理解较深，因此课程思政研究中心办公室设立在马克思主义学院，由思政课教师以及其他行政部门的人员组成。

组织机构搭建完备之后，学校通过印发《广州科技贸易职业学院推进课程思政教育教学改革工作实施意见》《广州科技贸易职业学院"全国职业院校课程思政研究中心"工作方案》等相关文件，推动各教学单位先集中优势师资和资源主推一门课程进行课程思政改革，再通过带动作用辐射所有专业、所有课程。另外，还要求各教学单位修订全部课程的课程标准，力求全部课程都要融入思政元素。于是乎，广州科贸就形成了"一核两翼三驱动"的课程思政建设管理机制。"一核"是课程思政研究中心处于核心地位，负责研究制定全校课程思政建设的制度文件；"两翼"则是马克思主义学院负责帮助各专业课教师挖掘思政元素，教务处负责教师课程思政教学改革的培训和竞赛；"三驱动"则是各二级学院负

责落实课程思政建设的具体工作、各行政部门提供经费等资源支持、办公室负责统筹协调的整体工作。

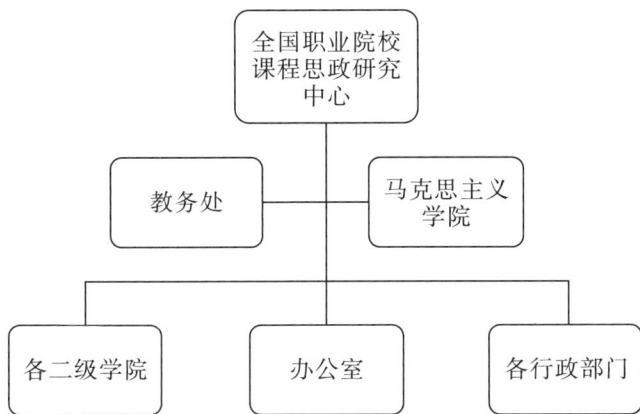

图1　"一核两翼三驱动"组织管理机制图

（二）完善运行机制，深化"四元协同"

政策要落地生根，不仅需要领导部门的持续推动，更需要基层一线人员的主动配合。课程思政建设"需要每一位教师的积极参与，把教师充分调动起来课程思政建设才能落细落实"[3]。在高校课程思政建设的体系中至少包含思政课教师、专业课教师、团学工作队伍以及党政管理队伍等四个主体，每个主体都应该积极主动地参与到课程思政建设之中。（如图2所示）

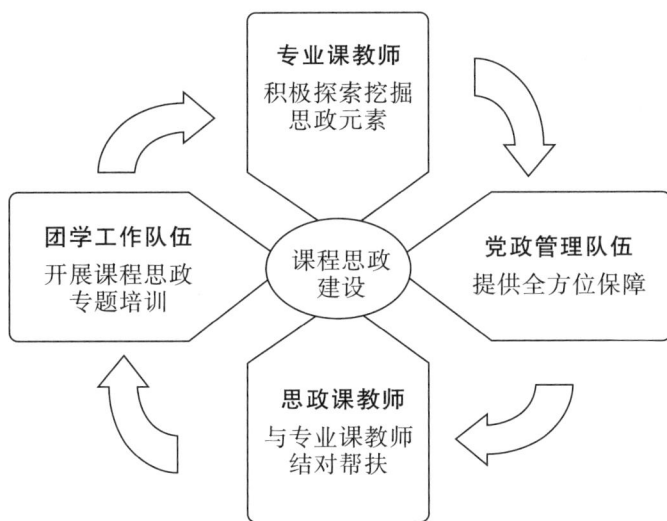

图2　"四元协同"运行机制图

广州科贸在推进课程思政建设过程中不断推进多元协同的运行机制，通过强化同心共建"三全育人"机制主体责任，让全体教职工都肩负落实立德树人根本任务和为党育人、为国育才的历史使命，充分挖掘各部门、各岗位的育人要素，推进各部门协同联动，推进思政教育向各个学科有机渗透。具体表现为以下四个方面：

1. 各专业课教师积极探索，挖掘课程中蕴涵的思政元素

依托"入园建院、课岗融合"产业学院育人工程，通过产教融合的方式让学生亲身感悟劳模精神、工匠精神等思政元素。此外，专业课教师积极邀请思政课教师担任课题申报、教学竞赛的顾问，在教学设计、课堂时间中融入更多思政元素。

2. 思政课教师与各专业课教师结对帮扶

思政课教师主动担任专业课教师的课程思政教学竞赛顾问，参与各专业课程标准、课堂教学设计的撰写，以此帮助专业课教师充分挖掘自身所承担课程的思政元素。马克思主义学院坚持实践探索和理论研究相结合，立足学校课程思政建设实践，整理形成广州科贸《立德树人　同向同行"课程思政"论文集》等参考资料，凝练形成若干理论研究成果并发表相关论文。

3. 团学工作队伍积极开展课程思政教师专题培训

为教师提供国家级、省级以及学校层面的三级立体培训体系和平台，拓展教师视野，提升教师育德意识和育德能力。将课程思政纳入教师岗前培训、在岗培训和师德师风、教学能力专题培训，在全校组织开展课程思政专题培训会和教学经验分享会。

4. 党政管理队伍主动提供全方位保障

通过出台制度文件，要求各部门、各二级学院设立课程思政建设专项经费，并要求各二级学院设立课程思政工作管理岗。每年组织开展课程思政教学案例、教学名师、教学团队的评选活动，树立典型，以榜样力量带动课程思政建设积极性。连续举办了两届课程思政教学竞赛，通过"以赛促教"的方式提升课程思政建设质量。

（三）健全考评机制，优化监督矫正

各高校普遍通过建立考评机制来督促各专业课教师把课程思政落实下去。具体而言就是列出课程思政的考核指标，由质量监控部门去实施。根据《课程思政建设指导纲要》坚持统一规范和创新激励相结合的原则，广州科贸也建立起自身

的课程思政建设标准，指导各学院根据自身学科特点制订专门的课程思政建设工作方案。考核评价指标由质量监控办公室负责制定，具体考核执行由教学督导组负责，最终由组织人事处来应用考核结果。这样就形成"全方位闭环式"考评机制（如图3所示），对专业课教师推进课程思政建设进行监督考评。具体如下：

1. 制定考核评价指标

质量监控办公室定期完善课程思政工作推进落实情况考核指标，建立动态化、常态化评价模式，把课程思政元素纳入《课堂教学质量评价标准》和《学生评教指标体系》，不断强化课程思政建设的考核。

2. 考核评价的执行过程

教学督导组主要以听课为主要形式，对任课教师教学理念、教学内容、教学效果中是否体现课程思政元素进行全面检查，通过撰写《督导简报》和《学期督导工作总结》向主管校领导、质量监控办公室反馈课堂教学中融入思政元素的实际情况。

3. 考核评价结果应用

组织人事处将课程思政推进情况列为各教学单位教学工作评价考核指标、领导班子工作业绩重要内容，纳入党建和思政工作评价范围。课程思政建设纳入学院绩效考核评价体系，作为教师考核、岗位聘用、评优评先、选拔任用的重要依据。

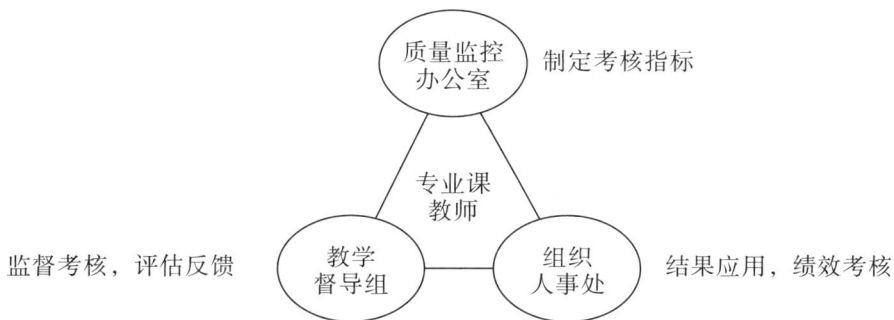

图3 "全方位闭环式"考评机制示意图

三、 高职院校课程思政建设机制的反思与对策

通过对广州科贸相关实践的分析研究，我们发现高职院校构建课程思政建设机制出现协作和协同两种模式交织融合的特点。一是在组织体系上呈现协作模式。通过课程思政研究中心形成由教务处、马克思主义学院共同主导和其他二级

学院参与协助的组织机制。然而各二级学院普遍有"课程思政建设是马克思主义学院的职责"的思想，存在主动性欠缺的问题。二是在具体建设中呈现协同模式。专业课教师、思政课教师、团学工作队伍和党政管理队伍共同参与课程思政建设，形成各尽其责、通力合作的运行机制。然而，在课程思政建设的考评过程中把更多注意力放在了专业课教师，忽略了其他主体的考评。即使有对其他主体进行考评，也基本上是用衡量专业课教师的那套指标，因此存在考评指标缺少差异化的问题。为了解决上述的两个问题，我们提出以下建议：

（一）凸显专业课教师在课程思政建设中的"主力军"作用

"思政课程和课程思政都是立德树人的重要形式。思政课程是思想政治理论的课程体系，课程思政是含有思想政治教育目标的教学体系。"[4]思政课程属于落实立德树人根本任务的显性教育范畴，而课程思政则属于隐性教育范畴。课程思政强调在各专业课程中挖掘自身的思政元素，通过"润物细无声"潜移默化地对学生进行培根铸魂。因此，课程思政建设的"主力军"应该是各专业课教师。多元主体协同参与课程思政建设，不能弱化专业课教师的"主力军"责任，而应让课程思政建设更加有保障、有质量。思政课教师可以凭借对思政元素的专业理解在课程思政建设中扮演"顾问团"的角色，团学工作队伍和党政管理队伍根据自身的职能和权限可为课程思政争取更多的资源支持。

（二）充分调动各二级学院参与课程思政建设的主动性

如果说课程思政建设的"主力军"是各专业课教师，那么课程思政建设的主要落实部门就是各二级学院。然而，不管是其他高校抑或是广州科贸"一核两翼三驱动"的课程思政建设管理机制，都凸现出马克思主义学院的重要性。但是这不意味着应由马克思主义学院来主导或者落实课程思政建设的工作。马克思主义学院的重要性主要体现在其对政策文件的理解和课程思政建设的方向把控。其作用与教务处、质量监控办公室等其他职能部门一样，都是协助各二级学院参与课程思政建设。所以，学校层面应该通过制度明确各二级学院的主体责任，各二级学院也应该主动承担起课程思政建设的实施任务。唯有如此，课程思政建设才会落地生根、开花结硕果。

（三）构建差异化的课程思政建设考评指标体系

经过这几年的努力，各高校普遍已经将课程思政的考评指标化、可量化。有的高校还采取多元评价模式"实现领导点评、同行互评、学生网评和自我测评的有机结合"[5]。考评体系的不断科学化、客观化，确实有力推动专业课教师进行课程思政建设。但是，课程思政建设的主体是多元的。相关职能部门为了"省事"往往将考核专业课教师的指标套用在其他主体上，这在一定程度上损害了其他建设主体的积极性。所以，应该构建差异化的考评指标体系，不同的主体运用不同的考核标准，这样才能将专业课教师、思政课教师、团学工作队伍和党政管理队伍整合起来，打造成"育人共同体"，实现教育、教学、培训和管理的有机统一。

参考文献

[1] 高德毅，宗爱东. 从思政课程到课程思政：从战略高度构建高校思想政治教育课程体系 [J]. 中国高等教育，2017（1）：43 – 46.

[2] 高燕. 课程思政建设的关键问题与解决路径 [J]. 中国高等教育，2017（Z3）：11 – 14.

[3] 邱伟光. 课程思政的价值意蕴与生成路径 [J]. 思想理论教育，2017（7）：10 – 14.

[4] 何衡. 高职院校从"思政课程"走向"课程思政"的困境及突破 [J]. 教育科学论坛，2017（30）：27 – 30.

[5] 胡华. 高职院校"课程思政"建设的价值意蕴与路径探索 [J]. 当代职业教育，2019（6）：88 – 95.

[6] 宫维明. "课程思政"的内在意涵与建设路径探析 [J]. 思想政治课研究，2018（6）：66 – 69，91.

[7] 吴月齐. 试论高校推进"课程思政"的三个着力点 [J]. 学校党建与思想教育，2018（1）：67 – 69.

[8] 赵鹤玲. 新时代高校"课程思政"建设的现状及对策分析 [J]. 湖北师范大学学报（哲学社会科学版），2020，40（1）：108 – 110.

[9] 陆道坤. 课程思政评价的设计与实施 [J]. 思想理论教育，2021（3）：25 – 31.

[10] 刘宝民，金正连. 关于职业院校推进课程思政建设的思考 [J]. 中国职业技术教育，2021（12）：105 – 108.

习近平生态文明思想对马克思主义
人学理论的新贡献

张利霞①

摘　要：坚持"以人民为中心"，构建人与自然和谐共生的关系，最终实现人的全面发展，是习近平生态文明思想的根本关切和出发点及落脚点。人在构建生态文明过程中占据基础性的地位，发挥着关键作用，直接推动生态文明建设的发展进程。同时生态文明的构建也反过来促进人的全面发展，二者同步同向、互相影响。

关键词：习近平生态文明思想；马克思主义人学；中国共产党

习近平生态文明思想，是习近平新时代中国特色社会主义思想的重要组成部分。从人学的维度来诠释习近平生态文明思想，是对这一思想内涵的丰富，拓宽了研究视角。本文认为生态文明建设与实现人的全面发展之间互为条件、互为因果，只有把人的全面发展作为生态文明建设的根本出发点和落脚点，生态文明建设才能够实现；同样，只有建设生态文明，才能实现人的全面发展。

一、 坚持 "以人民为中心" 的发展理念

首先，习近平生态文明思想以增强人民群众幸福感和获得感为目标，强调科学永续发展。改革开放后，经过了三十多年的粗放发展，中国经济社会发展面临着许多难题，人与自然的矛盾空前尖锐。在反思传统发展模式的基础上，以习近平同志为核心的党中央审时度势，把生态文明建设纳入"五位一体"总体布局，更加全面、科学地开出了适合中国现实的"药方"。习近平生态文明思想强调经济发展与环境保护、人与自然、自然与社会的协调统一关系，同时也明确了"以人民为中心"的发展理念，与"以物为中心"的传统发展模式形成了本质上的差异。

---

① 作者简介：张利霞，广州科技贸易职业学院讲师，主要研究方向：马克思主义中国化研究。

"人民对美好生活的向往，就是我们的奋斗目标。"[1]习近平生态文明思想坚持问题导向，没有回避，而是直面和解决问题，聚焦阻滞我国发展的突出问题、明显短板，回应人民群众的最大关切，就环境污染、经济转型和民生事业发展等人民群众反映强烈的问题予以深入解答。与传统发展模式不同，新时代经济社会发展聚焦于增强人民群众的幸福感和获得感，着眼于科学永续发展，更加强调通过人与自然的和谐共生来实现可持续发展。换句话说，就是在敬畏自然、爱护自然的前提下，充分发挥人的主体性和创造力，满足人民对更高生活品质的要求，提升人民的获得感、幸福感，标志着我们对中国特色社会主义规律认识的进一步深化。

其次，习近平生态文明思想从全人类福祉出发，拓展了人类文明的新内涵。人是生态系统中的一个因子，人与自然的关系如同鱼和水的关系，离开良好的生态环境，人就不能生存和发展；同样，如果人们不像爱护自己的生命一样爱护生态环境，自然环境就会遭到毁灭。习近平总书记指出，要"像对待生命一样对待生态环境"，"良好的生态环境是最公平的公共产品，是最普惠的民生福祉"。[2]自然环境是人的生存与发展的客观条件，享受干净的水、清新的空气、蔚蓝的天空是我们每一个人应当拥有的基本权利。人必须与自然生态环境和谐共生，为此，习近平总书记强调，"人因自然而生，人与自然是一种共生关系，对自然的伤害最终会伤及人类自身。只有尊重自然规律，才能有效防止在开发利用自然上走弯路"，"坚持生态文明，保护生态环境，不仅是保护自然，也是保护人类自身"。[3]优美的生态环境是建设美丽中国的重要物质条件。从某种意义上讲，保护和建设优美的生态环境就是改善民生，改善生态环境就是为人的全面发展创造更好的物质条件。

再次，习近平生态文明思想聚焦社会民生，科学诠释了当代马克思主义人学理论。从根本上说，人类起源于自然，人的生活也来源于自然、依赖于自然，自然环境的好坏客观上影响着人们生活质量的优劣，直接决定着人民群众的生活质量和幸福指数。党的十九大报告指出，中国特色社会主义进入新时代，我国社会主要矛盾已经转化为人民日益增长的美好生活需要和不平衡不充分的发展之间的矛盾。[2]这就客观上要求我们转变发展理念和方式，必须坚持以人民为中心，更加关注人的发展的需要，抓住人民日益增长的美好生活需要这个根本点，改善自然生态环境，大力推进生态文明建设。在自然环境的保护与改善方面，人类发挥着至关重要的地位和作用。与我国经济社会发展取得巨大成就形成强烈反差的是，生态环境的不断恶化，以及老百姓对于蓝天常在、清水长流与空气常新的渴求，这一切都迫切需要我们作出改变。党的十九大对此作出重要战略部署，提出"坚持节约资源和保护环境的基本国策，像对待生命一样对待生态环境，统筹山水林田湖草系统治理，实行最严格的生态环境保护制度，形成绿色发展方式和生活方式，坚定走生产发展、生活富裕、生态良好的文明发展道路，建设美丽中国"。[2]坚持人民主体地位，尊重自然和敬畏生态，建设环境友好型国家，是对人类文明内涵的拓展，科学诠释了马克思主义人学理论。

最后，习近平生态文明思想重视农村环境污染问题，注重维护农民的环境权益。加强农村生态环境保护也是习近平生态文明思想的题中应有之义。纵观习近平总书记近年来的著作和论述，除了增加农民的收入之外，更加重要的是农村生态环境的保护，既要金山银山也要绿水青山。习近平生态文明思想强调要尽力补上农村生态文明建设短板，实现农村经济发展与生态环境保护协调一致，推进美丽乡村建设，实现城乡人与自然关系的和解，最大限度地维护农民的各项合法权益，进而促进人与人、人与社会、人与自身关系的和谐发展。

二、 探索马克思主义人学理论在中国的新实践

习近平生态文明思想体现了马克思的人民主体思想，强调了人在生态文明建设中的地位和作用，人民是生态文明建设的主体。这既坚持了马克思主义的人民主体思想，又继承了中华优秀传统文化的民本思想内核。

第一，坚持和发挥人民主体的地位、作用和权益。实现人类解放，始终是马克思主义的终极关切和终极目标。党的十八大以来，以习近平同志为核心的党中央坚持"以人民为中心"的发展思想，坚持人民主体地位、发挥人民主体作用、切实维护人民利益，开辟了马克思主义人学理论的新境界。"我们要坚持以人民为中心的发展思想，抓住人民最关心最直接最现实的利益问题，不断实现好、维护好、发展好最广大人民根本利益，努力使全体人民学有所教、劳有所得、病有所医、老有所养、住有所居。"[4]习近平总书记在中国共产党成立100周年大会的讲话中提到"人民"的次数高达80多次，"人民是历史的创造者""坚持发展为了人民、发展依靠人民、发展成果由人民共享"等，充分体现了习近平新时代中国特色社会主义思想鲜明的人民性。习近平生态文明思想，充分体现了这一重要理论品格，是对"以人民为中心"的马克思主义人民主体思想的继承发展和科学诠释。

第二，人民主体地位在习近平生态文明思想中得到强化。进入新时代，人民主体地位得到了提高，人的积极性创造性也得以发挥。但现代社会在促成人们普

遍、全面经济联系的同时，也使社会关系的异化作用在全球规模上表现出来，民粹主义、单边保护主义、反全球化浪潮等事件频发，严重冲击着现代生产关系和社会关系。环境问题、发展问题和人的发展等课题，十分尖锐地摆在全人类面前。另外，西方市场经济的逐利性本质，不断地强化物对人的统治，最终导致人屈从于物的异己力量。随着全球竞争日益加剧，这种异化在全球范围内迅速展开，更加剧了人类社会生活的不确定性、偶然性和风险性。中国生态文明建设必须避免这样的不确定性。"塔克拉玛干沙漠大蔓延，湮没了盛极一时的丝绸之路。楼兰古城因屯垦开荒、盲目灌溉，导致孔雀河改道而衰落。实践证明，人类对大自然的伤害最终会伤及人类自身。只有尊重自然规律，才能有效防止在开发利用自然上走弯路。"[5] 显而易见，人类决定着生态文明兴衰的历史进程，在与自然交往诸多因素中占据主导地位，发挥着重要作用。如果人类没有意识到自己的行为是多么盲目和短视，对于生态环境的破坏就永无休止。如果人类不懂得敬畏自然，生态文明就得不到真正的修复和发展。进入新时代，当前我国社会生活已经发生了深刻变革，人民的需求已经从"对物质文化的需要"转化为"对美好生活的需要"。面对新矛盾、新形势和新要求，习近平总书记指出，"绿水青山就是金山银山"，强调要坚持以人民为中心的发展思想，正确处理好经济发展同环境保护的关系，自觉地推动绿色发展、促进发展的可持续性、协调性，不能以牺牲生态环境为代价换取一时的经济增长，而剥夺了子孙后代的发展空间。

第三，展现了中国共产党人的世界眼光与国际担当。2020 年一场突如其来的新冠疫情，向全人类敲响了生态环境危机的警钟。在所有新出现的人类传染病中，约 75% 为人畜共患病，即通过动物传播给人类的疾病。如何重新定位人与自然的关系，是所有国家面临的问题。2021 年，我国在"十四五"规划和 2035 年远景目标纲要中提出，力争 2030 年前实现碳达峰，2060 年前实现碳中和，这着眼于中华民族永续发展和构建人类命运共同体，体现了中国朝着绿色发展、人与自然和谐共生目标奋进的坚定决心，体现了中国致力于保护地球家园、实现人类可持续发展的大国担当。习近平生态文明思想站在全人类的高度，强调疫情防控、环境保护不能局限于一国的利益，任何国家不能置身事外，显示出了中国共产党人宏大的国际视野与责任担当。中国推进生态文明建设，建设美丽中国，不仅造福中国人民，而且必将造福世界人民，为实现人类可持续发展贡献智慧和力量。

三、 马克思主义人的全面发展理论的新发展

首先，习近平生态文明思想高度重视人与自然的共生共荣。道法自然，无论是东方哲人，还是西方思想家，都高度重视人与自然的和谐共生关系。因此，在自然面前，人的存在是个可选项而非必选项，人的生存和发展必须尊重自然、顺应自然，只有这样人才能够得到充分和全面的发展，而不被自然所遗弃。习近平生态文明思想正是遵循了这样的自然法则，通过推进生态文明建设来实现人与自然的和谐共生，最终实现人的全面发展。全国人大第十三届一次会议通过宪法修正案，将"生态文明"写入我国宪法，使之成为全体中国人民的共同意志和奋斗方向。从根本上讲，"生态文明建设"是中国式现代化建设的必然要求，是习近平新时代中国特色社会主义思想的重要内容，从人学的角度指明了人与自然和谐共生是我们实现中华民族伟大复兴中国梦的重要行动指南。

其次，习近平生态文明思想体现了以人的全面发展为目标的根本关切。"五位一体"总体布局体现了中国共产党人治国理政的新理念，在经济、政治、文化、社会和生态建设中，必须坚持人民主体这一根本立场，"以人民为中心"是习近平新时代中国特色社会主义思想的核心价值所在。在总体布局的大系统中，生态文明建设虽然只是其中的一个子系统，但是在"五位一体"总体布局中起着基础性作用，体现了"生态兴则文明兴，生态衰则文明衰"这一历史规律，并和其他四个子系统相互影响、相互促进。只有生态文明发展完善了，其他四个建设才有现实的物质基础，人的全面发展才有实现的物质条件。可见，习近平生态文明思想体现了以人的全面发展为目标的根本关切，体现了中国共产党执政为民的初心。

再次，习近平生态文明思想与人的全面发展相互作用、相互影响。习近平生态文明思想，体现了习近平总书记对马克思主义人的全面发展理论的继承和发展。中国的社会实践证明了，人在发挥主观能动性和创造力对自然界进行开发利用的过程中，极大地丰富了物质财富，从而改变了自然生态；同时，也一度造成了生态环境的破坏，人的发展也在这一过程中受到了惩罚和教训。这说明了自然环境保护与人的全面发展二者是同向同步、相互影响的。为此，习近平总书记在党的十九大报告中指出，应像对待生命一样对待生态环境，形成绿色发展方式和生活方式，坚定走生产发展、生活富裕、生态良好的文明发展道路，建设美丽中国。

最后，马克思主义人学理论的中国化将更好地促进生态文明建设。人是自然

界的一部分，人类在生存和发展过程中，与自然的关系是辩证统一的，必须正确理解和处理人与自然的这种关系，这是一种互为因果、和谐共生的逻辑关系。正是从这个意义上讲，习近平总书记提出的"两山理论"是对马克思主义生产力理论的继承和发展。生态环境的保护，既直接或间接生成经济和社会效益，也有利于人的文明程度的不断提升。习近平总书记指出，要以绿色发展方式去实现经济社会发展，将生态文明作为一种发展理念，贯穿于经济建设、政治建设、文化建设和社会建设的全过程，实现人的生产和生活方式的转变。通过经济发展与生态保护的相互协调，可以促进和推动生态文明价值理念的广泛传播，增强和提升人的生存和发展意识，在推动生态文明建设的进程中实现人的全面发展。

参考文献

[1] 十八大以来重要文献选编：上［M］. 北京：中央文献出版社，2014：70.

[2] 习近平. 决胜全面建成小康社会 夺取新时代中国特色社会主义伟大胜利——在中国共产党第十九次全国代表大会上的报告［M］. 北京：人民出版社，2017.

[3] 习近平谈治国理政：第二卷［M］. 北京：外文出版社，2017：394.

[4] 习近平. 在学习《胡锦涛文选》报告会上的讲话［N］. 人民日报，2016 – 09 – 30.

[5] 习近平新时代中国特色社会主义思想三十讲［M］. 北京：学习出版社，2018：243 – 244.

[6] 刘斌. 论习近平生态文明思想的人民性特征［J］. 山东师范大学学报，2022（2）：24 – 36.

[7] 李超超. 对马克思恩格斯生态文明思想科学认识论的探索［J］. 学校党建与思想教育，2021（10）：17 – 19.

[8] 秦国俊. 习近平生态文明思想与马克思生态观的关系［J］. 中共宁波市委党校学报，2021（1）：24 – 32.

[9] 王雪钰，侯凤英. 论习近平生态文明思想对马克思人化自然观的继承与发展［J］. 湖南科技学院学报，2022（1）：6 – 9.

[10] 李刚. 习近平生态文明思想的哲学意蕴［J］. 理论月刊，2021（11）：15 – 21.

[11] 郇庆治. 习近平生态文明思想的体系样态、核心概念和基本命题［J］. 学术月刊，2021（9）：5 – 16，48.

[12] 柴艳萍，王晓路. 习近平生态文明思想对马克思主义文明观的丰富和发展［J］. 理论视野，2020（4）：48 – 54.

[13] 王铁柱. 习近平生态文明思想的理论创新［J］. 理论导刊，2021（2）：11 – 16.

新时代中国共产党思想政治
教育的坚持与创新①

钟映荷②

摘　要：社会的繁荣发展和经济水平的全面提升，离不开党的指引，而落实思想政治教育是强化党的执政能力的主要途径，因此思想政治教育必须结合新形势下的社会发展需求落实改革和创新，在这个过程中必须在理论与实践相统一的基础上不断进行创新和完善。以马克思主义为基础，坚决遵循习近平总书记的思想引导理论，落实党性和人民的统一，这样才能够为我国的思想政治教育工作开展提供动力和发展方向。因此本文所论述的关键便是新时代中国共产党思想政治教育的坚持与创新原则，结合具体的路径和社会发展的相关需求进行分析，意在能够进一步提升我国的国际地位，强化中国共产党的引领价值。

关键词：新时代；中国共产党；思想政治教育；原则

党的十八大以来，进一步强化思想政治教育已经成为多方关注的重点，同时也与我国的国际地位提升有着紧密的联系。而结合本阶段社会发展的具体需求，打造新观点，落实新论断，追寻新要求，制定新思想，这不仅能够成为思想政治教育工作创新的源头，也可以成为我国社会稳定发展的关键因素。因此，分析当前党的思想体系，从思想政治教育的角度出发进行特点研究，不仅是本文论述的重点，也是进一步强化思想政治教育工作有效性的关键研究课题。

一、　新时代中国共产党思想政治教育的坚持

（一）坚持从人民群众出发定义党性

我国是人民民主国家，在发展过程中，思想政治教育工作的开展必须结合人

---

① 本文已发表于《时代人物》2021 年第 13 期。
② 作者简介：钟映荷，广州科技贸易职业学院讲师，主要研究方向：思想政治教育、心理＋党建创新模式研究。

民群众的实际需求，因此在落实创新的过程中，必须从人民群众的角度分析人民性，从而定义党性。习近平总书记曾经在 2013 年的全国宣传思想工作会议上，提出了人民性和党性相统一的相关问题，指出了坚持党性是当前政治工作开展过程中的正确方向，应站稳政治立场，并且结合人民群众的实际需求落实党性的高度统一。[1]这对于判断新形势、制定新决策有极强的促进作用。坚持维护中央的权威是核心原则，坚持人民性，了解人民群众的实际发展现状，并且实现好维护好以及发展好广大人民群众的根本利益是思想政治工作开展的出发点以及落脚点。

与此同时，以人为本、以民为本的原则也是党开展政治性工作过程中坚持的要义。这表明坚持人民性和党性的有机统一，以人民为基础落实党性的定义和创新是落实思想政治工作的核心原则，具体来讲首先必须明确坚持党性原则，对于思想政治教育来说，不仅要讲理论，还要坚持不懈地讲，科学、合理地讲。而思想政治教育的主体必须要坚持当下的社会发展需求，说话做事都要符合党的实际发展需求。必须打造尽职尽责的党的形象，坚持为人民发展和社会稳定事业而服务，思想政治教育必须将人民作为中心，将服务群众和教育群众结合起来，切勿以绝对管控的模式进行教育，而是要通过引导和潜移默化来实现群众思想意识体系的引导，这样才能够打造具有灵活性和创新性的思想政治教育工作，并且将服务人民、依靠人民以及为了人民凝聚起来，进一步强化人民的精神世界，在满足人民精神需求的同时，利用人民的精神力量共同促进党的建设和创新。

（二）坚持学理性与政治性的有机结合

所谓学理性是建立在思想政治教育工作基础的层面，结合不同思想意识形态的哲学思想以及理念意识进行提炼，其最基本的中心思想便是学理性，但是将这种理念意识与当前党的发展以及国家建设结合起来，就必须融合不同国家的不同发展模式，建立在社会以及国家发展需求的基础上，融合政治观点，借助学理性的本质来提升政治性的哲学价值，这才是学理性和政治性有机结合的最终要义，同时也是提升党政思想政治教育工作开展质量的关键研究方向。

而想要实现这一目的，首先要确保政治性能够为学理性的发展提供针对性。毛泽东同志曾经指出，若没有正确的政治观点，整体的思想政治教育工作便缺乏了灵魂。[2]因此，落实好政治性的研究，能够为哲学思想的应用和执行提供基础方向，也可以为当前的马克思主义与现代社会相结合奠定基础。

其次，必须从思想政治教育的本质角度出发，落实好意识形态的改造和意识形态的优化，使其具有极强政治性的思想理念，甚至可以将政治性当作一种意识形态，是当前科学发展规律以及意识形态发展的统一成果。在新时代社会发展过程中，思想政治教育必须以科学为核心，坚持将意识形态化，作为理论研究以及实践工作融合的基础目标，这样才可以让整体社会环境具备科学的理念，促使政治体系的落实具有可行性。

最后，必须确保政治性能够统领学理性。政治性本身是党的根本权威性保障，在落实思想政治教育的过程中，必须依靠党本身的权威性和政治性进行融合和分析，在这个过程中，政治性是大于学理性的。学理性可以为党的思想政治工作提供哲学思想和理论基础，但是具体的执行必须依靠党政本身的政治性进行引导，因此政治性必须统领学理性，并且引导学理正确落实。

（三）坚持知识性和价值性的结合

党开展思想政治教育实践活动的主要目的是实现人民群众的思想引领，维持社会的稳定发展，在这个过程中体现出了极强的国际价值和社会价值。另外，选取的理论体系本身有一定的知识性特点，知识传授是思想政治工作开展的主要渠道，落实知识体系的培训和宣传能够推进思想政治工作的发展，在这个过程中，处理好知识体系和价值观念之间的关系，能够促使思想政治工作高效运行。

具体来讲，国家以及社会发展过程中，主流意识形态或者主要的价值观念是一种知识体系，在传承的过程中通过文学文本进行传承是知识的重要表现结构，透过文学文本，我们能窥探其中的理论内涵和哲学思想，这些哲学思想在传承的过程中会对人的思想产生潜移默化的作用，这就是价值性[3]，因此价值性和知识性往往是伴生的，知识具备引导人思想意识的价值，而价值的存在是通过知识进行传递的。

想要理清这二者之间的关系，全面落实思想政治教育的创新，首先必须确保思想政治教育知识性是价值性的前提和基础，即只有知识传承价值，才能够在传承过程中将这种价值凸显出来。人们的判断力以及选择能力是与知识进行互动的主要渠道，这是人与客观事物之间进行交互的过程，正确的价值必须通过这种交互融入知识体系中才能够被社会主体感知到，并且融入他们的认知中去。其次必须确保思想政治教育中的价值，能够成为知识体系传承的动力建立在客观的角度进行知识传承，是思想政治教育工作本身的途径，但是这种传承并不是纯粹的以知识为对象进行的宣传和演示，而是以知识本身蕴含的理念价值作为对象进行传承的，知识体系是否具备价值、价值的影响有哪些将决定知识体系本身的知识性大小，二者相互结合才能够共同构建意识形态，并且落实意识形态传承和发展。

二、 新时代中国共产党思想政治教育的创新

（一）综合建设需求落实批判创新

在党政发展的过程中，结合社会不同阶段的发展需求，落实思想政治工作的创新，这是一种建设体系，是结合实际需求落实的拓展和优化，因此，思想政治工作本身具有极强的建设性特点。在实际发展过程中，建设性的应用和执行并不是一成不变的，而是需要不断进行回溯和反思的，所以思想政治工作又呈现较强的批判性特点。在当前社会发展的趋势下，必须明确思想政治工作本身的批判性特点和建设性需求，这样才可以保证思想政治工作顺利开展，并且符合社会发展需要，推动社会进程。

建设性以及批判性也是思想政治教育的核心属性。[4]建设性往往具有较强的正面教育功能。而批判性主要指的是对思想政治教育中的错误观点以及思想落实否定辨别以及分析，经过批判之后，思想政治教育会更具合理性和科学性，与不同社会发展阶段相符。这样，思想政治不仅能够满足社会发展需求，也可以进一步提升党的执政力度和权威性。

另外，确保批判性与建设性协同发展，也符合马克思主义思想的实践经验和本质要求。首先，马克思主义理论已经成为思想政治教育的核心体系，那么建立在理论基础的层面，落实马克思恩格斯批判思想的研究，不仅能够了解唯物辩证主义以及历史唯物主义之间的区别，还能够对其理论思想是否具备客观性进行批判，这是一种积极扬弃的过程。尤其是在当前社会主流文化多元化的环境下，思想意识形态受到了多种意识体系的影响，呈现着较强的复杂特点，而落实思想政治教育，不仅要实现主流思想的明确，还要分辨多样化思想体系中的糟粕，并且能够及时地反对舆论，分析舆论的本质，凸显其危害。这不仅可以提升思想政治教育的合理性，也能够在建设的过程中通过不断的批判来掌控社会发展的主要趋势，调整和引导意识形态。在辨析的过程中不断提升思想政治教育的权威性和可靠性，以多样化主导为依据，落实个性化创新，坚持建设性和批判性统一，为思想政治教育的开展提供可持续化发展源头。

（二）落实理论与实践的统一创新

从思想政治教育的本质上来讲，实践性以及理论性是并立而存在的。首先理论和实践统一是马克思主义的基本原理，马克思主义并不只是书本上的客观理论知识，而是建立在社会事物本质的基础上，寻找社会发展的实际规律和内在联

系，打造具有鲜明实践品格的理论基础。建立在马克思主义原理的基础上，构建社会思想政治教育体系，必须将意识形态还原到实际生活中去，结合客观世界进行本质研究，了解其内在规律，并且以改变社会和改变世界为原则进行实践。在这个过程中，理论是指导实践的第一要义，实践是验证理论真实性和可靠性的具体模式，二者相互统一才可以为思想政治教育工作的发展奠定可行性保障，同时也可以为党的执政能力提升提供创新依据。

那么首先便要明确我国的国情和社会发展本质，结合 21 世纪的党政思想和社会发展规律，全面建设现代型社会，打造多功能社会发展体系，这成为实践的基础途径；其次必须结合理论的时效性角度分析思想政治教育是否能够对当前的实践活动起到引导作用，不能片面地谈抽象理论，必须结合实际谈具体感想，要学会反思，并且在思考过程中活学活用，确保知信行相统一[5]，这样才可以让理论成为引导人教化人和培养人的工具，让思想政治教育成为引导社会发展和创新的源头。

三、 结语

新时代落实思想政治教育，不仅是发扬我国传统党政优势的根本保障，也是进一步强化社会发展稳定性的基础性工程，应全面推动理论和实践的相统一。只有建立在建设性的角度落实教育批判，综合思想价值分析其传承方法，强化政治性和学理性的结合质量，坚持以人为本落实党政权威的提升，才可以确保思想政治教育具备活力和深厚的基础，起到提升中国国际地位的作用。

参考文献

[1] 中共中央文献研究室. 习近平关于社会主义文化建设论述摘编［M］. 北京：中央文献出版社，2017.

[2] 用新时代中国特色社会主义思想铸魂育人，贯彻党的教育方针落实立德树人根本任务［N］. 人民日报，2019 - 03 - 19（1）.

[3] 马克思，恩格斯. 马克思恩格斯选集：第一卷［M］. 北京：人民出版社，2012.

[4] 毛泽东. 毛泽东文集：第七卷［M］. 北京：中央文献出版社，1999.

[5] 习近平. 习近平谈治国理政［M］. 北京：外文出版社，2014.

大数据背景下高职院校教育管理模式的创新策略

李 红①

摘 要：当前我国信息技术不断发展，高职院校属于我国高等教育中的重要组成部分，需要根据大数据发展的方向，优化实际的教育管理模式，从而使其更加贴合高职院校发展现状。在实际工作中，需要将大数据思维渗透于高职院校教育管理模式的各个环节中，形成合力，共同提高高职院校教育管理的效率和水平。同时，还需要做好资源的搜集工作，解决以往教育管理模式实施中的一些问题，更加全面地融入创新性的因素，从而促进高职院校的稳定性发展。

关键词：大数据；高职院校；教育管理模式；创新要点

当前高职院校的教育管理模式需要根据时代发展的方向来进行不断的优化和调整。学校管理工作主要负责管理学生的学习和生活，同时也是实际教育工作开展的必要性基础。在实际工作中，根据时代发展的方向构建完善性的管理模式，不仅有助于推动学生的有效学习，还有助于优化学校当前的发展成果，为学校提供良好的声誉。因此，在实际工作中，需要根据大数据背景不断创新高职院校本身的教育管理模式，为后续工作科学实施提供重要的基础。

一、 大数据与高职教育的相关概述

（一）大数据

大数据是随着我国当前科技水平不断发展而衍生出来的新型技术模式，在大数据模式中要做好资料的搜集以及整合工作；同时，大数据模块中的数据具有复杂性的特征，所以在实际工作中，需要根据具体的工作要求筛选有价值的数据，为后期工作指明正确的方向。

---

① 作者简介：李红，广州科技贸易职业学院马克思主义学院办公室主任，主要研究方向：管理学。

大数据主要是指一切可以在互联网中以代码表示的信息内容，通过大规模的获取模式和信息储存模式，能够实现软件工具范围内数据的多方位整合，之后，再进行数据的快速性流传。大数据技术具备数据类型多和价值较密的主要特点。[1]在大数据技术实施的过程中，需要根据超大规模数据进行多方位的收集和整理，之后再通过背后的云计算技术获取更多有价值的信息。大数据技术对于教育行业发展来说所产生的作用是非常突出的，在实际工作中可以根据大数据技术本身的优势，建立完善的教学管理平台，灵活解决在实际管理工作中所存在的问题，通过不同的角度起到重要的优化效果，从而促进学校的稳定发展，彰显现代化的发展模式。

（二）高职教育

我国高职院校的数量是非常庞大的，在校学生多达上千万人。高职教育和本科教育存在着类似性，但是在教学质量和发展水平方面存在一定的差距。高职院校当前需要根据时代发展解决在发展过程中存在的突出问题，比如培养的人才很难满足社会的实际需求、教育管理模式滞后、学校专业课程无法满足市场变化的需求等。同时教师团队也普遍存在一些问题，比如一些教师缺乏完善的教学经验，只能够完成理论知识的授课，缺少一线工作的经验，这对学生后续发展造成严重的影响。另外，高职院校的学生由于在之前没有掌握正确的学习方法和学习技巧，因此在日常学习时存在自主性学习能力较差的问题，不能对学习保持持续性的积极性及热情。有一部分学生会产生较为严重的厌学情绪，使得实际教育工作很难有序地进行，限制了高职院校的稳定发展。

二、 目前高职院校教育管理模式中的问题简析

（一）教育投入不均衡

在将大数据技术融入高职院校教育管理模式之前，需要全面分析在大数据背景下高职院校教育管理工作所存在的问题，从而为后续工作提供重要的基础。当前高职院校中还存在着教育投入不均衡的问题。教育质量评估指标在实际实施时无法更加贴合于高职院校当前的发展现状，特别是在高职院校人才培养模式和学生能力评估方面，主要是以硬件指标作为主要的标准。高职院校为了评估加强了对硬件方面的投入，在软件投入方面自然会存在不充足的问题，比如一些教学软件滞后，教育管理软件无法紧跟时代发展方向进行不断的优化以及调整，影响了高职院校的稳定发展。[2]同时，信息资源开发和利用方面也存在滞后性，大多数

的高职院校网络教育和信息化管理模式现代化水平比较低，使得高职院校信息化管理效果无法达到相关的标准，限制了高职院校的稳定发展。

（二）教育认识不全面

教育认识不全面也是当前高职教育管理模式中的突出问题。随着我国当前信息技术的不断发展，大多数高职院校为了适应时代发展趋势，创新了教育管理模式，比如加大对数据技术的利用程度。但是我国部分地区的高职院校由于经济条件的限制，无法享受到信息化技术所带来的诸多便捷。同时，部分高职院校没有根据当前的发展现状认识信息化建设的必要性，无法把握教育信息化的本质性要求。这使得高职教育管理效率无法全面提高，也无法充分利用信息化的资源实现不断创新以及发展，影响了高职院校办学水平的提高。

（三）信息共享率低

在大数据背景下信息共享是非常重要的，不仅可以加强各部门之间的联动配合，还有助于共同解决当前高职院校教育管理工作中的问题，但是高职院校日常办学时，在信息共享方面还不完善。一些高职院校在日常办学的过程中缺乏完整的统一规划，导致信息投入不均衡，重复性建设情况非常严重；一些高职院校为快速转变管理模式，使用一些未经批准的信息化技术，这就很容易导致实际的集成化管理效果无法全面突出，信息数据难以有效交换，一些软件甚至还存在着盗窃信息的问题，对高职院校的发展造成了非常严重的阻碍。同时，一些软件由于适用性不强，很容易在信息沟通和交流方面出现信息孤岛的问题，难以实现更高层次的信息处理以及共享，这对实际工作造成了严重的后果。

（四）师资力量有待提升

在当前高职院校教育管理模式中还存在着师资力量有待提升的问题。在信息化时代，教师需要具备完善的专业素质、灵活的操作软件及日常教育管理技能。高职院校的教师大多数都是研究生，然而在实际教学方面仍存在着两极分化的问题。一些教学经验较为丰富的教师无法适应现代社会发展模式的转变，而能够适应现代社会模式变化的教师通常来说年龄比较小，在日常教学时无法抓住课堂教学的重点，限制了高职院校的平稳发展。由于师资力量不够雄厚，高职院校教育管理制度无法适应当前教师教学的需求，在教育管理模式改革方面存在着较为严重的干扰性因素。

三、 大数据背景下高职院校教育管理模式的创新路径

（一）积极转变教育理念

为了使高职院校教育管理模式能够在大数据背景下获得蓬勃发展，在实际工作中需要转变自身教育理念，为后续工作提供重要的基础。在实际实施时需要加强信息化的合理利用，根据高职院校当前的发展现状，认识到信息化建设的必要性，从而为后续创新工作指明正确的方向。教育管理信息化模式要根据现代化的管理观念实现信息的统计以及决策，并且在管理过程中根据大数据技术的优势来进行数据的多方位挖掘以及利用，为学校后续的发展和决策提供强有力的支撑。各个高职院校需要加强对现代化教育理念的有效融入，从整体性角度入手，构建科学的教学管理模式，并且加强软件和硬件设施的投入力度，实现功能的不断协调和完善，获得更加科学的发展。[3] 这不仅可以转变以往高职院校教育管理模式中的缺陷，还有助于加快资源共享的效率，从而使高职院校的信息化建设获得完善的运行环境，彰显现代化的管理模式。

（二）建立信息化教学模式

大数据和高职院校教育的相互结合能够为高职院校稳定发展提供多样的可能。高职院校在实际工作中，需要根据时代发展明确培养学生的主要目标，迎合市场发展的需求，将社会发展和技术产业进行相互融合，从而多方位提高学生本身的独立思考能力和动手实践能力，为社会输送高素质的人才。在实际工作中，需要通过大数据技术全方位分析课堂教学的实际情况以及学生在动手操作中所遇到的问题，完成数据多方位搜集，从而挖掘数据背后所蕴含的学生个性特点以及主要的学习需求，通过这些内容来提高专业教育的针对性；同时，还需要根据信息搜集的最终结果，制订符合自身发展需要的能力素质教育方案，从而为学生的后续发展提供重要的支持。大数据技术本身具备一定的数据跟踪功能，能够了解新兴行业和传统行业在人才需求方面的要求以及新变化，得出科学性较强的教学管理方案以及数据，因此在实际工作中需要充分发挥大数据本身的优势，完善人才培养目标，避免人才培养方案和时代脱轨。在实际工作中，需要根据最终所需要的数据及时更新教学计划，并且明确招生和培养的人数，防止高职院校在人才培养工作中滞后。

在后续工作中，还可以利用大数据技术本身的优势，搭建网络平台和高职课堂进行相互连接，解决以往教育在时间和空间上的限制，为学生提供更加广阔的

学习渠道，提高高职院校当前的服务水平。在实际工作中，需要通过网络平台打破课堂教学的限制之处，让学生能够掌握自身学习的主动权，根据自身的学习需求和学习标准，更加有针对性地搜索相关信息。同时还可以获取学生搜集信息的足迹，为实际教学活动提供重要的基础。教师可以根据这些数据创新课堂教学模式，融入课外的教学内容，从而全面解决学生在学习时所遇到的问题。新型课堂教学模式的构建不仅可以让学生掌握行业的最新动态，还有助于创新学生的学习思路，在潜移默化中使学生形成终身学习的观念，推动高职院校教育事业的稳定发展。

（三）加强信息化管理软件

为了保证高职院校教育管理模式能够有序进行，在实际工作中需要加强对信息化管理软件的投入力度，解决以往软件建设中的一些不足，根据信息化建设的要求以及标准建立专项资金，依据高职院校发展现状不断投入软件和硬件设施，并且做好软件系统的维护工作，为高职院校后续发展提供重要的基础。同时高职院校还需要引进高素质的人才，灵活运用这些软件进行日常的教学管理，从而提高当前的信息化建设水平。高职院校可以利用大数据建立智慧校园，在网络平台中进行信息的转发以及评论，也可以在后台中进行信息的多方位整理，对部分言论进行有效评价，从而灵活应对实际信息化建设工作中所存在的问题。智慧校园的建设不仅可以转变以往人工式操作服务模式的弊端，还有助于实现资源的合理性利用，保证数据运行效率能够符合相关的标准以及要求。在实际工作中需要做好软件的更新换代，当学生遇到问题时，能通过大数据技术快速解决学生疑惑，再自动化地维修系统本身的功能，使其更加贴合学生当前的使用标准。在管理软件系统建立时，可以适当借鉴其他学校在软件管理工作中的一些经验，通过资源多分类整合，提高软件管理的效果和水平，更加贴合于高职院校当前的发展标准，展现新的管理模式。

（四）建立健全评价体系

为了全方位了解高职院校在大数据背景下教育管理的效果，在实际工作中需要建立完善的评价体系，从而为后续信息化建设工作提供重要的基础。学校评估系统不仅要满足学生当前的学习需求，还需要了解教师定期评估的标准，从而更加科学有序地开展后续的工作。高职院校要在教育管理模式方面进行不断的改革，以提高学生综合能力和学校教育水平。在系统运行时，需要指派专业人员做好数据记录工作，了解大数据系统运行的特点以及在运行时所存在的问题，完善相关的基础设施，从而使得评价体系能够具备完善性。同时高职院校还需要定期开展组织会议，了解这一阶段教育管理的成果以及存在的问题，明确下一阶段教育管理的主要实施方向，从而实现高职教育管理模式的有效创新。

四、结语

在大数据背景下，高职院校为了获得稳定性的进步，需要根据时代发展的方向创新教育管理模式，不断丰富教育管理的内涵以及范围，根据高职院校的发展现状，加强信息化建设的投入力度，增强软件系统的适用性，还要建立有效的评价体系，做好信息化建设的评估工作，从而提高学校当前的发展水平，有助于为社会输送高素质的人才。

参考文献

[1] 谢静. 技能型高职院校本科人才教育管理工作的研究 [J]. 当代教育实践与教学研究，2019（8）：70-71.

[2] 靡娜. 大数据背景下高职院校教育管理模式的创新改革路径 [J]. 北极光，2019（5）：155-156.

[3] 徐晓旭. 大数据背景下高职院校学生管理工作模式探析 [J]. 现代职业教育，2018（11）：85-86.

模块二
课程思政对策探索

高校课程思政的应然取向①

丁西泠②

摘　要：课程思政改革在高校广泛推进，但教师"教育器物化"观念影响课程思政推进的深度、广度，学生"学习功利化"观念影响课程思政推进的力度、温度，还存在一些教师对"课程思政"与"思政课程"区别存惑、课程思政建设成效考核量化困难等问题。课程思政建设是一项长期性、持续性、润物无声的工作，应树立"久久为功　育心育人"的建设理念，并区别"显性思政"与"隐性思政"的功能指向，使课程思政建设更具成效。丰富师生的课程理解、明确课程思政建设责任、注重格局时序、科学设计考核是高校课程思政的应然取向。

关键词：课程思政；改革；建设

2016 年 12 月 7、8 日，全国高校思想政治工作会议在北京召开，习近平总书记在会上提到"把思想政治工作贯穿教育教学全过程，开创我国高等教育事业发展新局面"，基于此，"课程承载思政、思政寓于课程"的课程思政改革在高校开始试点进行。2019 年 3 月 18 日，习近平总书记在学校思想政治理论课教师座谈会上再次强调"要坚持显性教育和隐性教育相统一，挖掘其他课程和教学方式中蕴含的思想政治教育资源，实现全员全程全方位育人"，让课程思政改革更有了厚植的土壤。

课程思政的实质是一种课程观。课程是落实立德树人教育目标的重要载体，学校课程是国家意志和教育理念转化为学校具体教育思想和办学理念的缩影。高校思想政治理论课以及各类课程都可以也应该成为大学生思想政治教育的主要抓手和重要渠道，整合各类课程中的思想政治教育元素和功能成为高校深化课程发

---

① 　本文为广州市青少年科技教育项目"大学生生态文明素质提升计划——以弘扬优秀传统文化生态理念为视角"（编号：KP2019098）阶段性成果、广州市教育局教育规划课题"粤港澳大湾区文化融合背景下高职思政育人实效性研究"（编号：201811690）阶段性成果。
② 　作者简介：丁西泠，广州科技贸易职业学院教授，主要研究方向：思想政治教育、法学。

展的重要生长点。[1]笔者作为具有近二十年教龄的思政课教师，根据自身对课程思政改革的探索与思考，尝试提出一些课程思政改革建议。

一、课程思政建设面临的基本问题

（一）教师"教育器物化"观念影响课程思政推进的深度与广度

孔子云："君子不器。"作为君子，不能囿于一技之长，只求学到一些手艺，停留在充当"器物"的层面上，而当立"志"于"道"。目前很多高校存在着知识教育、技能教育和思政教育、情怀教育相割裂的问题，许多教师只看重"教学"，即传授具体的知识和技能，忽视"教育"，没有对学生进行价值观的引导。他们认为思想政治教育就是思政课教师和团委、学生处的职责，与己无关，与专业技能的传授无关，学生只要专业知识掌握好、职业素养高，就能前途通畅，教学工作即告胜利。这种"无教育的教学"最终将培养出一些虽然具有较高的技能水平与专业知识，但不懂"道义"、价值观混乱之"器"。因此，"教育器物化"观念影响着课程思政推进的深度与广度。

（二）学生"学习功利化"观念影响课程思政推进的力度与温度

高等教育从精英教育向大众教育的转变，导致大学毕业生就业、发展压力增加，大学期间的专业能力、业绩成果，成为学生追求个人就业目标和满足发展欲望、实现个人利益最大化的工具和手段。大学生奔波于竞赛、考证、人脉拓展、社团活动，有限的精力更多用于专业知识的学习和专业技能的淬炼、专业素养的提升等能在短时间内看到"成效"的方方面面。一些专业课教师也以传授实用性强的知识技能为首要任务，对课程思政没有兴趣深入了解、用心思考，甚至对其存有"思政"泛化的误解，其所授课程即使在按上级要求进行着课程思政改革，但也是浮于表面，简单应付。在学生只重视技术课程话语的"功利化"态度和专业课教师在课堂上更多探讨技术本身，并未真正思考课程如何用温暖的人文话语传递其蕴藏的人文意识的情况下，课程思政推进的力度、温度受限。

（三）课程思政与思政课程区别存惑

对于课程思政与思政课程的区别，思政课教师当然一听即懂，但对于之前几乎从未关注过思政课的教师来说，区别这两者则有难度。即使知道了课程思政不是一门课，而是让专业课程的教学也成为思政教育的载体，但在实际操作过程中，往往不知自己的专业课与思政课如何能够有所联系，通过什么方法手段融入思政元素，或是将思政元素融入得过于生硬、夸张，把专业课上成思政课，专业课教师成了新任的思政课教师。

（四）课程思政建设成效考核量化困难

课程思政是润物无声、高校课程合力育人的过程，目的是让学生在广泛、持久、潜移默化的影响之下成为德智体美劳全面发展的社会主义建设者和接班人，成为担当民族复兴大任的时代新人。课程思政改革温婉、和缓又漫长，如此，其建设成效考核量化则较为困难，而科学的考核体系对于评价教育效果、反馈教育信息、改进教学质量、激发学生学习动力等具有重要作用。[2]通过科学的制度设计和机制激励，探索高校课程思政可复制可推广路径，[3]科学地将定性与定量相结合，制定合理的考核标准，是课程思政改革发展中的一大难题。

二、 课程思政建设的理念与关键

（一）树立"久久为功　育心育人"的建设理念

"十年树木，百年树人"，课程思政育心育人，不是一朝一夕、一蹴而就的事业。对于一门专业课程的思政元素融入探索，经过一两个学期的尝试，专业课教师才能稍有改革经验，略有心得感悟，至此才算刚刚起步。应本着"久久为功　育心育人"的理念，让课程思政的建设不囿于项目有无立项结项、建设周期时间长短、是否获得资助。改革真正的驱动力应来自对提升专业课课堂的价值引领导向，充实核心价值，丰富人文意识的追求和探索，让专业课上得更有温度、更富情怀。

（二）区别"显性思政"与"隐性思政"的功能指向是课程思政建设更具成效的关键

高校的思想政治课为"显性思政"课程，是高校思想政治教育的主渠道，在大学生思想政治教育中发挥价值引领作用；专业课和其他如通识课、公共基础课等综合素养课为"隐性思政"课程，应在原有的知识传授中融入主流价值引领，起到深化和拓展思想政治教育的作用。"显性思政"的思政教育像一桌饕餮大餐，"隐性思政"中的思政元素似一两味调味料，应恰到好处地放入专业课、综合素养课这些美味佳肴中。"显性思政"可以理直气壮地强化，而"隐性思政"则应注重细化、深化，结合具体专业的认知特点适度化、巧妙化地进行，切不可做宏大抽象的高谈阔论，也不可用力过度，不然不单有越俎代庖之嫌，亦会使学生觉得每门课都是思政课，引起学生的抵触和反感。

三、 推进课程思政建设的应然取向

(一) 丰富师生的课程理解

任何教与学活动都蕴含着一定的课程理解,加强师生对课程思政的课程理解,则要求教师与学生都应在原有知识背景之下,对课程思政改革下的课程目标、课程性质、课程要求等进行意义解读,这是一个基于师生个人的理解对新的课程意义进行个性化创生的过程。

专业课教师以一种内在化、积极参与的方式进行着课程思政建设下的课程理解,其重点应在于,以专业知识为基础,以典型案例为方法,以社会主义核心价值观为引领,给专业课增加适当人文味道。课程思政本质上是一种理念与价值的培育、输送,通过课程设计中蕴含的价值引导使学生增强对中国特色社会主义的政治认同、思想认同和文化认同,树立正确的人生观、世界观,并内化于心、外化于行,转化为拥护社会主义、建设社会主义的实际行动。

学生对课程的理解并不是将教师讲授的知识简单复制到自己的大脑中,而是融入了个体已有的知识、实践和情感体验,形成个体差异化的课程理解。因此,教师应着眼于学生的实际需求,不仅将思政元素融入课程理论讲授中,也应融入参与式的课程实践中,使学生在实践中不断检验、反思和修正自己的课程理解,基于新的课程理解,继续去指导和规制自己的下一次课程实践。这个知行合一、良性循环的过程,实质上在促进学生知识技能提升的同时,也促进了学生自身价值观、情感、身心的持续发展。

(二) 明确课程思政建设责任

1. 价值引领责任

"就课程而言,它也不是'价值中立'或文化无涉的纯粹知识活动。作为课程的理性认识如任何的认识活动一样,对于概念构架的任何选择,都是以价值为先决条件的。当人们在选择一个描述日常教育活动和社会关系的课程架构时,必然首先涉及价值。"[4]每一门课程,即便并非思政课,教师也会或多或少、自觉不自觉地将自己的价值观渗透在对课程内容的理解、建构和输出中,使学生受到影响,日积月累、积沙成塔。因此,教师作为学生眼中的学习榜样、道德楷模、授业解惑的人类灵魂工程师,更应首先端正自己的价值观,然后有意识地在课堂上进行正确的价值引领,这也是课程思政建设责任的重中之重。

2. 创造性融入转化责任

课程思政改革,将思政元素创造性地融入、转化,首先需要教师"以生为本"，饱含深情地走入学生的世界，熟悉学生的特点，尊重学生所学专业，满足学生学习和发展需要。例如，对于人文社科类学生，侧重帮助学生形成坚定的理想信念，树立正确的政治认同和文化认同；对于理工类学生，侧重帮助学生成为知识技能与人文素养均衡发展、历史与现代触类旁通的人才。如何结合具体专业的认知特点，合理巧妙、因课而异地进行融入转化，也是课程思政建设的重要责任。

（三）注重格局时序

课程思政的设置格局，在为专业培养目标服务的同时，也应凸显不同类型学校的特色亮点。如研究型高校应突出创新理论、创新思想、创新精神的育人导向；应用型高校则应突出工匠精神、爱岗敬业、责任担当的培养；师范等专业型高校要重视与专业要求、专业素养衔接得当。

习近平总书记在学校思想政治理论课教师座谈会上提出"在大中小学循序渐进、螺旋上升地开设思想政治理论课非常必要"，提及大中小学开设思政课的整体性、逻辑性体现。课程思政改革同样如此，大中小学各时段的课程思政如何形成逻辑体系，各有侧重、各具特色地开展改革活动，如何促进大中小学思政教师的交流学习，加强改革时序性思维，并进一步提出改革建议，以加强大中小学立体联动，纵向互通，也是以后需要思考的问题。

（四）科学设计考核

如前所述，课程思政既然是一项长期性、持续性、润物无声的工作，考核则应更侧重让学校、系部加大对课程思政改革的重视力度，为课程思政改革提供土壤环境，同时提高专业课教师、综合素养课教师与思政课教师增加沟通联动的协同育人意识。因此，课程思政改革的考核指标应定性定量相结合，提升重视程度与宣传扩大影响相结合。项目组调研了 37 位参与过课程思政建设课题的思政课教师及 35 位申报立项课程思政各级教改课题的课题负责人，并在此基础上，做出考核指标。

考核指标内容需涵盖"全员育人"师德指标、课程思政实施情况、科研业绩、团队建设与协同发展情况、创新做法与典型案例等。

"全员育人"师德指标以理念和意识引领为主，指标体系中可包括教师具有课程思政建设"久久为功　育心育人"的理念，爱岗敬业、潜心育人，通过价值引导将知识、技能教育与思政教育相结合等内容。

课程思政实施情况指标将考核学校是否将人才培养方案修订完善，深入挖掘各类课程的思想政治教育资源，考核教师在教学大纲、教案、课件设计、教学过程、实践教学环节等方面的思政元素适度融入情况。

科研业绩指标意在强化教学实践、推动理论创新，进一步促进教学实践的良性互动，包含课题申报、论文撰写、微课慕课制作、校本教材开发等内容。

团队建设与协同发展情况指标重点在于为课程思政在学校、院系及教研室内营造更好的发展土壤，并逐步扩大影响，通过院系、学校内的公开课、示范课、教学比赛让更多教师直观了解、熟悉该怎样将思政元素融入课堂专业教学，形成普及推广之势。

创新做法与典型案例指标为文字描述，可将典型、创新做法集结成册，促进课程思政改革的内涵式发展，也为后续课程思政的建设改革工作做好理论准备。

每所学校可根据自身建设的需要进行项目增减，并酌定做到多少项以上为合格、良好、优秀，以此保证课程思政改革的顺利开展，持续推动。

习近平总书记在学校思想政治理论课教师座谈会上的讲话对显性、隐性思政教育协同合力，做到全员全程全方位育人有了更高的要求和期待。作为刚刚发展起步的课程思政如何进一步完善，使教师加强重视，让学生终身受益，值得我们继续深入研究探索。

参考文献

[1] 孟庆楠，郑君. 基于"课程思政"的高校课程转化：价值、目标与路径 [J]. 北华大学学报（社会科学版），2018（5）：139 – 145.

[2] 项久雨，石海君. 高校思想政治理论课协同效应生成的三个维度 [J]. 思想理论教育，2018（4）：66 – 71.

[3] 高德毅，宗爱东. 从思政课程到课程思政：从战略高度构建高校思想政治教育课程体系 [J]. 中国高等教育，2017（3）：43 – 46.

[4] 丁钢. 价值取向：课程文化的观点 [J]. 北京大学教育评论，2003（1）：18 – 20.

校馆合作模式下的岭南侨乡文化资源
文创开发实践与思考①

喻　嘉②

摘　要：本文首先分析与探索在人才培养事业中构建起校馆合作模式的重要意义，然后分析校馆合作模式下岭南侨乡文化资源文创开发的功能，最后提出相应的实践策略，用以逐步实现对于岭南侨乡文化资源的高效率开发，从而充分发挥出博物馆的育人功能，助推高职院校思政教育事业实现创新改革。

关键词：校馆合作模式；岭南侨乡；文化资源；文创开发实践

教育在新时代中国特色社会主义建设事业中占据至关重要的地位，是实现人才培养的重要途径，是我国科教兴国战略的主战场，通过教育事业可以为新时代中国特色社会主义建设事业培养源源不断的高质量人才。博物馆是征集、典藏、陈列与研究代表自然和人类文化遗产的实质场所，也是能够为社会公众提供知识、教育以及观赏服务的文化教育机构。因此，为了进一步促进教育事业实现创新改革，强化我国社会人才培养水平，有必要加速推进校馆合作，通过校馆合作模式逐步促进教育事业构建起新颖的教育模式，实现对地区范围内文化资源的充分开发，用于保障教育事业发展水平与效率得到持续不断的优化，促进我国社会人才培养工作井然有序地向前推进，进而满足新时代中国特色社会主义建设事业在发展阶段对于优秀人才的需求。

一、　人才培养中构建校馆合作模式的意义

走入 21 世纪以来，博物馆的育人功能愈发体现，其能够作为学校之外的重

① 本文为江门市社会科学规划项目"湾区建设背景下以'侨'为'桥'的博物馆资源普及路径研究"（编号：JM2020A02）、广州科技贸易职业学院横向课题"以'侨'为'桥'的博物馆资源育人校馆合作项目"（编号：GZKM2021JJ041502）成果。本文已发表于《教师专业发展与创新教育研究》2022 年第 4 卷第 5 期。

② 作者简介：喻嘉，广州科技贸易职业学院讲师，主要研究方向：思想政治教育。

要学习场所，为社会大众提供教育、参观、学习等服务，不但能够传播文化，同样也成为育人育才的重要机构。校馆合作所指的是博物馆与学校进行合作。从博物馆的角度来说，校馆合作模式能够充分发挥出博物馆的育人职能，使博物馆中藏品的文化价值、历史价值、人文内涵得到充分开发，从而使学生群体在参观博物馆的过程中体会到各种藏品所代表的历史价值与丰富的人文内涵。从学校的角度来讲，校馆合作模式可以为学校教育工作提供更为丰富、真实可见的教育资源，从而使学校的教育工作能够以情境式、体验式的学习场景进行延伸，同时也让学生拥有更多的学习场所，帮助学生在学习的过程中逐步接触到更为广泛的知识内容，在促进学生学习质量得到提升的同时切实强化学校的育人效果。[1] 所以构建起校馆合作模式也成为我国社会主义人才体系在发展阶段的重要一环，通过校馆合作模式可以使博物馆与学校之间优势互补、互相促进，从而共同推进我国人才培养工作井然有序地开展，切实提升社会的人才供应水平，为新时代中国特色社会主义建设事业的高质量发展源源不断地培养出优质人才。

二、 校馆合作模式下岭南侨乡文化资源文创开发的功能探索

基于校馆合作模式开展岭南侨乡文化资源文创开发能够充分开发出博物馆的育人功能与价值，在促进博物馆高效运营与发展的同时也能够推进学校教育工作顺利开展，使学生在博物馆参观的过程中体悟到其中的文化价值、历史内涵。所以，首要任务便是针对岭南侨乡文化资源文创开发的功能进行探索与研究，从而基于其育人功能摸索出全新的文创开发方式，促进校馆合作模式充分发挥作用。总结来讲，校馆合作模式下岭南侨乡文化资源文创开发的功能体现在如下几方面：

（一） 征集、收藏和整理华侨历史文物、文献资料，为开展华侨历史与文化研究奠定良好的基础

在岭南侨乡文化资源文创开发的过程中，博物馆能够对各种华侨历史文物、文献资料进行征集、收藏以及整理，从而逐步在社会范围内有效开展华侨历史与文化研究，促进我国华侨文化研究与发展水平的不断提升。[2] 江门市博物馆中最具代表性的便是江门五邑华侨华人博物馆，其中收藏了大量的华侨华人历史与文化资料，为社会各界爱心人士与华裔、华人、侨眷等无偿捐赠。各种历史与文化资料能够充分展现出海外华侨华人的生活、生产的正规历史及其参加革命活动的全貌，具有至关重要的历史意义与文化价值。通过对这些文化资料的整理与传

承，能够充分展现出华夏儿女自强不息、拼搏奋斗的精神，从而有效激励下一代青年学习这种艰苦拼搏、百折不挠的精神，同时也能够实现对岭南侨乡文化资源的充分开发，为我国开展华侨历史与文化研究奠定良好的基础，切实助力增强民族凝聚力以及文化自信。

（二）陈列展示华侨历史与文化，弘扬华侨精神、传承教育后代

在校馆合作模式引导下开展岭南侨乡文化资源文创开发，同样也能够通过其中的各种物品陈列与典藏充分展示出我国独有的华侨历史与文化，从而使艰苦奋斗等华侨精神得到弘扬，达到教育后代的效果。[3]在江门五邑华侨华人博物馆之中，设置有华侨历史、华侨居民等方面主题，同时也会经常性举办涉侨艺术文化专题展览，而这种活动不但可以激发学生群体参与华侨历史与文化学习与创作的动力，同样也可以使华侨文化的人文内涵与历史价值得到充分开发，从而促进我国华侨历史与文化开发水平得到提升。学习与弘扬华侨历史与文化能起到激励青年学生的教育效果，使青年学生能够学习杰出华侨的奋斗精神，而这也是构建起校馆合作模式的价值与意义所在，不但可以推动我国社会主义教育事业实现创新改革，同样也能保障岭南侨乡文化资源文创开发取得更好的成效，全面推动我国社会人才培养水平得到持续不断的优化。

（三）以华侨文化资源开发促进爱国主义教育以及中华文化传承

构建起校馆合作模式是我国社会主义教育事业以及博物馆在发展阶段的一项创新性举措。通过该项举措可以保障博物馆的作用与价值得到充分发挥，同样也能促进教育事业实现创新改革，进而摸索出全新的教育方法与途径。在此基础之上开展岭南侨乡文化资源文创开发同样也能够逐步以岭南侨乡文化资源为核心有效促进爱国主义教育以及中华文化传承，从而服务于社会公众以及侨胞，进而产生丰富的社会效益。[4]在实践当中，江门五邑华侨华人博物馆注重对华侨文化的开发，在馆中陈列琳琅满目的华侨纪念品，充分显示出华侨打拼与奋斗过程中自强不息的精神，同时也展示了华侨对中华文化的传承与弘扬过程。因此，构建起校馆合作模式成为我国社会主义教育事业发展阶段的重中之重。通过该项举措同样也可以使学生群体深刻感受华侨身上所体现出的爱国精神、中华文化情怀，从而有效促进学校爱国主义思想政治教育顺利展开，使学生群体能够更加积极地传承与弘扬中华民族优秀传统文化，有效增强文化自信，进而展现出良好的奋斗决心与勇气，并且能够在毕业之后全身心投入新时代中国特色社会主义建设事业的发展之中，为我国实现中华民族伟大复兴贡献出一份力量。

三、 校馆合作模式下的岭南侨乡文化资源文创开发实践策略

为了进一步促进我国社会人才培养工作的顺利开展，满足新时代中国特色社会主义建设事业在发展阶段的人才需求，需要充分发挥出博物馆的价值与作用，构建起校馆合作模式，致力于全面开发岭南侨乡文化资源，从而逐步以华侨文化为纽带，使学生群体充分了解与体悟到华侨文化的价值内涵，并且能够学习优秀华侨的奋斗精神、爱国精神、民族情怀，从而促进我国社会主义教育事业实现创新改革，使广大学生群体形成民族文化自信以及爱国主义精神，切实提升校馆合作模式的作用。在实践中，可以适当从以下几个环节着手开展岭南侨乡文化资源文创开发，进而逐步摸索出新颖的人才培养途径与文化建设模式。

（一）加强博物馆华侨文化内涵开发

为了切实提升校馆合作模式的作用与效果，并且有效实现岭南侨乡文化资源的高质量开发，首要任务便是加强对于该项工作的投入精力，细致设计与规划岭南侨乡文化资源文创开发的各个环节与流程，逐步摸索新颖的文创开发模式，深层次探索与分析岭南侨乡文化资源，从而在此基础之上逐步开发博物馆华侨文化的价值内涵、历史传承、人文理念等，这样才能促使校馆合作模式的作用得到充分发挥，使学生群体在学习的过程当中深入体悟与理解华侨文化的价值追求，让学生能够产生坚定的民族文化自信，切实提高华侨文化发展水平。[5] 在实际中，需要博物馆发挥出作用，充分针对其所保有的华侨文化资源展开深入的探索，摸索华侨文化资源所蕴含的历史价值，并且能够在学生群体范围之内进行教育以及引导，使学生群体逐步加强对馆内华侨文化资源的了解与体悟，进而形成深刻的思想认知，使之能够体会到华侨文化的价值底蕴，这样有利于学生更加积极地参与到华侨文化的传承与弘扬中，从而促使学生逐步形成深厚的爱国情怀，深刻体悟博物馆华侨文化内涵，提高教育的效果与质量。

（二）完善校馆合作模式管理机制

在构建校馆合作模式的过程中，管理机制具有至关重要的作用。管理机制是否完善在一定程度上决定了校馆合作模式是否可以充分发挥作用，所以在开发岭南侨乡文化资源的过程之中需要构建起更加科学且完善的校馆合作模式管理机制，从而通过管理机制形成对校馆合作模式的有效规范，使校馆合作模式各个环节以及流程能够顺利进行，进而有效开发出岭南侨乡文化资源的育人功能与作用，使华侨文化能够对学校当中的学生群体进行有效的教育，促使学生群体形成

正确的价值观念与人生追求,并且学习华侨文化当中顽强拼搏的奋斗精神,体悟其中所蕴含的厚重历史内涵。[6]在完善校馆合作模式管理机制的过程中,首要任务便是加强相关工作人员对于校馆合作模式的深入分析与思考,充分根据校馆合作模式的各个环节以及流程进行管理机制构建,致力于充分开发校馆合作模式的育人功能,以博物馆当中的华侨文化为载体,着重对学生群体展开爱国主义教育、中华文化传承教育,从而切实提升教育质量与水平,优化教育的实效性。

(三) 定期组织博物馆华侨文化资源进校园活动

定期组织博物馆华侨文化资源进校园活动属于一项重要的举措,通过该项举措可以保障校馆合作模式的作用得到充分发挥,同时有效促进岭南侨乡文化资源开发井然有序地进行。在实际中,可以学校作为开展华侨文化活动的组织机构,与博物馆一起在华侨文化活动当中逐步引导学生学习与体悟华侨文化的价值内涵、历史底蕴、人文追求,从而提高学生的思想认知,优化教育的质量与效果。例如,在校内利用博物馆的资料让学生绘制陈宜禧新宁铁路漫画,通过该活动让学生群体深刻体会与了解其中所承载的华侨历史与文化,并且逐步以华侨历史与文化作为学生学习的桥梁,让学生群体通过华侨文化的价值内涵形成更加深刻的思想认知,体会华侨文化之中所蕴含的厚重历史精神,学习海外华侨那种自强不息、艰苦奋斗的精神以及对中华民族文化的独特情怀与钟爱。这样可以有效强化教育质量,使校馆合作模式成为推动我国社会主义教育事业创新改革的载体,并且使江门五邑华侨华人博物馆在湾区教育事业发展的过程中充分发挥出作用与价值。[7]此外,在学生参与活动后也可以适当组织学生撰写心得体会以及对华侨文化的认知与理解等,帮助学生进一步加深思想认知与心灵体悟,从而切实提升博物馆华侨文化活动质量,充分开发出活动育人功能,助力提升学生群体的民族文化自信,为我国实现中华民族伟大复兴源源不断地培养出优秀人才。

四、 结语

综上所述,在新时代中国特色社会主义建设事业中,教育是重中之重,教育的质量与效率在一定程度上决定了社会的人才供应水平。为了进一步促进教育事业创新改革,需要充分发挥出博物馆的育人功能,致力于构建起校馆合作模式,以校馆合作模式逐步强化人才培养水平。本文以岭南侨乡文化资源文创开发作为案例,细致探讨与分析了如何推动校馆合作模式的作用发挥,使博物馆充分展现出其育人作用与价值,促进我国社会主义教育事业质量得到不断优化提升。

参考文献

［1］黄晓曦. "馆校合作"模式运用于博物馆文创开发的实践与思考［J］. 福建文博，2020（3）：93－96.

［2］张滨. 馆校合作模式下的博物馆文化创意产品开发研究［J］. 收藏与投资，2021，12（3）：122－124.

［3］付雪. 馆校合作模式下的博物馆文化创意产品开发研究［J］. 客家文博，2018（1）：12－18.

［4］张紫馨. 博物馆文创实践——首博文创开发与思考［J］. 首都博物馆论丛，2013（1）：144－152.

［5］王雪峰. 图书馆文化创意产品开发实践探析［J］. 晋图学刊，2018（2）：36－39.

［6］王丽华，薛鑫卉. 公共文化馆文化创意产品开发的思考［J］. 大众文艺（学术版），2021（6）：14－15.

［7］仲芳. 辽宁省高校图书馆文创产品开发与实践研究——以东北大学图书馆为例［J］. 宁波教育学院学报，2022，24（1）：105－109.

自媒体时代大学生网络舆论引导与思政教育

顾艳梅①

摘　要：随着自媒体时代的到来，网络舆论给当代大学生思想政治教育带来多方面的挑战，但同时也带来了不少机遇。本文主要针对网络舆论给当代大学生思想政治教育提出的要求，结合今天思想政治教育需要立足于交往性的特征，探讨构建基于网络的交往性思想政治教育新模式。

关键词：自媒体；大学生；网络舆论；舆论引导；思想政治教育

随着互联网的普及，越来越多的网络媒体进入人们生活的各个方面。近些年只要出现一些重大事件，就会在网络媒体上引发非常激烈的讨论，产生了非常大的舆论力量，而一些社交媒体如微信、微博等则让网络舆论走向移动化时代，为舆论的产生和发酵提供了重要的环境。学生是网络最主要的使用群体之一，上网是当代大学生日常生活的一部分，因此，如何应对网络舆情已经成为大学生思想政治教育面临的重要课题。本文就自媒体时代如何对大学生进行正确的网络舆论引导以及思想政治教育做一些思考，仅供参考。

一、　网络舆论给当代大学生思想政治教育带来的挑战

1.　使大学生处在开放多元的信息环境中

因为自媒体时代具有自由性，网络舆情的内容非常繁杂，既有正确的、引导性的舆论，也存在负能量的舆论引导，大学生完全暴露在一个开放多元的信息环境中。西方意识形态的渗透便是主要影响之一。西方一些国家通过网络这种覆盖全球的工具来传达自己国家的生活方式或政治模式，试图慢慢改变大家心中的意念，让其他国家的人对本国产生莫名的亲近感甚至迷信和敬仰，从而慢慢达到从意识形态上控制世界的目的，这也被称为电子殖民主义。另一种消极影响便是网络中充斥了大量的信息垃圾，如暴力、淫秽、迷信等信息，这些信息垃圾弱化了如今大学生的道德意识，造成是非观扭曲、社会责任感弱化等问题，侵害大学生

---

①　作者简介：顾艳梅，广州科技贸易职业学院副教授，主要研究方向：思想政治教育教学。

的身心健康。

2．网络舆情涉及国内外重大事件或社会热点

如今自媒体平台中的舆情涉及了非常多的国内外重大事件以及社会热点问题，容易引起大学生的困惑，这就需要思想政治教育不仅包括原本的知识内容，还对各种社会问题进行分析。这些分析就可能涉及多学科的知识。

3．对传统教育方式的挑战

随着网络时代的发展以及自媒体平台的兴起，大学生由过去接受教育的位置转变为舆论中心的位置，成了各种信息传播的主体。传统的教育方式是"自上而下"的，由教师发布学习任务，学生进行学习，但这样的教育方式已经跟不上网络时代的速度了。在这个时代，思想政治教育已经不能再局限在课堂范围，灌输式的教育已不能起到曾经的效果，更应该是利用网络工具来发挥大学生的主动性，合理运用自媒体的特性，开展交互式的思想政治教育。

4．教育从业者需要提升自己对于网络的利用能力

目前许多思想政治教育工作者对于网络的利用依旧停留在"通知"的层面，几乎不会涉及与网络舆情相关的工作，这是需要改善的。作为从事大学生思想政治教育的教师，不仅需要具有思想政治方面的知识，还需要了解一些计算机理论，知道如何应对网络舆情，同时了解一些其他学科的理论，并能将这些知识综合运用到思想政治教育中。因此，增强思想政治教师的综合素质，已成为具有时代意义的挑战。

二、 网络舆论给当代大学生思想政治教育带来的机遇

1．认知不同产生的冲突为思想政治工作架构提供机遇

如今网络信息的传播速度非常快，如果出现比较重大的热点事件，便很容易产生一些意见冲突。在不同意见的碰撞中，网络舆情的表现就显得尤为突出。因为每个人的生活经历都是不同的，所以每个人的关注点必然不同，大家选择参与网络舆情的话题也丰富多彩。对这些舆论中出现的一些负面评论进行跟踪研究，对一些被扭曲的语义进行研究，加强对安全网络环境的维护以及对负面网络信息的消除，是非常重要的。基于以上问题，高校可以根据网络热点对大学生进行多角度认知影响的研究，同时需要有专门的教育工作者来思考如何从各维度加强学生意识形态教育，更加合理地对网络舆情进行引导，从而推动学生在网络上进行正能量的传递。

2. 大数据统筹下，社交网络舆情变得有章可循

每个学生都是在不同的环境中成长起来的，他们的阅历和认知情况都存在着差异，所以就需要学校对学生进行精准的培养。而自媒体时代下的网络舆情，观点的汇聚和扩散非常迅速，每个用户都可以随时浏览资讯，随时抒发和分享观点，甚至进行二次传播，导致舆论发酵。如果不能及时做好信息搜集和监管，精准把握学生的思想状况，很可能使事态蔓延，甚至到一发不可收拾的地步。

因此，高校应建设大数据舆情监测平台，对高校学生意识形态聚焦舆情进行实时监测和跟踪，准确分析出现的问题及风险，将相关数据对策分享至有关职能部门，以便及时应对可能出现的危机，助力网络舆情处置工作。把精准施教理念贯穿青年学生思想政治教育全过程，牢牢把握规律性、时代性、针对性的价值内涵。从精准把脉学生需求、精准评估教学效果等方面入手，做到具体问题具体分析，切实提升思想政治教育的及时性和针对性。

3. 时政热点反馈给思政课程改革带来机遇

如今是自媒体时代，信息传播速度越来越快，越来越多学者意识到网络舆情传播及运行的重要性。大学的"形势与政策"是一门帮助学生了解国内外时政热点，同时帮助学生理解党和国家政策方针，并提升自我修养的重要课程。教师可以将网上的时政热点与舆情事件融入"形势与政策"课程中，这样不仅可以提升学生对这门课的兴趣，还可以很好地提升课堂氛围。

同时，"形势与政策"课的教师可以重点关注一下网络实时的舆情动态，对其进行剖析，并在学校内建立分级引导机制，如果出现一些比较微小但很容易产生巨大影响的事件，要及时针对负面影响启动防范机制，尽早尽力消除负面信息的影响，同时要定期召开舆论管理相关的研讨会，从当下的最热舆论入手，进行总结讨论及对策探讨。

三、 网络舆论给当代大学生思想政治教育提出的要求

当前的网络舆论环境对大学生的思想政治教育提出了新要求，这可以体现在以下几个方面：

首先，从思想政治教师的角度来看，需要做到的是掌握网络技术以及善于运用网络工具。教师要掌握网络的交流能力，比如收发电子邮件、网络聊天等。只有掌握了这些基本的网络技术，才能和学生在网络上进行平等的探讨交流，才能对学生进行有针对性的教育。教师也需要了解网络参与技术，比如网站的维护以及教育软件的开发等，有效融入思政元素。教师还需要掌握浏览和查询的能力，

熟悉学生平时经常访问的网站、经常浏览的内容，然后运用网络的手段进行一些辅助性的教学。

其次，从教学内容的角度来看，传统的教学内容都是课本上的知识，如今需要重新把网络资源都利用起来，让课本上的知识与学生的生活实际相联系，可以结合网络舆情中的热点来讲课，激发起学生的学习兴趣。

再次，从教学方式的角度来看，教师要学会利用网络工具进行教学，与学生进行互动式的教学，比如运用课程平台上的提问、讨论、抢答、选人等功能，通过微信、QQ等网络社交工具，加强教师与学生之间的情感交流。

然后，从师生交往的角度来看，思想政治教育是饱含情感的教育，需要注重教师与学生之间的情感交流。传统的交流方式由于受到时间空间的限制，教师与学生之间的交流非常少，没办法满足思想政治教育的需要。而现在由于网络的发达，交往方式打破了时间空间的壁垒，可以改善学生与教师之间交流的现状。另外，在网络上交流可以采用匿名的方式，学生可以放心地将自己内心的真实想法以及遇见的问题和教师分享，教师可以更精准地对学生进行帮助和辅导。

最后，从实践教学的角度来看，教育部非常重视思想政治理论课的实践教学，每门课都安排了部分学时方便教师进行实践教学，但传统的教学由于受到非常多因素的影响和制约，很难大规模地开展思想政治理论课的实践课时，如今利用网络进行改善，可以很好地克服由于经费、场地、安全等各种因素产生的问题，更好地开展思想政治理论课的实践部分。

四、 网络舆论下当代大学生思想政治教育的模式

如今的思想政治教育需要构建的是基于网络的交往性思想政治教育。交往性思想政治教育是指教师与学生之间通过交往或沟通，达到主体间的认同一致和相互理解，同时交往双方在这样的基础上，获得思想政治道德发展和境界提升的主体性交往实践活动。传统的交往方式主要是面对面的，这样的交往方式容易受到各种因素的限制，让师生间交往出现非常多的阻碍，但随着互联网的普及，交往平台也有所改革，创造出了一个虚拟的交往环境，产生了传统交往方式无法达到的积极作用。想要构建基于网络的交往性思想政治教育模式，具体做法如下：

1. 合理利用社交软件

在刚开课时，教师可建立一个本班级的社交群，或将自己的社交账号告诉学生，这样就可以在网络上与学生进行沟通。网络的社交软件可以给教师提供一个平等的与学生交流的渠道。传统的教育方式往往容易造成刻板的教育与被教育的

关系，师生间的交流往往处在不平等的情况下，这样的交流环境时间久了就会导致缺乏互信。有了平等的交流平台，学生就可以匿名与教师进行沟通，将自己的问题与困惑匿名告诉教师，让学生拥有更多的心理自由，同时也有助于教师更好地帮助到每一个学生。

2. 利用校园论坛开展讨论

可以利用校园论坛，引导大学生进行讨论，思想政治教育者则需要在其中做好交流者以及促进者的角色，调控引导好交流过程。在实际的调控引导中，教师需要做到以下两点：首先要设计好讨论的题目。教师可以针对在不同阶段中发现的学生的思想认识方面的问题，设计一些帖子发在校园论坛中，引导学生进行讨论，同时注意把控好讨论的风向。其次要激发学生参与讨论的积极性。教师可以通过一些比较正向的方式，比如鼓励、表扬等激励性质的方式，激发学生参与讨论的兴趣。然后教师需要发挥核心参与者的作用，在讨论过程中起到一定的示范作用、引导作用、反馈作用、代理作用以及组织作用，带动大家参与到讨论中去。

3. 合理利用课程网站

可以在课程网站上开设如"习近平新时代中国特色社会主义思想""毛泽东思想和中国特色社会主义理论体系概论""思想道德与法治"等思想政治理论课的答疑解惑栏目，让教师在线随时为学生进行答疑解惑，这样的方式可以很大地提升思想政治理论课的针对性以及时效性。

4. 利用集体博客形式加强交流

学校可以组织教师建立一个集体博客，在博客中设立各种栏目，比如登载教师教学心得及经验的"教师心语"栏目，登载学生思想政治教育课后心得体会的"学生感悟"栏目，学生给教师提教学建议的"教学建议"栏目，教师向学生推荐经典著作的"精华推荐"栏目，以及针对社会热点进行师生共同讨论的"热点评议"栏目等。这样的集体博客可以成为学生和教师思想交流的平台，不仅可以调动学生学习的积极性，还可以进一步促进交往性思想政治教育模式的形成。

五、 结语

目前，我国高校对于大学生之间的网络舆论引导还处在初步探索的阶段。因此，处于自媒体时代的高校管理者们需要研究自媒体的特点及其带来的风险，做到主动与学生进行沟通，了解各种舆论，在发现学生对某些事件存在思维偏差或负面情绪时，及时进行干预，做出正确的引导。高校的思想政治教育者要及时剖析网络舆情的特点，明确学生在舆情中的立场，对于思政课的内容及时进行优化更新，改进教育路径，并且在网络舆论研究中，找到更多思政教育课程及网络舆情治理的有效可行路径。

参考文献

[1] 高宇峰，高靖添，李波，等. 自媒体时代大学生网络舆论引导与思政教育 [J]. 新闻研究导刊，2021，12（11）：80 - 81.

[2] 刘秀真. 自媒体时代大学生网络舆论引导策略探究 [J]. 辽宁师专学报（自然科学版），2018，20（3）：27 - 30.

[3] 王欢，刘晓梦. 自媒体时代高校大学生的舆情引导研究 [J]. 北京邮电大学学报（社会科学版），2019，21（4）：1 - 6.

新发展理念下增强思政课亲和力的路径系统①

麦金兰②

摘　要：兼具科学性和普遍指导性的新发展理念，可成为增强高校思政课亲和力的实践向导和科学指南。本文从大学生的心理期待和现实需求出发，以新发展理念引领思政课教学实践，在创新、协调、绿色、开放、共享五个视角下，探索教学供给侧需转变什么、注意什么、实施什么。通过创新思政课的教学形式、教学内容、考核机制，协调思政课的外部、内部环境，打造思政课的全时空引导平台，打通思政课的互动反馈机制，实施师生、师师、校友资源共享等措施，构建一个全方位增强思政课亲和力的路径系统，注重提升学生的认知获得、技能获得、意识获得、情感获得及行为获得。

关键词：新发展理念；思政课亲和力；路径系统

思想政治理论课（以下简称"思政课"）是落实立德树人根本任务的关键课程，其建设"只能加强、不能削弱"[1]。习近平总书记强调："推动思想政治理论课改革创新，要不断增强思政课的思想性、理论性和亲和力、针对性。"[2]在改革创新中不断提升亲和力和针对性成为加强思政课建设的一个新着力点。因为亲和力和针对性作为高校思政课的生命力所在，决定了学生是否接受、认同思政课，影响着思政课的实效性和立德树人根本任务的完成。富有亲和力和针对性的思政课，往往能解答学生的真实疑惑，回应学生的真实关切，满足学生的成长需求，获得学生的真心认同。

一、　思政课亲和力及相关概念梳理

（一）思政课亲和力

"亲和力"原属化学领域的一个概念，指原子或分子间的关联属性，后被广

---

① 本文为广州市哲学社会科学发展"十三五"规划 2020 年度课题"岭南文化与人文湾区共融共建背景下高校思政课亲和力提升探索"（编号：2020GZGJ303）成果。

② 作者简介：麦金兰，广州科技贸易职业学院讲师，主要研究方向：思想政治教育、道德哲学。

泛应用于社会领域，强调人与人、群体与群体间愿意接近、相互趋同的特性。思政课亲和力专指在思政课教学中具有的在思想理论、价值观念乃至行为方式上的接近、趋同的理论品质和实践特征。[3]它包含思政课教与学两端的双向作用力，一是思政课对大学生的吸引力，二是大学生对思政课的趋同感。思政课亲和力的生成机制应是由教学主体、客体、介体及环体相互作用形成的合力体系。亦即亲和力需由教师借助教学活动作用于学生，并得到学生的认同，才得以产生。因此，要提升亲和力，应反向思考，即从深入考察学生的心理期待和现实需求出发，由表及里地层层探究影响思政课亲和属性发挥的客体以外其他合力因素的状态和改进空间。

（二）思政课针对性

针对性是一种指向性，关涉的是思政课"教"与"学"的矛盾，包括教学内容上"教什么、学什么"，以及教学方法上"怎么教、怎么学"。针对性不强就是没有处理好这对矛盾。处理好这对矛盾要求思政课教学深入研究和倾心关注大学生的实际需求及价值取向，对大学生关注的个人成长问题及社会问题做出有说服力的解答，让他们真切感受到科学理论对其成长发展的重要价值。用习近平总书记的话说，就是"因事而化、因时而进、因势而新"地"满足学生成长发展需求和期待"[4]，并能把握原则和方向，引导他们不断产生高层次的需求，使"教"与"学"持续共振。

可见，思政课亲和力和针对性都是围绕教学活动中的客体实际，对主体、介体和环体提出要求、做出改进的良好结果。但两者强调的侧重点有所不同，亲和力强调的是思政课的温度，针对性强调的是思政课的力度。亲和力的温度，需以针对性的实效力度为支撑。从这个意义上讲，思政课亲和力概念内蕴针对性提升的含义。

二、　新发展理念指导增强思政课亲和力的总体思路

依据思想政治教育接受理论和思政课亲和力生成机制，结合当前思政课程建设"不大从'接受者'的角度考虑问题"[5]的现状，采用逆向思维，即从大学生的心理期待和现实需求出发，将新发展理念融入思政课改革创新，在创新、协调、绿色、开放、共享五大发展理念的框架下通过回答思政课教学需要改变什么、建设什么、注意什么的问题，进而搭建增强思政课亲和力和针对性的路径系统。第一，思政课需要创新的是什么？这一创新点应该起到动力作用，能提升学

生学习思政课、参与思政课的动力。第二，思政课需要协调的是什么？这一协调面应涵盖学生的方方面面，包括群体特征、关注焦点、所学专业等。第三，让学生可持续发展的"绿色支点"是什么？思政课肩负着传播主流价值观、弘扬正能量，及时引导学生身心健康的作用。第四，让学生深度参与理论学习和思考的"开放渠道"有哪些？互动反馈机制构建是首要，学生参与度强化是重点。第五，思政课亲和力和针对性提升的"共享归宿"是什么？是基于"大思政""课程思政"的师生资源共享、教师资源共享、课程资源共享、校友资源共享的全赢局面。

三、 基于新发展理念增强思政课亲和力的路径系统

（一）基于创新发展理念的认知获得提升系统

"创新发展注重的是解决发展动力问题。"[6]创新作为新发展理念的动力，是思政课永葆生机活力的源泉。提升大学生学习思政课的动力，必须要把创新摆在第一位。满足学生认知方面的创新，提升学生的认知获得，是提升思政课学习动力进而提升思政课亲和力的第一动力。

1. 创新思政课的教学形式

当代大学生是与互联网一起成长的一代，思政课课堂必须与时俱进地利用网络信息技术丰富教学形式。当前流行的"微课""慕课""翻转课堂"等形式比较符合互联网一代大学生的学习习惯，使他们得以依托移动终端随时随地进行学习，大大提升了学习体验，也明显提升了课程效率。在看到这些创新实效的同时，必须辩证地分析其存在的缺陷，比如"微课"只能给学生带来碎片化的知识，"慕课"的学习效果难以把控，过度的"翻转课堂"会给学生带来负担。因此，思政课教学形式的创新应是守正创新。科学可行的方向是探索传统手段和信息化手段相融合、相促进的混合式教学模式，把讲授、讨论、活动等多种教学形式与信息化资源和手段有效地结合起来，善于运用更贴近学生的教学语言，增强对学生的体验关照。笔者利用自建超星学习通慕课平台、原创微课及抖音视频等资源和手段，在讲授"毛泽东思想和中国特色社会主义理论体系概论"课时开展"五行"交互式教学，变传统"我说你听"灌输式教学为问题链导向的主动探究式学习，变单向维度的独白式授课为"带着问题去看、听、说、演、做"的"五行"交互式教学，使思政课教学变得丰富有趣，从而实现强化教师主导意识、激活学生主体意识，有效提升绝大多数学生思想政治理论学习的深度。

2．创新思政课的教学内容

教学形式的创新只是思政课亲和力提升的必要条件，还不是充分条件。教学形式创新形成的是外在亲和力，只有内容创新才能形成内在亲和力。基于学生对提升自身思维能力、分析判断能力、政治素养和历史知识有较高的需求和期待，教学内容要在把握时代发展脉搏及区域产业发展旋律上下功夫。比如对理论色彩较重的"毛泽东思想和中国特色社会主义理论体系概论"课，笔者按历史进程和理论创新成果进行专题教学和项目化教学，从历史的视角梳理每一理论创新成果的形成过程，又将它放回到历史和发展的现实中去检视它的效果、发挥它的指导作用，指导学生利用马克思主义及其中国化理论成果来解读、阐释国内外的热点问题；并结合学生专业特点和前景，有针对性地将学生专业发展融入社会热点进行观察和分析，帮助学生实际置身于社会发展浪潮去认知、思考和判断。

3．创新思政课的考核机制

在闭卷考试考核方式的限定下，考核机制创新的维度可从考试内容、实践考查两个方面着手。坚持理论与实践相结合的原则，将考核区分为期末考试和平时考查两部分。考试内容设计应鲜活化，提高题目开放度，使其更贴近学生生活和社会实际，让学生能够思考、乐于思考；平时考查则应侧重实践考查，考查的项目设计适宜与项目化教学同步，形式更多元化，充分尊重学生的主体性和差异性。笔者抓住人文湾区建设的契机，着眼于为湾区培养又红又专的建设者，把岭南文化和新媒体技术相结合，融入思政课教学，在项目化教学中组织学生开展"寒暑假岭南文化研学之旅""为传播岭南文化做点专业事"等实践活动。主导、设计系列情境任务，指导不同专业的学生产出不同形式的作品。让学生利用专业技能、爱好特长去践行、传播岭南文化，使岭南文化鲜活起来，活跃在青年大学生身边。如此，文化自觉，而后自信，而后自强。

（二）基于协调发展理念的技能获得提升系统

"协调发展注重的是解决发展不平衡问题。"[6]协调着眼的是整体把控发展态势，合理优化配置资源。在思政课教学实践中，协调思政课外部、内部各因素，使思政课与专业学习、产业发展、地域文化等学生最关切的点更顺畅地结合，切实帮助学生既解决了实际疑难，又磨炼了专业技能，是改变学生对思政课的偏见，挽救学生对思政课的学习热情，进而提升思政课亲和力的一个重要支撑点。

1．协调思政课的外部环境

从思政课的外部环境看，资源配置不均衡突出表现为学科的差别对待。思政课长期处于边缘地位，对思政课教师的教学动力和学生的学习热情都产生了直接的消极影响。此种局面直至2016年全国高校思想政治工作会议提出要"使各类课程与思想政治理论课同向同行，形成协同效应"后，随着课程思政建设的铺开，才逐渐得以扭转。因此，首先需要协调的是思政课与各专业课程的关系，探索课程思政建设的有效进路。经文献分析和调研，笔者认为目前课程思政建设研究和实践的主要难题是缺乏多学院及多学科教师的交流互鉴和协同创新。为此，笔者在研究和实践中尝试以校企（馆）合作为抓手，即与企业或博物馆联手，打造共建平台，将相近或关联性较大的专业组合起来，以项目驱动共建课程思政，变单一专业的课程思政为专业群的课程思政，实现师资资源、教学资源、案例资源和实践资源等的整合优化。

2. 协调思政课的内部环境

从思政课的内部环境看，资源配置不均衡突出表现为教学的务虚偏颇和务实不足。具体而言，务虚偏颇表现为无差别的理论灌输，不能因材施教。务实不足则表现为重理论轻实际、重宏大叙事轻具体情况。为此，需要协调的是教学内容、侧重点及教学流程、手段的设计。协调的原则是紧密结合学生的群体特点、学生关切的问题、学生的专业、区域产业发展、区域文化特色等因素，灵活而具体地开展思政课教学。比如讲授"毛泽东思想和中国特色社会主义理论体系概论"课第九章第一节"实现中华民族伟大复兴的中国梦"时，笔者在简单的宏大叙事后，将学生的目光聚拢到所处的岭南地区，引导学生寻找身边的"中国梦"故事。在学生经历一番搜索和交流的基础上，教师以五邑海外赤子陈宜禧先生的铁路梦为例，讲述故事并设计层层追问，引领学生思考个人前途命运和国家前途命运的关系，更注意引领学生从自身专业学习及职业发展视角切入思考在个体生命和恢宏时代的连接中要怎么做，课堂收效很好。

（三）基于绿色发展理念的意识获得提升系统

"绿色发展注重的是解决人与自然和谐问题。"[6]大学生也需要绿色发展，身心和谐是他们可持续成长成才的重要条件。思政课教学作为高校意识形态教育的主阵地，应然承担传播社会主义核心价值观、正能量的使命，帮助大学生提升意识获得。为此，需要思政课有全时空的引导手段和平台，这是思政课亲和力提升的又一个支撑点。遵循"学生在哪，教育就在哪"的理念开展教育教学，学生在课室，就要通过教学改革创新，扎实守好传统课堂教学主阵地；学生在课余，就要通过精心设计实践活动，积极开辟实践育人、文化育人的思政课第二课堂；

学生在网上，就要通过各种新媒体手段，全力打造在线自学的网络课堂和协作实践的移动课堂，让学生随时随地接受思政教育，使思政教育摆脱传统课堂教学的时空限制，实现全时空在线，增强思政课和思政教育的亲和力。

1. 扎实守好主阵地

思政课课堂是学生意识获得的主阵地，也是高校意识形态教育的主阵地。课堂上，以问题为导向、以问题为驱动，循循善诱大学生去开启理论思考和现实辨析之旅。为发掘和完善教育教学问题链，增强教育教学实效，教学团队应坚持开展集体备课、互相听课及以老带新工作，并于每学期开设公开课和示范课，创设教师间竞技、交流和学习的稳定平台，不断促进师资队伍业务能力和理论水平的提升。

2. 灵活用好大后方

一是开设主题选修课"睇岭南文化，讲中国故事"，由教学团队根据特长领域分工合力授课，授课主题包括潮汕侨乡文化（重点介绍侨批文化和红头船文化）、五邑侨乡文化（重点介绍铁路华工史和开平碉楼文化）、广府侨乡文化（重点介绍粤语文化和饮食文化）以及客家侨乡文化（重点介绍客家迁徙逐梦）。这样按地域分配专题，既梳理了岭南侨乡文化的脉络，又满足了不同籍贯学生了解家乡历史文化的愿望和需求。选修课为引导学生课余继续学习中华优秀传统文化创造了条件，也为近距离触摸学生思想动态创设了机会和纽带。二是开展系列主题实践教学活动，将理论课堂延伸至课外实践，让学生在实践和活动中内化理论知识，也让学生在自主动脑、动手和动脚中喜欢上理论思考。三是开设微信公众号、抖音号，发布的内容从细微之处入手，针对学生调研活动、人生困惑及社会时事等身边问题发声，用学生喜闻乐见的形式与他们进行课下的深度沟通和交流，在学生中逐渐形成影响力，使思政课走入学生的生活。

（四）基于开放发展理念的情感获得提升系统

"开放发展注重的是解决内外联动问题。"[6]秉持开放发展理念，就是要围绕提升学生的思政课学习动力这个中心，注重构建良好的互动反馈机制，切实增强其参与度和体验度，提升其情感获得，这是增强思政课亲和力的第三个支撑点。

1. 课上课下联动

在扎实守好课堂教学主阵地的同时，通过挖掘各类优秀文化的德育元素，在课下设计并开展系列文化教育传承实践活动，打造活动育人的思政课第二课堂。深挖贴近大学生生活实际、贴近广州地缘优势又时代感强烈的文化内容，如与生活息息相关的非物质文化遗产二十四节气、侨乡文化、纪念辛亥革命、纪念抗战胜利、纪念孙中山诞辰、纪念毛泽东诞辰等，并以多种现代教学手段去呈现，犹如为学生精心准备一顿顿丰盛的时令果蔬。

2. 网上网下联动

致力于打破传统课堂的时空限制，善用大学生易于接受、喜闻乐见的新媒体手段开展教育教学。比如善用微信、微博、QQ 等社交软件进行师生的超时空实时互动，有效、及时、便捷地关注学生真实思想动态并回应个体困惑，培育师生间的价值共鸣和情感认同。开启教师网上网下积极传播、学生网上网下主动接受的良性局面，努力打造一个互联网时代的全方位意识形态教育阵地，努力实现习近平总书记在 2018 年全国教育大会上指出的"把思想政治工作做在日常、做到个人"[7]。

（五）基于共享发展理念的行为获得提升系统

"共享发展注重的是解决社会公平正义问题。"[6]作为新发展理念的归宿和落脚点，"共享"对应行为获得，通过师生、师师、校友、课程的资源共享，能最大化地满足学生的各种需求，是思政课亲和力提升的落脚点。

1. 实施师生资源共享

师生资源共享是一个教与学相互渗透的过程。可让学生参与完成教师的某些备课任务，帮助教师搜集真实信息数据、拍摄制作课前导入短片、调查整理学生疑问清单等，让学生在思政课教学中有主人翁的归属感，也能最大化提升思政课教学的针对性。同时，教师也应以不同角色参与到学生活动当中，鼓励学生根据实际需要邀请教师担任其活动任务中的特定角色，教师注意在师生协作中增进与学生的沟通和交流，及时答疑解惑。

2. 实施师师资源共享

师师资源共享特指思政课教师与专业课教师的交互协作。我们的做法是，以教改课题为依托，思政课教师与专业课教师合作共建课程思政。思政课教师为专业课带来有针对性的德育素材和方法，专业课教师也为思政课带来有针对性的专业实用视角，两个教学主体甚至协作开展项目化教学，以项目任务为驱动，引领学生在理论学习中做专业事，在专业学习中做理论思考，德育和智育无声渗透，更能为学生所接受。

3. 实施校友资源共享

基于"大思政"的理念和格局，可探索由学校和周边企业、知名校友等社会力量共同设立思政课教学基金，专门资助思政课项目教学中涌现的优秀学生实践项目，尤其对传承传播岭南文化、以岭南文化讲好中国故事的学生实践给予实际支持，能极大地提升大学生学习思政课、担当社会责任的动力。

至此，由五个密切联系的子系统组成的全方位增强思政课亲和力的路径系统得以构建。注重提升学生的认知获得、技能获得、意识获得、情感获得及行为获得是增强思政课亲和力的重要立场和有效视角。

参考文献

[1] 中共中央办公厅、国务院办公厅印发《关于深化新时代学校思想政治理论课改革创新的若干意见》[J]. 中华人民共和国教育部公报, 2019 (9): 2 – 7.

[2] 习近平主持召开学校思想政治理论课教师座谈会强调: 用新时代中国特色社会主义思想铸魂育人　贯彻党的教育方针落实立德树人根本任务　王沪宁出席 [J]. 党建, 2019 (4): 4 – 5.

[3] 刘旋, 周其明. 论思想政治理论课 "亲和力" 的理论内涵 [J]. 武汉理工大学学报 (社会科学版), 2019 (3): 107 – 111.

[4] 习近平: 把思想政治工作贯穿教育教学全过程　开创我国高等教育事业发展新局面 [N]. 人民日报, 2016 – 12 – 9 (1).

[5] 张耀灿, 郑永廷, 吴潜涛, 等. 现代思想政治教育学 [M]. 北京: 人民出版社, 2006: 135.

[6] 习近平谈治国理政: 第二卷 [M]. 北京: 外文出版社, 2017: 198 – 199.

[7] 习近平. 坚持中国特色社会主义教育发展道路　培养德智体美劳全面发展的社会主义建设者和接班人 [N]. 人民日报, 2018 – 09 – 11 (1).

青年亚文化与高校意识形态
安全的冲突与调适研究①

曾慧芳②

摘　要： 青年亚文化以其独特的表达方式强有力地影响着青年群体的人生观与价值观走向，并对主流意识形态产生一定程度的影响。本文以青年亚文化的界定及其发展变化对高校意识形态安全的新挑战为出发点，探究青年亚文化与高校主流意识形态之间的关系，并在调研的基础上运用多学科视角就维护高校意识形态安全、完善意识形态话语体系、丰富和挖掘意识形态教育载体、增强高校意识形态教育功能等方面提出新时代提升高校意识形态安全的实效性策略。

关键词： 青年亚文化；高校；意识形态安全

习近平总书记在全国宣传思想文化工作会议中指出，意识形态工作是党的一项极端重要的工作。作为意识形态工作的前沿阵地，高校的意识形态工作成效直接事关培养什么人、怎样培养人、为谁培养人的根本问题。随着政治多极化、经济全球化、文化多元化的深入发展以及网络信息技术的普及，多元价值观及各种思潮以更加隐匿的形式冲击着高校主流意识形态，网络时代背景下青年亚文化的普泛化给新时代高校意识形态安全带来诸多挑战。为此，探究如何更好地强化新时代高校意识形态工作的领导权、管理权和话语权，对维护高校意识形态安全具有重要现实意义。

① 本文为 2021 年校级质量工程项目"冲突与调适——青年亚文化对高校意识形态安全的影响及对策研究"（编号：ZX202124）阶段性成果。

② 作者简介：曾慧芳，广州科技贸易职业学院讲师，主要研究方向：思想政治教育与高校党建。

一、　青年亚文化的界定及其发展变化对高校意识形态安全的新挑战

（一）青年亚文化的界定

最早提出"青年亚文化"概念的是美国社会学家 T. 帕森斯。美国的芝加哥学派曾经对其有所涉猎，作为最早对亚文化群体进行系统研究的机构，芝加哥大学社会学系自 20 世纪 20 年代起，就开始对移民、犯罪青少年等亚文化群体展开系统研究，最终形成了芝加哥"越轨亚文化"研究。20 世纪 60 年代，现实生活中的青年活动现象引起了英国伯明翰大学学者的注意，他们成立了"当代文化研究中心"开始系统研究青年亚文化的进程，形成了一系列青年亚文化理论成果。伯明翰学派研究的亚文化主要是指青年亚文化。

在亚文化理论方面，早期开展研究的较为系统的芝加哥学派、伯明翰学派、法兰克福学派中，伯明翰学派对青年亚文化所开展的研究和形成的理论资源对国内青年亚文化研究的影响较为深远。这与胡疆锋、孟登迎等学者积极译介和研究伯明翰青年亚文化理论密切关联。

直到进入 21 世纪，国内的青年亚文化研究才一步步成为热点。本文所指称的青年亚文化立足于我国当下的现实语境。从中国社会现实来看，伴随着经济全球化的浪潮和改革开放的不断深入，中国在经济、政治、文化、社会体制等层面的改革，让老百姓的社会生活发生了根本性的改变，人们的价值观念也发生了些许的改变。我国的青年亚文化即在这样的历史背景和文化语境下生成。

自改革开放以来，中西之间的文化交流日益频繁。青年群体在主流文化占主导地位的社会背景下形成的独具自身风格的文化形态，具有娱乐化、多元化、普泛化等特点。青年亚文化拥有与主流或主导性文化不同的价值体系和表现形式。由此，我们可以把青年亚文化视为青年企图解决他们所共同面临的存在于社会结构中的矛盾而采取的方案，它表现在诸如想象方式、行为方式、话语方式等多个方面，以显著有别于主流文化的风格和样式表现出来，为社会上处于从属地位的青年所接受，是从属、次要与支流的文化。

（二）青年亚文化的发展变化对高校意识形态安全的新挑战

青年亚文化在一定程度上真实地反映了青年群体在新时代的真实写照，充分体现了青年群体在社会进程中的话语导向，有着属于青年群体的独特思维方式和行事风格，呈现出新的文化价值，并在一定程度上影响着社会主流文化，也受到

主流文化的制约。

随着网络信息技术的普及，青年亚文化的发展变化对高校意识形态安全构成了新的挑战。网络媒介为中国当代各种青年亚文化的外来接受、全面转向、本土生成、发展和迅速传播提供了前所未有的开放式、无边界、多媒介的物理空间和相对平等、自由、开放的精神空间。需要审视这些形式给青年群体带来的各方面影响。作为一种根源于特定社会现象的文化研究表征，青年亚文化自身具备的发展性、开放性、包容性等文化特质使其在不断演变过程中获得新的话语空间，表现形式和价值认同都会发生新的变化和转向。这些新的变化和转向无疑对高校意识形态安全工作带来了新的挑战。

二、 青年亚文化与高校主流意识形态的关系解读

应运用青年亚文化相关理论，分析青年亚文化与主流意识形态之间的关系。伯明翰学派认为，青年亚文化进行抵抗后产生自我风格，主流文化不可能任其自由发展，而需对青年亚文化进行遏制、收编。收编是主流文化对体制外的文化重新界定与控制的过程，这不是暴力和强制性的，而是一种柔性的遏制、招安、重构的过程。

（一）抵抗：青年亚文化群体寻求身份认同与资本积累的过程

抵抗是青年亚文化群体寻求认同的过程。青年群体由于思想上还未完全成熟，又需要承担该年龄段的责任，当遇到很多现实与理想之间的困惑时，容易产生认同危机。青年群体通过风格化的表达，厘清和划清自己与其他圈子的不同，对主流文化进行抵抗，有助于建立自己的认同。同时，亚文化的抵抗也是资本积累的过程。进入消费时代，主流文化不断争夺占有资本，亚文化进行抵抗，争取自己的权益，提高自己的经济和文化收益。亚文化为了获得经济资本不断进行符号化抗争，在这个过程中彰显个性，建构自我。亚文化的抵抗更多地体现在生活方式和消费、审美领域。亚文化要宣传自己，就必须利用大众媒体发出自己的声音，这个实际上就是亚文化和主流文化在进行碰撞和互动的过程。

（二）收编：青年亚文化被重新定义、解码与重构的过程

意识形态的收编是主流群体如统治集团、媒体、法律等对亚文化群体的异常行为进行重新定义，将其列入主流文化的"矩阵"让它变得平常，使得亚文化群体特定的历史语境逐渐被主流文化招安，这是一个编码与解码的过程。在新媒体环境下，青年亚文化群体以一种娱乐精神去对抗主流文化。在被收编的过程

中，会不同程度地失去了自身的抵抗性。在这个博弈过程中，亚文化逐渐被主流文化接受，成为一种流行风格，即重构亚文化。

三、　提升新时代高校意识形态安全的对策研究

提升高校意识形态安全，是为了使国家主流意识形态在高校中能够得到认同。学者通过问卷调查与实地调研，了解到当前青年亚文化冲击着高校意识形态安全，同时也存在着弱化高校意识形态话语体系，稀释高校意识形态教育载体，干扰高校意识形态教育功能等现象。此环节从多学科角度，就维护高校意识形态安全、完善意识形态话语体系、丰富和挖掘意识形态教育载体、增强高校意识形态教育功能等方面，给出具有一定可行性和实效性的建议。

（一）　加强主流意识形态的认同，维护高校意识形态安全

要巩固马克思主义在我国意识形态的指导地位，必须增强马克思主义的吸引力和人们的认同感，为此一个重要的基础性任务就是切实推进当代马克思主义的大众化和普及化，这是推进我国社会主流意识形态建设的重要途径和基础手段。

加强主流意识形态的认同，维护高校意识形态安全，需要积极回应和收编青年亚文化。青年亚文化在抵抗与收编过程中，可以校园文化为依托，将思想内容进行具象化，即将意识形态的理论解构为图像化叙事。图像化叙事作为感性意识形态的一种形式，可以通过呈现的直观图像感知背后的日常意识形态。当代青年大学生群体普遍疏离宏观叙事，凭借网络符号、图片、视频等多种视觉传达手段完成自我意识的表达。他们作为图像化叙事的主体，善于通过图像去认知这个世界。充分运用图像化叙事的方式进行主流意识形态的引导，更利于让青年大学生在情感上产生同频共振，形成青年群体的认同感。

（二）　掌握高校意识形态话语权，完善意识形态话语体系

高校意识形态工作的领导权、话语权是意识形态建设的核心。习近平总书记在第二十三次全国高校党建工作会议上指出："高校肩负着学习研究宣传马克思主义、培养中国特色社会主义事业建设者和接班人的重大任务。加强党对高校的领导，加强和改进高校党的建设，是办好中国特色社会主义大学的根本保证。"

完善高校意识形态话语体系，一方面要运用社会主义核心价值观、中华优秀传统文化等主导意识形态话语，社会主义核心价值观源于中华优秀传统文化，是中华优秀传统文化基因的全新诠释，应运用社会主义核心价值观引领和涵养青年亚文化群体的价值追求和行动指南；另一方面要借鉴青年亚文化生活化、创造性

等特点，根据青年大学生的行为模式、心理特质，充分调研大学生对社会主义意识形态传播的接受情况，将抽象的理论转化为切合大学生生活的网络语言，用隐性教育的方式传达接地气、暖人心的话语，创新意识形态话语表达方式，提升意识形态教育话语的吸引力、感染力和认同感。

（三）掌控校园舆论引导的主动权，丰富和挖掘意识形态教育载体

高校是政治的敏感区，肩负着立德树人的重要任务。做好意识形态工作，要加强对文化活动、网络媒体、社会舆论的管控，主动有效利用新媒体，把意识形态主导权与社会主义核心价值体系有机融合起来，实现舆论引导上的主动权、价值上的引领权和思想上的支配权。新媒体具有易于接受、传播迅速的特点，对于高校传播主流文化，构建符合新时代要求的大学文化有积极作用。同时，在具体实践中，运用符合主流文化价值追求的青年亚文化符号，也可以起到对青年亚文化进行重构的作用。

主流媒体在向新媒体融合拓展的过程中，具有权威品牌的强大号召力，主张通过新媒体技术，搭建意识形态教育新平台，壮大主流思想舆论，如广州科技贸易职业学院与人民日报华南报业发展部合作搭建"人民主播"实践基地。

（四）发挥思政课程和课程思政的协同育人作用，增强高校意识形态教育功能

课堂教学是高校意识形态教育工作的根基。抓好思想政治理论课的教学成效，将主流意识形态系统、精准地传授给学生，需要改进思想政治理论课的教育教学方式。课堂教学不适宜单向地对学生进行灌输式教学，这种抽象、枯燥的教学方式无法与学生建立深层次交流和沟通，无法达到理想的教学效果。

在课堂教学环节方面，应当在课程设计、教育教学等具体环节上进一步探索符合新时代需要的符号形式，真正触及大学生的思想意识。由于青年亚文化具有易传播、喜闻乐见的特点，在授课形式上应当将其引入课堂教学中。探索与青年亚文化所创造的文化符号资源相结合的新的授课形式，做到形式多元、内容活泼，帮助学生实现从理论学习到思想认同进而主动践行的深层次转化，实现知行合一。同时借助大数据，发挥新媒体的教育功能，以渗透式、体验式、互动式合作探究学习方式，实现传导、内化与践行的良性导向。

习近平总书记在全国高校思想政治工作会议上指出："要用好课堂教学这个主渠道，思想政治理论课要坚持在改进中加强，提升思想政治教育亲和力和针对性，满足学生成长发展需求和期待，其他各门课都要守好一段渠、种好责任田，

使各类课程与思想政治理论课同向同行，形成协同效应。"课程思政旨在加强高等教育的德育属性，挖掘专业课程和其他课程的隐性德育资源。发挥思政课程和课程思政的协同育人作用，需要思政课教师与专业课程教师进行深入合作。思政课教师可对专业课程教师进行必要的理论指导，帮助其挖掘专业课程中的思政元素和资源，如工匠精神、敬业精神、团队精神、职业素养、职业发展、服务意识、创新意识等，丰富专业课程的教学内容，构建完善的教学体系，增强高校意识形态教育功能，保证立德树人目标的达成。

参考文献

［1］胡疆锋. 伯明翰学派青年亚文化理论研究［M］. 北京：中国社会科学出版社，2012.

［2］陈殿林. 青年亚文化对大学生思想政治教育的影响机制研究［D］. 上海：上海大学，2009.

［3］陈金山. 青年亚文化的意识形态诠释——以伯明翰学派为中心［J］. 河北青年管理干部学院学报，2019（11）：5－9.

［4］胡疆锋，陆道夫. 抵抗·风格·收编：英国伯明翰学派亚文化理论关键词解读［J］. 南京社会科学，2006（4）：87－92.

［5］马中红. 新媒介与青年亚文化转向［J］. 文艺研究，2010（12）：104－112.

［6］陈殿林，张青青. 论青年亚文化影响下的大学生思想政治教育话语建设［J］. 思想教育研究，2013（9）：65－69.

互联网时代高职院校学生思想政治教育
难点和对策研究[①]

张　恒[②]

摘　要：当前高职院校学生是互联网的原住民，互联网对高职院校学生思想政治教育来讲是一把"双刃剑"，既有积极影响也有消极影响。针对互联网时代高职院校学生思想政治教育学校重视程度不够、教师素质提升缓慢、家庭教育缺失、社会环境带来不良影响、学生主体意识不强的难点，应通过国家、学校、教师、家庭四个方面协同发力，以提升学生主体意识，提升思想政治教育的有效性。

关键词：互联网；高职院校；学生；思想政治教育

随着社会的进步和科技的发展，互联网正在以前所未有的速度和规模延伸到社会生活的各个领域，尤其是我国在 2015 年提出"互联网＋"行动计划后，人们的生活已与互联网密不可分。在互联网时代，高职院校学生使用微博、微信、QQ、知乎、抖音等媒体工具已成为常态，这种现象引起了高职院校教育教学方式的巨大变革，使学生在学习、生活、思维等方面发生巨大变化。互联网这把"双刃剑"，用之得当有利于学生把握社会发展大势，助力自身成长成才，用之不当则会严重影响其世界观、人生观、价值观的构建。因此，互联网时代必须加强对高职院校学生进行思想政治教育，勇创思想政治教育的新理念新思路新举措，从根本上提升高职院校学生思想政治教育工作的针对性，促使学生养成良好的道德品质，成为合格的社会主义现代化国家的建设者和接班人。

---

①　本文已发表于《辅导员》2022 年第 12 期。

②　作者简介：张恒，广州科技贸易职业学院讲师，主要研究方向：中国特色社会主义理论与实践、思想政治教育。

一、 互联网给高职院校学生思想政治教育带来的影响

（一）积极影响

一是丰富了思想政治教育的素材。过去信息传递主要依靠书籍、报刊、电视、广播等方式，信息量少且传递速度慢，高校所能获取、使用的素材有些已是学生熟知的，虽利于熟悉和挖掘素材内涵，但易令教师和学生疲倦，削弱了思想政治教育的实效。互联网的发展加速推进了信息的传递方式发展，海量的信息得以及时传递、传播，家长、教师、朋辈皆可随时获取丰富的素材并运用到对学生的引导和教育中。

二是拓宽了对学生思想政治教育的渠道。学校可以通过本校官网、公众号等网络平台及时地对学生进行思想政治的宣传和教育，引导学生践行社会主义核心价值观，成为对国家和人民有用的人。学生思想政治教育工作队伍尤其是辅导员和班主任可以运用网络召开线上主题班会，开拓了网络时代思想政治教育的新途径。

三是实现了超时空的思想政治教育。近年，"互联网＋教育"由于教学的需要得到了迅猛的发展，保证了学校教学正常运转，凸显了互联网超时空的思想政治教育的功效。家长、教师、学生与学生之间的沟通和交流主要是通过互联网开展的，而移动网络可以随时随地对学生进行思想政治教育，打破了时间与空间的限制。

（二）消极影响

一是信息量大且多元，一定程度上削弱了社会主义核心价值观教育。互联网带来的信息量比以往任何时代都要大，且内容丰富多彩，呈现出价值多元化的趋势。一方面，海量的信息造成学生筛选信息耗时耗力，一定程度上影响了对其进行社会主义核心价值观教育的时间；另一方面，内容价值多元化干扰了社会主义核心价值观教育的成效。

二是不良信息严重影响学生的身心健康。互联网时代信息传递的弊端是监管难，尤其是自媒体时代，一些内容在未经审核的情况下就已经在网络上被散播，这其中包括谣言、虚假信息、负能量舆论、低俗观点，不良信息极易干扰学生，造成理想信念不坚定的学生迷失方向，影响其身心健康甚至使其误入歧途。

三是弱化了学生的独立思考能力。当前的高职院校学生习惯于通过互联网解决诸多疑问和难题，这是一种好的现象。但是，任何事物都是一分为二的，这种现象又使一些学生养成一种不良习惯——惰于思考，使学生越来越缺乏探究精神，无形中弱化了学生的独立思考能力。

二、 互联网时代高职院校学生思想政治教育的难点

经过认真的研究和分析，笔者认为互联网时代高职院校学生思想政治教育的难点，主要可概括为以下五个方面：

（一） 学校重视程度不够

思想政治教育工作是高职院校工作的重要一环，学校是否重视及工作开展的成效直接关系到"培养什么人、怎样培养人、为谁培养人"这个根本问题。高职院校学生与普通高校等类型学生相比，在校时间是三年且学习重点主要放在专业技能训练上，进入互联网时代开展思政工作时仍有部分院校存在重口号、轻落实的现象，在人员、经费、课时、研究、实践活动等方面支持力度不够和保障不够充分，结果导致一部分学生专业技能强而自身觉悟低，不能很好地为国家和社会做贡献。

（二） 教师素质提升缓慢

当前，"互联网＋"已在很多领域得以实现，"互联网＋教育"开展得如火如荼，但是部分教师缺乏与时俱进的意识，暴露出高职院校在思想政治教育工作队伍建设上仍然存在薄弱环节。部分教师自身观念落后，对自己要求不高，导致在互联网时代教育教学方法过于简单陈旧，缺乏创新理念，授课仍以传统的理论灌输为主，造成课堂实践少、碍于课堂人数多未能进行有效的沟通、教学内容未能与专业紧密结合而不易激发学生的学习乐趣、因不够重视生源多样化而缺乏因材施教等现象，一定程度上削弱了学生学习的积极性，影响了思想政治教育的效果。部分教师不关注热点新闻，不关心学生讨论的热点话题，致使无法客观公正地帮助学生解惑，造成学生的思想不能及时地得到引导而误入歧途，一定程度上增加了思想政治教育的难度。

（三） 家庭教育缺失

对学生进行思想政治教育并不是仅通过学校和教师就能够完成的，它与学生的家庭教育也息息相关，而部分学生缺少家庭教育，思想政治教育不健全，养成思想狭隘、钻牛角尖、自私自利等不良品德和行为习惯，影响学生健康成长。譬如，部分家长受教育水平低且对互联网时代的孩子成长缺乏客观的认识，未能引导孩子正确对待和使用网络；部分家长忙于事业或生计，对孩子的成长漠不关心，学生只能从虚拟世界中寻找心灵的慰藉，沉迷于网络；部分家长对自己的孩子过分溺爱，缺乏适当的管教，学生的自我管理能力差；部分学生来自单亲家

庭，其心理受家庭环境的影响，容易自卑；部分学生从小成为留守儿童，缺少父爱和母爱，缺少父母帮助扣好人生的第一粒扣子，容易孤僻；部分家长在做思想工作时未能全面了解孩子，教育方法欠妥，使学生产生逆反心理等。

（四）社会环境带来不良影响

高职院校学生是互联网的原住民，他们从网络中获取的大量鲜活信息特别是弘扬主旋律、传播正能量的信息，是与我国社会主义核心价值观的基本要求相符的，这些信息有利于他们健康成长。但是也有不良信息渗入网络误导学生，特别是部分信息在网络上发酵后经常会形成一些舆论，有时候甚至引起"民意沸腾"或"舆论狂欢"。面对不良信息，学生由于缺少甄别是非、去伪存真的能力，极易误入歧途。

（五）学生主体意识不强

高职院校学生思想政治教育工作难主要还是高职院校学生自身特性所决定的，他们虽与普通高校、中职等类型学生所处学校环境不同，但有一个共同点——心理不够成熟。许多高职院校学生是高考未能进入本科院校后被迫进入高职院校的，内心多少有几分失落，对未来的就业和发展感到迷茫和失望，容易产生逆反情绪，厌烦被说教。他们心理上的不成熟表现在自我认识不清、自律性不够强、缺乏责任担当等方面，导致其在大学学习和生活上主体意识不强，进而出现厌学、逃课、沉迷游戏等不良行为。部分沉迷于网络游戏的学生能够在游戏中短期寻找到成为英雄或成功者的感觉，这种感觉与需要通过日积月累、潜移默化、长期作用才能见效的思想政治教育助其成功的成效形成对比，对思想政治教育造成严重影响。

三、 互联网时代高职院校学生思想政治教育的对策

（一）国家做好顶层设计，坚持和巩固党对意识形态工作的领导

"网络空间特别是社交媒体网站一直存在着各种与主流意识形态相抵触的言论，其主要原因在于当前我国整个社会正处于重要转型期，各种矛盾和问题都被暴露出来，加上自媒体时代传播把关人作用的缺失，就算是小问题也会随着无限的传播而被放大成大问题。"[1]这在一定程度上削弱了学生对主流意识形态的认同感。因此，国家必须做好顶层设计，坚持和巩固党对意识形态工作的领导，更好地发挥互联网宣传思想工作主阵地的作用。一是加强和改进立法工作，切实以高质量立法护航互联网发展。通过提高关于互联网或网络安全的立法质量和效率，与时俱进地完善现行法律法规，发挥立法在优化互联网发展环境、提升互联

网功能、加强网络生态保护、保障网民权益、促进网络治理、弘扬社会主义核心价值观中的重要作用，推动以高质量立法护航互联网发展。二是做好新闻舆论工作。必须从党的工作全局出发把握高职院校学生思想政治教育工作，坚持党的领导，坚持正确政治方向，坚持以培养能堪当大任的社会主义建设者和接班人为中心的工作导向，尊重新闻传播规律，创新针对高职院校学生新闻舆论工作的方法手段，讲好中国故事，传播好中国声音，切实提高党的新闻舆论传播力、引导力、影响力、公信力，引导学生沿着社会主义发展的方向前进。三是建设良好网络生态。网络空间是网民共同的精神家园，必须倡导网络文明，共建清朗网络环境，清除网络中的乌烟瘴气，治理网络生态恶化，为学生营造一个风清气正的网络空间。

（二）学校科学管理，加强校园文化建设

学校必须把握时代发展的大势，采取科学管理模式以提升管理能力和管理水平，推动学生思想政治教育落地落实。一是加强思想政治教育队伍建设。通过配齐人员、定期或不定期培训、考核等方式方法加强和完善高职院校学生思想政治教育队伍。二是实施科学管理模式。学校形成"校领导—二级学院书记、院长—辅导员、班主任、专任教师—学生"上下联通的网格化管理模式，通过微博、微信、QQ等网络工具及时了解、关注、把握每一位学生的动态，提升管理成效。三是加强校园文化建设。学校注重在硬件设施、网络平台、校内实践中开展校园文化活动，使学生坚定文化自信，有正气、有骨气、有志气。四是健全学生思想政治教育的各项规章制度。为确保学校的思想政治教育工作稳步推进、有章可循，必须完善和健全学生思想政治教育的各项规章制度，组织思想政治教育工作人员认真学习并监督贯彻落实情况。

（三）教师悉心引导，以高尚人格感染学生

高职院校学生正处于青少年时期，他们是祖国的未来和民族的希望，这一时期他们理想远大，需要将他们的理想导向符合社会主义现代化建设的方向。在互联网时代，网络对于高职院校学生而言终归是一种工具，其知识的获取和德育的养成主要还是依赖于教师。因此，高校教师必须引导学生树立对马克思主义的信仰、对中国特色社会主义的信念、对中华民族伟大复兴中国梦的信心。一是充分发挥思政课教师为学生扣好人生第一粒扣子的作用。互联网时代的思想政治理论课"必须针对热点问题，有的放矢地开展理论教学，这样不仅可以激发起学生的学习兴趣，更能解决他们的心理困惑"[2]。这就需要思政课教师对学生具有爱心、

细心、耐心，引导学生用科学的理论武装自己的头脑。二是善于发挥专业课教师协同育人作用。专业课教师通过教授学生专业技术知识培育学生适应社会发展的需要，其所授的专业课程中同样蕴含着思想政治教育资源，必须注重专业课教师与思政课教师协同，推进全员全程全方位育人。三是利用高尚人格感染学生。教师在工作中通过锤炼高尚品格、追求博学多通、做事行为端正等不断提升教书育人的能力和水平，会对学生产生一定的吸引力，一定程度上感染学生、赢得学生，引导学生自觉走上健康成长的道路。

（四）注重家庭家教家风，提升学生素养

父母要转变思维，认清互联网时代孩子学好学坏既与社会、学校、教师、朋辈有关系，更与家庭家教家风密切相关，因为"家风家教是思想政治教育过程中的微观影响因素，影响和制约家庭成员尤其是青少年思想品德的形成和发展"[3]。一是父母要为孩子树立正确使用互联网的榜样。父母在使用互联网的时候要能够理性地对待互联网，不能用不同的标准要求自己和孩子，要为孩子树立榜样。二是要关心孩子。父母要通过不断的学习，运用科学的方法关心孩子的学习、生活和内心世界，善于与孩子沟通，让孩子感受到家庭的温暖。三是家庭要形成良好的家教家风，熏陶孩子成为对国家和人民有用的人。广大家庭应注重家教，帮助孩子扣好人生的第一粒扣子，迈好人生的第一个台阶，引导他们形成正确的世界观、人生观和价值观。

四、 结语

应通过国家、学校、教师、家庭四方的共同努力，破解互联网时代高职院校学生思想政治教育难题，提升学生的主体意识，提高学生的自我管理能力及辨别是非的能力，为互联网时代的高职院校学生营造一个良好的学习和生活环境，为他们形成正确的世界观、人生观、价值观保驾护航，引导他们自觉认识到和担负起时代赋予的重任，成为合格的社会主义现代化国家的建设者和接班人。

参考文献

[1] 郭明飞，陈兰兰. 网络空间意识形态安全的情势与策略——基于大数据背景的考察与分析［J］. 江汉论坛，2016（5）：29.

[2] 洪岩. 试论高职院校学生心理特点及思想政治教育对策［J］. 辽宁师专学报（社会科学版），2015（4）：104.

[3] 寇荷超，许启芳. 家风家教融入青少年思想政治教育探究［J］. 西华师范大学学报（哲学社会科学版），2017（5）：115.

基于"三教"改革的高职英语
课程思政实施路径探究

张　文①

摘　要：高职英语作为一门重要的公共基础课程，是高等职业院校课程体系的有机组成部分，肩负着立德树人的重要使命。本文从高等职业院校的实际出发，基于"三教"改革，从教师、教材和教法三个方面分析高职英语课程思政的现实困境，有针对性地探索课程思政建设的有效路径。

关键词："三教"改革；高职英语；课程思政

一、"三教"改革和课程思政

党的十八大以来，职业教育作为我国教育类型的重要组成部分，被摆在了前所未有的突出位置。2020年9月，《职业教育提质培优行动计划（2020—2023年)》提出，要落实立德树人根本任务，全面深化教师、教材、教法改革，坚持育人为本，质量优先，推进思想信念常态化，加强课程思政建设，将思政教育全面融入人才培养方案和专业课程。

2020年5月教育部印发的《高等学校课程思政建设指导纲要》中提出，培养什么人、怎样培养人、为谁培养人是教育的根本问题，全面推进课程思政建设，要紧紧抓住教师队伍"主力军"、课程建设"主战场"、课堂教学"主渠道"，突出体现了"三教"改革中的教师、教材和教法改革对于课程思政建设的重要性。教师是课程思政建设和"三教"改革的关键，教材是重要内容和载体，而教法是实施课程思政和"三教"改革的路径。

教师、教材、教法贯穿人才培养全过程，与课程思政教育涉及的根本问题"培养什么人""怎样培养人"和"为谁培养人"息息相关。高职英语作为高职院校公共基础必修课程，是开展课程思政的重要阵地，"三教"改革为英语课程思政的开展和实施提供了一个很好的切入口。

---

① 作者简介：张文，广州科技贸易职业学院讲师，主要研究方向：英语教育教学。

二、 高职英语课程思政实施的现实困境

高职英语在高职院校课程体系中受众面广，影响较大。它兼具工具性和人文性的特点，为课程思政的实施提供了良好的土壤。目前很多高职院校对高职英语课程思政的建设进行了积极的探索和研讨，有些高职院校也进行了一些教学尝试和实践，但在具体实施中还是存在一定的问题，以下从教师、教材和教法三个方面进行分析。

（一）教师：思政意识不强，思政能力欠缺，缺乏感染力

1. 课程思政意识和认识不足

有些教师在教学时仍然存在重语言知识讲授和语言技能训练、轻人文教育的现象[1]，没有充分意识到课程思政的必要性，很少去挖掘课程教学内容所蕴含的思政元素。同时，有些教师对思政和育人功能认识不足，较少去关注学生的思想道德素养的培养以及正确价值观的引导和塑造。思政理论知识的缺乏和全员育人的观念不强导致不能正确认识到语言传授和育人功能关系的重要性。

2. 课程思政教学能力有待提高

由于认识不足和课程思政教学没有现成的方案和范本，有些教师对课程思政的开展有畏难情绪，不肯主动深入研究，对课程思政的建设也是被动参与或消极应对。在教学过程中，习惯了用语言技能训练为主的教学方式，缺乏融入课程思政的方法和手段，因而会出现素材单一或生硬照搬的困境。

3. 教师思政话语亲和力不足

高职英语面向全院众多不同专业的学生，是课程思政实施非常合适的"阵地"。长期以来，英语教师都是以英语知识和技能为主构建话语体系实施教学，不能很好地将价值塑造、知识传授和能力培养三者有机融入课堂，缺乏思想和价值话语亲和力，难以实现价值观教育和知识的深度融合，影响课程思政的感染力和有效性。

（二）教材：缺乏价值导向，案例更新不足，少有活页式教材

1. 价值导向缺失，思想性不够，思政元素不足

有些教材在编写的过程中，没有考虑到思政元素的融入或是没有针对思政元素进行宏观、系统的设计，片面追求职场语言技能的提高，没有考虑对学生人文素养的培养。这就使高职院校的英语教材可能过分地侧重英语知识和技能的传授，出现价值导向缺失和思想性不够的问题。同时，英语教材通常只有英语教师

参与编写，缺少思政教师和企业人员的参与，因此，教材中鲜有思政元素的融入或思政元素分布比较零散。

2. 教材案例较陈旧，缺少动态更新，少有活页式教材

当前高职院校教材修订与更新缓慢，即使修订或再版，周期也相对较长，导致教材内容的时效性较弱。同时，鲜有教师会根据主题的新变化增加相应的活页式教学材料，从而导致教材案例陈旧，蕴含的思政元素少，育人效果大受影响，不能与时俱进地塑造学生正确的思想观、人生观和价值观。

（三）教法：范式陈旧，教学模式缺乏创新，启发性不强

1. 教学方法范式陈旧，缺乏创新

有些英语教师还是采用传统的方法进行教学，从词汇到句式再到段落和文章分析，按部就班地进行单元内容讲授。在思政融入方面，机械地将思政元素生硬地加入课程教学中，重点体现在课文内容上，忽略了词汇语法中蕴含的思政元素，使词汇讲解和语法教学变得枯燥乏味。这种传统的灌输式教学方法很难引起学生的共鸣，反而会引起学生对课堂教学的反感，直接影响课程思政的教学效果。

2. 课堂形式单一，启发性较弱

传统的课堂教学以教师的讲授为主，课堂形式单一，加上公共基础课的班级通常上课人数较多，师生之间及生生之间互动和交流较少，学生参与度低。课堂上教师主导过多，忽略了学生的主体作用，这种单向灌输式的教学模式导致学生探索学习能力得不到发挥，不能启发学生思考课程中蕴含的思想内容和价值意义。

三、 基于 "三教" 改革的高职英语课程思政建设路径

教师是育人的主体和关键，教材是育人的载体和基础，教法是育人的具体路径和有效保障。[2]

（一）教师：提升课程思政的意识和能力，增强育人亲和力

教师是教学活动的重要主体，很大程度上决定了教学的成败或效果。

1. 提高教师课程思政意识和育人自觉性

高职英语教师应该要充分意识到公共基础课在学生的人文素养、道德品质、价值观、思维认知等方面的形成和发展上起着非常重要的作用。我们不但要传授英语知识和技能，更要落实立德树人。如在高职英语课程中，讲授 Places（地方）这个主题下的课文 Chinatown（唐人街）时，是一个可以把中华优秀传统文

化融入教学的良好契机，通过中西文化和习俗的对比，促进学生更好地了解中国文化，并用英语输出优秀传统文化，激发学生对中国文化的情感表达，能更好地培养学生的文化自信和跨文化交际意识。

2. 提升教师课程思政建设能力

课程思政建设能力应该和教师的教学能力、科研能力、信息技术能力同向而行。英语教师自身应该主动地学习思政理论与了解社会和国际热点来提高思政的敏感性。不断地学习先进的教育教学理念，了解职业教育政策和发展动态，积极参与师德师风、课程思政教学能力等培训，不断提高课程育人的水平。同时，积极参与课程思政教学改革，使自己具备将思政元素自觉融入课程的能力。

另外，建设高职英语课程思政，不能只靠单个教师的力量，而是要发挥整个教学团队的作用。提升英语教师的课程思政建设能力，需要成立课程思政的教学研究团队，进行集体的研讨和充分的交流。课程团队要有思政课教师和企业人员的加入，他们可以在交流中帮助英语教师加强对中国特色社会主义理论体系的认识以及对相关职业道德和专业岗位素养的了解和把握，提高思想素养，能更好地分析和挖掘英语课程中所蕴含的思政元素。

3. 增强育人亲和力，注重师生交流和合作

良好的师生关系有助于更有效地实现教学目标。教师自然、富有亲和力与感染力的授课方式更能让学生接受和喜欢。师生的互动和交流能激发情感共鸣，教师通过和学生的交流，启发学生的思想，在讨论中达成思想上的共识，实现价值认同。学生之间的合作探究，能让学生更好地感受团队的力量，培养团队合作精神，让课程思政润物无声。

（二）教材：选取合适的内容，深挖隐性的思政元素

教材决定着学生学什么，关系着教育的意识形态导向和人才培养质量，因此，教材的教学内容要有鲜明的育人导向。

1. 融入思政元素，确保思想性

教材的编写和选择要考虑英语课程的育人功能，选取与本课程相关的思政元素，形成知识、能力、思想为一体的内容体系。[3]同时，教材要注意教学主题和内容的价值取向，坚持育人理念，结合专业和岗位需求，确定课程在各专业岗位中的思政育人目标，梳理课程所蕴含的思政元素，把社会主义核心价值观和新时代中国最新发展成就融入教学，把优秀的传统文化、职业素养、工匠精神等思政元素融入教材建设，成为教学内容的核心要领，为课程的实施提供思想的引领。

2．定期更新教学案例，体现教材的时代性

教材要与时俱进地更新教学内容，高职英语课程要结合学生将来工作岗位对英语的职场应用要求，创设虚拟的工作场景，动态更新育人题材鲜明的教学案例，体现教材内容的时代性。同时，可以开发新型活页式教材，以活页的方式将教学任务串起来，灵活地加入或重组教学主题内容，为思政元素的融入提供便利。例如，可以从学习强国 App 和 *China Daily*、CGTN 等中国比较权威的媒体发布的相关英文报道和英文资源中，挑选出和教学主题相关的内容作为教学资源，并利用这些资源设置相应的教学任务，更新教学案例，使教学内容与时俱进，切实发挥教材的育人功能。

（三）教法：树立课程思政理念，融合和创新教学方法

教法是教学活动的重要组成部分，是教学的基本要素，直接关系着教学工作的成败、教学效率的高低和把学生培养成什么样的人。[4] 在课程思政教学中，英语教师要对传统的教学方法进行改革和创新，把立德树人的理念融入教学，找到英语课程语言教学基本要求和思政教育语言素材的契合点和互补点，进行无缝对接。同时，精心设计语言教学案例，突出现实问题导向，巧妙地运用思政素材，激发学生的参与热情，潜移默化地引导学生。

1．整合不同教学路径，凸显价值引领

在基于主题的教学内容中，以主题统领，有机融入思政元素，将显性和隐性教育相结合。将展现爱国主义、社会主义核心价值观、爱岗敬业、工匠精神等优秀价值理念的案例进行系统整合，融入教材内容，结合学生专业和课程体系进行整体设计，结合教学内容，利用课堂教学"主渠道"，通过典型工作任务，将思政教育巧妙渗透和有机融合，使学生乐学、爱学英语课程，实现知识传授和价值引领同向并行。如进行高职英语课程中的 Environment（环境）主题教学时，可以设定学生的项目任务："How much waste do you produce？"让学生以宿舍为单位进行调查、分析，统计出宿舍里日常产生的垃圾种类和数量，制作图表和 PPT 进行小组汇报，并分析哪些是不必要产出的垃圾，从而提高学生的垃圾分类意识和保护环境意识。同时，引导学生关注和讨论当前生态问题，让学生意识到我国生态文明建设的重要性和必要性，并从自身出发，积极响应国家生态文明建设。

2．混合式教学，培养学习共同体意识

改变传统的教学模式，利用网络教学平台，结合慕课、微课和各种教学软件等新型教学手段，创新授课方式，通过线上线下混合式教学开展高职英语课程思

政育人工作。采用任务教学法或项目教学法，突出教师主导、学生为主体，通过启发、探究、讨论、参与等多种方式，调动学生自主学习的主动性和积极性，借助先进的现代技术拓展学习的维度和便利度，实现师生和生生之间随时随地互动，培养学生的学习共同体意识。如利用网络教学平台，开设英语论坛，让学生用英语聊自己感兴趣的话题，对学生关注的热点问题进行正确的思想引导等。

四、　结语

高职英语课程思政建设是一个长期的过程，"三教"改革和课程思政的目标都以落实立德树人为根本任务，是提高人才培养质量的有效举措。在我国大力发展职业教育的大形势下，为了更好地推动"三教"改革和课程思政建设，高职院校的英语教师要主动地更新理念，不断提升自己的思政意识和育人能力，推动教材改革，深挖教学内容蕴含的思政元素，创新教学方法和模式，将课程思政融入整个教学过程，推动高职英语课程的建设，不断提高高职英语课程的育人功能。

参考文献

［1］张铁辉. 高职英语教师课程思政素养培育研究［J］. 河北软件职业技术学院学报，2020（4）：30－32，41.

［2］张大良. 课程思政：新时期立德树人的根本遵循［J］. 中国高教研究，2021（1）：5－9.

［3］韦晓阳. 深化"三教"改革新时代教材建设的实践和探索［J］. 中国职业技术教育，2020（5）：84－87.

［4］曾凡远. 高职院校深化"三教"改革探究［J］. 教育与职业，2020（24）：62－65.

谈孔子"仁礼"思想在社会主义
核心价值观上的发展

王　慧①

摘　要：孔子"仁礼"思想在中国优秀传统文化中占据着重要的地位，其中，"仁礼"思想体现在社会主义核心价值观爱国、敬业、诚信与友善中。创造性发展诚实守信、爱岗敬业等思想，对培养公民社会主义核心价值观、提高我国综合国力和健全公民人格等方面起到重大作用。

关键词：孔子"仁礼"思想；社会主义核心价值观；发展

在时代不断发展的背景下，各个国家之间的文化矛盾逐渐显现，进而导致国家文化开始向着多元化趋势发展，这必将会在一定程度上影响我国国民的价值观，不利于培养国民形成正确的价值认知，造成思想混乱。培育符合中国国情和继承发展中华民族传统文化精髓的社会主义核心价值观显得尤其重要，也成为中国发展迫切需要解决的问题。实际上，社会主义核心价值观是传统文化不断发展下的产物，而孔子的"仁礼"思想和社会主义核心价值观本身就存在密切联系。

在中国优秀传统文化中，儒家思想十分丰富。就个体讲，有仁、义、礼、智、圣（信）、恕、忠、孝、悌等思想。[1]比照元素论，古人开出过三德、五行、六德等德目。孔孟讲的是"圣"端；董仲舒改为"信"端。其中，"仁：仁爱"是孔子思想体系的理论核心。它是孔子社会政治、伦理道德的最高理想和标准，也反映他的哲学观点，对后世影响亦甚深远。"仁"体现在政治上是强调"德治"，"德治"的基本精神实质是泛爱众和博施济众。孔子把"仁"引入礼中，变传统"礼治"为"德治"，在没有否定"礼治"的前提下，他的"德治"无疑是对"礼治"的继承和改造。爱人即为仁的实质和基本内容，而此种爱人又是推己及人，由亲亲而扩大到泛众。这正是孔子仁爱思想在当今社会值得继承和发展的精髓。它对于我们从传统文化中寻找理论支持以夯实、筑高舆论阵地，对

---

①　作者简介：王慧，广州科技贸易职业学院讲师，主要研究方向：新闻学。

于社会树立社会主义核心价值观以寻求长治久安良策，对于我们传统文化的现代化、国际化，对于我们建设保合太和、万国咸宁的和谐世界都有重大意义。

孔子"仁礼"思想在社会主义核心价值观的发展具体表现如下：

首先，一方面，孔子"仁礼"思想中包含的和谐观念，在社会主义核心价值观中占据着非常重要的地位。社会主义核心价值观重视和谐、民主观念的发扬，这正好又非常符合孔子"仁"思想中的所有事物和睦共处的观念，可以为国民正确价值观的树立提供助力。另一方面，社会主义核心价值观的培育，对社会法治建设力度的加强有着非常大的帮助，此思想十分符合孔子"礼"思想中的个人的行为活动建立在制度基础上的特点。社会主义核心价值观中涉及的诚实守信、爱岗敬业等思想的实质就是健全我国公民的道德品质，对公民个人的可持续发展具有非常重要的作用，这和孔子"仁"思想中培养个人品德的思想有着异曲同工之妙。[2]

其次，孔子的"仁"思想强调的是人民群众舍小家为大家的大义精神，是个人公而忘私良好品德的体现，此种思想和国家利益观的核心内容异常相似。

再次，孔子"仁礼"思想在社会大众学习以及生活中非常普及，这是营造良好社会氛围的有效工具，更是弘扬时代精神的核心力量。[3]

最后，就现阶段的中国社会发展国情来讲，只有我国公民在认同并具备社会主义核心价值观思想内涵的基础上，不断寻找提高自身道德修养的途径，才能促进国家的繁荣昌盛，这正符合孔子"仁"思想中的思想境界追求永无止境理论的特点。所以说，继承发扬孔子"仁礼"思想是培育我国社会主义核心价值观的前提条件。

总之，社会主义核心价值观中爱国、敬业、诚信与友善是公民个人层面上的价值基本准则，这正是先立其本的要求。它强调个人的道德修养既是国家实现价值目标的人文基础，也是社会履行价值取向的人文依据。

当今世界意识形态领域错综复杂，在我国社会主义发展进程中，需要中华传统文化核心思想的支撑来发展社会主义核心价值观。习近平总书记在主持中共中央政治局第十三次集体学习时讲话指出，培育和弘扬社会主义核心价值观，有效整合社会意识，是社会系统得以正常运转、社会秩序得以有效维护的重要途径，也是国家治理体系和治理能力的重要方面。继续创造性地将孔子"仁礼"思想在社会主义核心价值观中的发展坚持弘扬下去，必将对公民个人素养及整个中华民族的发展起到重大作用。

参考文献

[1] 李学勤. 李学勤讲演录 [M]. 长春：长春出版社，2012：133，135.

[2] 张璇，阚先学. 孔子仁学思想的现代价值 [J]. 史志学刊，2013（6）：111-112.

[3] 贾东超. 探究孔子德育思想的核心——"仁" [J]. 兰台世界，2011（28）：32-33.

意见领袖在大学生党史学习网络舆论引领中的培养与运用①

陈霓婷②

摘　要：青年大学生意见领袖作为网络舆论引导的先锋，能够成为线上培养大学生自觉学习党史习惯的导师。教师除了需要在学生群体中识别出现有的威望型和专业技能型意见领袖，还可以通过学习和工作途径挑选思政学习尖子、专业特长生和优秀学生干部进行集中培养，增强他们的党史知识储备和政治敏感度，提高其信息加工能力，引导其发挥专业特长，提高知名度和影响力，成为党史知识传播的可靠力量，成为把握时政热点、具有坚定历史唯物主义立场和高度社会责任感的合格领袖。

关键词：党史学习；意见领袖；网络舆论

一、 问题源起

在庆祝中国共产党建党百年华诞之际，党中央做出了在全党开展党史学习教育的重大决策。习近平总书记在党史学习教育动员大会上的重要讲话中以"学史明理、学史增信、学史崇德、学史立行"对党史学习教育进行全面动员和部署。习近平总书记特别强调：要抓好青少年学习教育，着力讲好党的故事、革命的故事、英雄的故事，厚植爱党、爱国、爱社会主义的情感，让红色基因、革命薪火代代传承。为响应号召，党史学习融入思想政治教育成为高校教学改革的新方向。它为高校思想政治教学改革提供了丰富的教学资源，是推动马克思主义中国化理论教育与中国近现代史、党的发展史相结合的时代课题和紧迫任务。如何将

① 本文为 2022 广东省教育科研项目（高等教育专项）"大中小一体化的网络舆论引导教育路径研究"（编号：2022GXJK574）、广东省教育厅 2021 年度高校思想政治教育课题"课程思政视域下大学生网络舆论引导路径研究"（编号：2021GXSZ180）成果；本文获广东省高职院校党建和思想政治工作委员会优秀学术论文评审二等奖（编号：202111）。
② 作者简介：陈霓婷，广州科技贸易职业学院讲师，主要研究方向：教育法学、思想政治教育。

党史知识嵌入思想政治教育、挖掘更多的线上线下教学资源、开拓新的教学手段、推动思想政治理论教学小课堂和社会大课堂的开展，成为推动习近平新时代中国特色社会主义思想"进教材、进课堂、进学生头脑"的重点课题。

现有的思想政治教育创新教学改革大多将网络作为教学手段，而非教学的主体。诚然，网络的引进能够让学习方法变得更加丰富多彩，有助于学习效率的突飞猛进，但不能忽略的是，学生除了课堂以外，接收信息最多的来源是网络。大学生是网络的主要受众群体之一，站在时代潮流的最前端接受来自不同领域的社会舆论冲击，同时大学生又处于世界观、人生观、价值观形成的关键阶段，其思想动态不可回避地会受到网络舆论的冲击影响。作为主要的网络用户群体，大学生的思想动态也会反作用于引导网络舆论的发展方向。

网络环境鱼龙混杂，教师对于网络信息内容都会进行严格的筛选和控制，确保在课堂上正确引导大学生树立正确的三观。然而，教师的引导作用只能发挥于课堂教学之中。为了最大程度地激发学生学习党史的积极性，激活学生对于党史知识渴望的内需动力，在坚持教师于教育过程中主导性重要地位的同时，也需要重视学生作为受教育主体的学习生活特点，如接收信息倾向的方式方法、热爱的交流方式和关注的主要领域，才能潜移默化地将知识融入大学生学习生活各个角落，让党史学习成为一种常态化的自觉习惯。不拘泥于课堂、培训和校园等线下特定的教学场景，以及一味被动式地填鸭灌输的教学模式，课余时间线上知识和观点的高效传播手段也应当被纳入党史学习途径中来。

那么，谁来充当大学生在网络中学习党史的导师？怎么样才能在网络舆论与大学生之间安装一个有效的信息过滤阀？培养运用好舆论意见领袖（opinion leader）能够很好地解决以上两个问题。

二、 意见领袖的概念和作用

在网络世界，数字媒体赋予每个个体实现传播权利的技术，使个体不仅拥有了自由表达、主动传播个人意见的能力，更拥有了"一呼百应"的能量。在网络上活跃着一群意见领袖，该概念最早出现在1940年拉扎斯菲尔德（Lazarsfeld）的选举研究中，表达了在信息从媒介到达大众的过程中一部分中介人对信息的解读对其他人群产生的影响。拉扎斯菲尔德认为，信息传播的顺序是从媒体到意见领袖再到普罗大众。意见领袖对于信息的接收具有优先性。他们根据自己的知识和经验，对信息进行处理加工，再传导至其他群体。意见领袖对于信息的处理，往往会掺杂自己的生活经验和主观判断，对社会大众的思想行为具有引导作用。

在网络舆论中，意见领袖属于少数个体，却引导和影响着绝大多数普通网民的观点和行为，直接或者间接地推动了整个网络舆论的进程，甚至决定了网络舆论的走向。

在青年大学生之间也存在这样的意见领袖，他们活跃于各种网络平台，具有话语优势，在社交网络平台上时常发表个人观点，在专业技能或者个人见解上拥有众多的支持者和追随者，具有一定的网络影响力。

网络舆论引导的实质就是舆论引导主体使网民"态度改变，行动转变"的过程。从心理学角度而言，舆论引导中可以通过运用舆论领袖的方式，体现出传播者自身的网络评论、公共知识分子、专家等劝服优势来影响受众"怎么想"，进而导致受众行为的变化。[1]

意见领袖在舆论传播中具有正面影响，也有负面影响。正面影响包括：能够创设有正面导向的网络时政热点、掌控舆论关注的走向、引导普罗大众发表个人观点等。负面影响体现在：滥用话语权、散布虚假信息、造谣误导受众等。

因此，我们必须把握住意见领袖这个信息传播的关键节点，借助意见领袖的力量，在党史网络学习方面发挥正面引导作用，带动线上学习党史的热烈氛围，运用马克思主义唯物史观立场，把握青年大学生对时政热点的舆论方向。

三、 大学生意见领袖的识别挖掘

大学生朋辈间往往兴趣爱好相仿，成长经历和价值观相同，生活习惯和思维模式相近，容易彼此亲近，平等沟通交流，在校园生活中容易产生信赖感。因此，意见领袖在学习生活中作为朋辈导师的影响力不容小觑。中共中央 国务院《关于进一步加强和改进大学生思想政治教育的意见》指出，努力拓展新形势下大学生思想政治教育的有效途径之一是主动占领网络思想政治教育新阵地。迅速识别发掘学生群体中的意见领袖，正确引导其在线上线下发挥正向作用，有助于教师掌握网络思想政治教育主导权。

网络意见领袖是监测网络舆论走向需要被特别关注的群体。思想政治理论课教师应将其快速地在学生群体中识别挖掘出来，加以培养引导，积极发挥运用好意见领袖在党史学习舆论中的影响，使其成为正能量的代言人。

根据意见领袖地位取得的原因和对普通群体的影响方式，可以将其区分为三类：观点型意见领袖、群体型意见领袖、事件型意见领袖。[2]

观点型意见领袖：这类意见领袖具有较强的专业背景，熟练掌握某方面的专业知识，并在该领域具有权威的发言权和丰富的经验，能够帮助普罗大众分析解决问题，受到大众的热捧。

群体型意见领袖：这类意见领袖的主导权依赖于其掌握的丰富信息资源和强大的信息整合能力，能够优先于普通群体，第一时间接收到最新最快的信息，成为大众接收信息的窗口，能够满足普罗大众对于社会信息的需求而受到广泛的关注。

事件型意见领袖：这类意见领袖往往是作为某些热点事件的当事人或者是知情人而受到广泛的关注，也会随着热点事件的降温而消逝，具有很强的时效性。

由于事件型意见领袖必须针对特定的热点事件而产生，因此本文不作讨论。在大学生群体中较稳定存在的是观点型意见领袖和群体型意见领袖。参考以上分类标准，结合大学生学习生活特点，我们可以将大学生群体中的意见领袖分为两类：

1. 威望型大学生意见领袖

这类属于学生中的群体型意见领袖。他们在校园团队学习生活中表现较突出，拥有卓越的领导能力，在学生群体中享有较高的威望、具备强大的号召力。往往担任学生干部或社团领袖，具有较强的自信心和集体荣誉感、社会责任感。善于表达，交际较广，并且希望受到关注，在学生群体中瞩目度较高。这种影响力蔓延到网络，成为官方发布信息的窗口、传播正面价值观的代言人。

2. 专业技能型大学生意见领袖

这类属于学生群体中的观点型意见领袖。这类大学生在校园生活中表现得较低调，但在特定的领域中表现出出色的专业技能。有可能是专业学习上的学霸天才，也可能是第二兴趣的特长生，如体育竞技、文艺天赋、IT软硬件技能等。这类学生或因技能高超受到广泛关注，或因发挥技能乐于助人受到欢迎拥戴。

大学生意见领袖对于大学生群体有着较强的引导力。同时，他们作为大学生中的一员成为大学生代表，为学生群体利益发声，为思想政治理论课教师了解大学生思想动向提供了重要的路径。教师可以通过观察学生的学习生活，使用访谈、问卷等调研方式，识别出在大学生群体中表现较突出的学生。被拥护爱戴、被信服和受到瞩目是学生意见领袖共同的特点。

四、 引导党史学习舆论的意见领袖培养目标

学生意见领袖能够在引导党史学习上发挥正面作用，不但需要发挥既有的影响能力，而且需要具备深厚的党史理论知识和较高的思想政治素养，具体如下：

（一）熟悉党史，具有坚定的历史唯物主义立场和高度的社会责任感

能够成为引领党史学习的意见领袖，必然在意识形态领域拥有一定的话语权。网络意见领袖应当掌握丰富的党史知识，具有深厚的马克思主义理论功底，能够运用科学的唯物主义历史观，全面分析党的发展历程。

拥有鲜明而坚定的爱国爱党立场。在大是大非面前原则性强，头脑清醒，明辨是非，坚决抵制不良思想和价值观的侵袭，发表符合主流价值观的正确言论。

拥有较强的社会责任感。意见领袖应当意识到自身言论对于网络舆论产生的巨大作用，为保障社会秩序和公众利益而谨言慎行，发挥正面引导作用。在网络发表言论时，意见领袖对内代表部分群体发声，依靠自己独到的分析能力和表达能力，成为不同群体之间相互沟通的桥梁，对外发声维护国家形象，坚定"四个自信"，承担其作为舆论领袖的政治责任。在传播信息方面，以负责任的态度确保发布的信息真实无误，不造谣不传谣，对信息处理做到公正准确，传递正能量。树立正确的三观，遵守网络道德，以高度的社会责任感捍卫好自己良好的形象和社会公信力。

（二）了解时政热点，具有敏锐的政治敏感性和熟练的信息加工能力

关心社会发展状况，能够敏锐地洞察社会热点，及时发现热门话题，关注重大事件，能够快速辨别国内外政治事件背后错综复杂的利益关系和深厚的经济政治背景。信息的获取水平处于同龄人的前列。作为最早关注到社会热点、突发事件的群体，能够保持理性客观，具有较强的分析能力、鉴别真伪和捕捉民意能力。在众说纷纭的舆论环境中保持克制，客观分析事件的来龙去脉，透过现象看本质，精确预判事件的发展方向，有自己独到的观察和见解。

意见领袖始终处于网络信息传播的关键节点，也是信息传播的过滤器、疏导器。意见领袖这个节点对努力还原事件真相、平复谣言不良影响、化解舆情危机非常重要。

（三）掌握引导舆论的有效方法，具有较高的人气和关注度

了解青年人碎片化和娱乐化的流行阅读习惯，掌握网络快速抓取信息的途径。活跃于流行的网络平台，如微信公众号、微博、抖音、知乎、哔哩哔哩视频网站等。积极参与网络话题讨论和传播，乐于分享见解，主导性强。

掌握传播信息的有效途径，拥有出色的文字表达能力，能够熟练运用网络词汇进行交流，紧跟网络潮流，贴近青年人的内心需求，文笔既言之有物又符合真情实感，在同辈中引起共鸣和思考。善于在当下最流行的话题中制造和传播关注

点，用生动形象的网络语言和独到的见解引人瞩目，获得关注与支持。

另外，拥有一定的专业技能，如视频制作、剪辑、动漫制作等，用各种生动活泼的形式传递正能量，引导舆论的关注点。在学生之间拥有较好的人缘基础和较高的身份认同。在线上线下有着较强的组织策划能力、号召力和领导能力。

五、 引导党史学习舆论的意见领袖的培养与运用方法

（一）意见领袖在思想政治理论课堂方向的培养与运用

党史为思想政治教育提供了宝贵的红色资源和精神瑰宝，把党史教育与思想政治教育有机结合为一体是新时代高校教育的重点工作。强化青年学生党史学习教育，把党史教育融入思想政治课程，是推动当前高校思政课建设与改革创新的现实任务和时代课题。

在思想政治课堂上的学习尖子是培养的重点对象。选择思想政治觉悟好、成绩优秀、对党史有浓厚兴趣的同学，进行积极培养。在学习理论知识的基础上，引导学生开阔视野，关心国家大事、时政热点，给予他们表达自身看法的机会，线上线下提供师生之间交流的平台，营造平等的观点交流氛围。鼓励学习尖子运用自身所学，在党史学习话题上主动公开发言，多给予正面肯定和奖励，建立其自信心和作为学习榜样的威望，在课堂上带动积极学习党史的氛围。

另外，对在专业学习上表现突出的学习尖子，加强党史学习的引导，培养他们对于学习党史的兴趣。鼓励他们运用专业技能表达对于党史学习的感受领悟。贴近学生专业，组织各类实践活动，让整个学习过程变得形式多样、丰富有趣。例如，鼓励计算机专业的同学使用无人机航拍社会发展现状，感受建党百年来的辉煌成就；动漫设计与制作专业的同学运用动漫制作技能制作重现党史发展历程的动画小故事、小场景；音乐表演专业的同学用歌声赞美建党成就，研究党史发展进程中中国文化产业的趋势；美术专业的同学运用画笔描绘祖国大好河山，谱写党的光辉历程中的历史性场景画面，等等。思政课程和课程思政在党史学习上的相互呼应，营造出良好的党史学习氛围，形成在理论学习和技能运用上的完美衔接。党的历史知识被这群各怀绝技的年轻人吸收后，又以现代流行的方式再被释放和传达出去。

在校内线上线下展播实践活动成果，增加意见领袖运用各类手段表达真情实感的曝光度和聚焦度。多样的形式既赋予了党史学习的趣味性，又迎合了当代年轻人的流行文化，让意见领袖的想法得到更多的响应和认同。

同时，将意见领袖的作品及言论投放到各大网络平台，促进学习党史的热潮从校内蔓延到校外，能够收获更高的关注度、产生更大的影响力，有利于树立当代大学生积极奋进不忘初心的形象，带动社会上更多的年轻人关注党史、学习马克思主义中国化最新理论成果。

（二）意见领袖在学生社团方向的培养与运用

大学生群体中的意见领袖很大部分是自发形成的。为了让思想政治理论课教师更好地了解意见领袖的数量、发展状况和思想情况，以一定兴趣、爱好、特长或者职能为目的组织起来的学生社团就是将意见领袖聚拢起来的最好工具。

积极鼓励各类社团在党史学习方面发挥先锋作用，提高社团成员的思想觉悟和文化修养，用学生干部的责任和担当约束意见领袖在网络及校园生活中的言行举止，积极引导社团成员的关注点走向正面，从而培养他们成为正确舆论的引导者，发挥传播主体的作用。

建立党史学习舆论引导奖励考评机制。鼓励意见领袖在校内外网络平台积极发表看法，提升党史学习舆论引导的能力。对意见领袖在各大网络平台的活跃度、关注度、点击率、被点赞次数、帖子被转发次数等数据进行统计和评比，评选出优秀的意见领袖并给予一定的奖励。这既是对意见领袖的监督管理，又能提高他们在党史学习话题带动中的正面舆论导向作用，提高工作积极性。对于舆论引导能力较弱的意见领袖，可集中培训或调研，通过朋辈间的相互帮扶、教师的指导，共同达到提升影响力的目标。

让学生社团参加到党史学习教育工作中来，助力思想政治教育工作的开展。让意见领袖承担党史学习部分教育工作，是对意见领袖最大的信任和肯定。在平等的氛围中，意见领袖更加愿意大胆地分享自己的想法和观点，有助于思想政治教育工作更新观念，让流行元素源源不断地进入党史学习中来，让学习过程更加贴近学生的兴趣爱好。在思想传播方面，通过朋辈引领，让党史知识在学生之间平等地交流和传播，促进认同感的产生。摒弃了填鸭式的教条训导，避免了无效教条招致的反感。

（三）意见领袖在社会服务方向的培养与运用

大学生意见领袖的党史学习引导力量不应仅限于校园内，影响力也不应仅满足于流转于学生之间。意见领袖更应该走出校园，回馈社会，从线上线下主导舆论潮流，打造全社会学习党史舆论的新焦点。

习近平总书记指出，党史学习教育要注意方式方法的创新，"用好党的红色资源，让干部群众切身感受艰辛历程、巨大变化、辉煌成就"[3]。红色资源是党在发展历程中留下的光辉足迹，是伟大的历史见证和珍贵的精神文化瑰宝。

在线下，大学生意见领袖可在学习党史的过程中走出校园，组织社会调研参观，吸收党史中重点历史事件、重要历史人物和伟大历史精神的相关知识，再回馈于社会。通过为博物馆、红色遗迹景点等实践教学基地提供社会服务，作为参观讲解员、解说员和志愿者把学到的知识回馈社会大众，共同建设好红色资源，讲好红色故事，释放红色文化的巨大价值和魅力。高校与红色文化实践教学基地合作，为意见领袖引领学习党史搭建更广阔的平台。学以致用，用"向社会推广"的需求加强大学生学习党史的动力。组织学生参与面对社会大众的传播活动，给予学生更多表现的机会，是对大学生意见领袖学习工作最大的肯定和鼓励。大学生意见领袖引导党史学习的影响力由校园外延至全社会，对外树立大学生积极进取的正面形象，形成党史学习发动的新生力量。

另外，大学生意见领袖在基层学习党史中也能够贡献一份力量。他们可作为优秀学生代表，参与到"三下乡"和基层党史宣讲活动中，通过与社会基层的接触更加了解社会发展状况，开拓视野，建立健全世界观、人生观和价值观。在此基础上贴近基层的风土人情，结合当地历史文化，挖掘出更多的地方史、家乡史中闪光的红色故事和文化，为党史学习提供更多的学习素材和理论见证。

以线下服务为基础，在线上，大学生意见领袖可以成为红色文化的推广主力军，参与到红色资源网络平台宣传工作中来。他们可将参与社会基层服务的学习生活体验信息分享到博物馆、红色遗迹、基层团体的网站平台和各大新闻媒体上，成为新闻焦点，受到更多社会大众的关注，引导党史学习的新风尚。

六、 结语

培养和运用意见领袖成为在网络舆论中引导大学生学习党史知识的导师，是思想政治理论教学的一种创新尝试。大学生意见领袖既是思想政治理论课教师了解网络舆论动向和当前青年人思想的重要途径，也是思想政治理论课教师管理网络舆论引导的重要手段。通过给予意见领袖更多的目标期许和学习党史的任务，将党史教育的部分工作分发到其身上，激发其迅速成长为朋辈学习引领的佼佼者。在学习党史上，形成思想政治理论课教师主导与大学生意见领袖内生学习动力需求相互叠加的良好效应。正如培养教师一样，大学生意见领袖既要拥有丰富的党史知识储备和马克思主义理论底蕴，又要掌握灵活的知识传播手段和拥有强大的个人魅力。

大学生意见领袖担当起思想政治理论课助教的职责，在线上和线下监控与引导着舆论的方向，成为信息过滤阀，让网络流向学生群体的信息流更加清澈。网络资源本身是个巨大的宝藏，各门类的知识穿插其中。在意见领袖的梳理和引领下，党史知识得以浮现并备受关注，让更多的人在网络生活中体会到红色文化的存在价值，促使红色精神传递到社会生活的各个角落。

参考文献

［1］刘毅. 从社会心理学视角分析网络舆论引导［J］. 当代传播，2008（3）：18－20.

［2］彭玥. 基于文本倾向性分析的网络意见领袖识别［D］. 南京：南京理工大学，2015.

［3］习近平. 在党史学习教育动员大会上的讲话［J］. 党建，2021（4）：4－11.

课程思政背景下传承中华优秀
传统文化的创新策略探讨

林宣洁①

摘　要: 传统文化意义重大,做好传统文化传承的创新策略规划是目前文化工作的重要内容。而中华优秀传统文化是重要的思政教育素材,在推进课程思政的过程中,以中华优秀传统文化为主导,有利于促进中华优秀传统文化的传承和发展,发挥中华优秀传统文化的德育作用,深化素质教育,提升课程思政建设水平。本文研究了中华优秀传统文化在课程思政应用中的重要作用,分析课程思政背景下中华优秀传统文化的传承问题,并探究课程思政背景下创新传承中华优秀传统文化的有效策略。

关键词: 课程思政;传承;创新;中华优秀传统文化

高校思政课程是大学生的必修课之一,课程理论性较强,对于培养大学生正确的三观具有重要作用。然而,传统的思政课程难以达到理想的思政育人目标,所以国家提出要发展课程思政,实现思政在专业课程中的渗透,真正将思政教育贯穿到全部的高校教育中。而在探索课程思政的过程中,中华优秀传统文化的融入是丰富课程思政教育素材和内容的重要实践,通过将中华优秀传统文化和课程思政结合起来,促进中华优秀传统文化的传承,对于思政教育发展而言意义重大。

一、 中华优秀传统文化融入高校课程思政的重要性

(一) 促进学生文化涵养丰富,培养学生综合素养

优秀的传统文化对于促进大学生更好地把握马克思主义基本原理和价值有一定作用,对于协助大学生确立文化自觉和自信也有积极作用,还能发挥优秀文化

---

① 作者简介:林宣洁,广州科技贸易职业学院讲师,主要研究方向:时装效果图、服装数字化设计、非遗缠花技巧教学与创作。

的积极育人作用，促进大学生理论思维以及人文素养的有效培养，以及中华优秀传统文化的有效传承。[1]例如，在服装与服饰设计专业课程思政中，融入中华优秀传统文化，将苗绣、蜀绣、剪纸、印花、织锦等传统工艺作为重要的课程思政教学素材，让学生学习和了解这些传统文化形式和内涵，掌握一些优秀传统工艺和文化等。这些优秀的传统文化不仅能够丰富服装设计专业学生的见识，促进优秀传统文化的传承和创新，也能够影响、教育学生，培养学生的艺术素养和文化涵养。这对于他们的设计而言是积累，也是灵感的重要来源之一，对于他们今后的服装设计作品能产生重要影响。而且优秀传统文化中体现的传统手工艺人的工匠精神，一丝不苟、精益求精的品质等，对于相关专业大学生的综合素质培养也起到积极作用。[2]

（二）有利于传统文化传承发扬，促进课程思政教学取得成效

中华优秀传统文化要实现传承和发扬，大学生是关键人选，他们接受了高等教育，且整体数量十分庞大，具备很高的理解能力和创新能力，是未来祖国各项事业建设和发展的后备军，所以他们对于中华优秀传统文化的传承和发扬具有重要促进作用。通过课程思政建设，将中华优秀传统文化融入其中，可以促进大学生不断提升自我，接受中华优秀传统文化的洗礼，这样未来他们进入社会后，才能更好地将中华优秀传统文化发扬光大，促进社会主义文化事业建设和发展。[3]

此外，中华优秀传统文化内容多样，内涵丰富，这些都是难得的课程思政教学素材，能够拉近教师和学生之间的距离，让传统的思政教学变得丰富、有趣，更好地迎合学生的学习需要，促进课程思政教学取得理想成效。

二、　高校课程思政教学中的中华优秀传统文化传承创新现状

从目前高校的课程思政工作来看，大部分高校对于课程思政还处于探索实践阶段，一些高校还没有真正认识到课程思政的重要性，所以在育人过程中，还没有将课程思政提升到一定高度。[4]中华优秀传统文化在高校课程思政的整体应用过程中还存在一些突出的问题。

（一）对于中华优秀传统文化的应用重视度不足，在课程思政中的带入有限

课程思政在很多高校还处于实践探索阶段，将中华优秀传统文化融入课程思政中，对于课程教师而言还是一种新鲜的尝试。一些教师对于中华优秀传统文化以及课程思政建设的重视度还不够，在他们的观念中，专业课程教学更重要的是强化学生的专业知识和技能水平。例如，在服装与服饰设计专业的课程教学中，

关注更多的是对设计理念、创新思维、艺术审美素养等的培养，注重对于设计专业知识的教学，主要训练学生的设计表达技能，而对于课程思政中如何融合中华优秀传统文化的认识不足，导致中华优秀传统文化在课程中的渗透比较少，很难发挥中华优秀传统文化对大学生的综合素质培养作用。[5]

（二）中华优秀传统文化挖掘不足，课程思政教学融入生硬

目前一些高校教师在课程思政教学中，虽然有意识地将传统文化作为课程教学的一部分融入专业课程中来，但是融入的方法不合理，导致传统文化和专业课程之间缺乏有效的联系，也让传统文化在课程中的渗透比较生硬，很难发挥有效的课程育人作用。例如，在服装与服饰设计专业课程思政教学活动中，教师引入传统文化时，只是直接将其照搬到课堂中，让学生观看一段传统的刺绣工艺视频，或者是拿来一些传统服饰样品，让学生触摸、观看，这样的传统文化渗透对学生的综合素质培养虽然能够发挥一些积极作用，但是不能实现传统文化和课程之间的连接，学生可能看过后就忘了，无法将传统文化和专业设计结合起来。

（三）缺乏中华优秀传统文化氛围营造，相关文化活动开展比较少

现阶段，一些高校开始探索并组织开展传统文化进校园的活动，试图通过这种形式让大学生能够更多地接触传统文化，接受传统文化的熏陶。[6]但是，在这类文化建设工作中，一些高校只是走一个形式，没有真正将这项工作作为校园文化建设的常规项目之一，也没有系统的设计和组织安排，导致传统文化进校园只是一个噱头，并不能真正促进大学生对传统文化的喜爱和兴趣培养。此外，相关高校在日常校园文化建设中，也忽视了为传统文化营造一种良好的文化氛围，缺乏文化建设基础，校内很少组织学生开展传统文化相关的活动，导致传统文化的实际育人效用不理想，难以达到文化对于大学生潜移默化的影响。

三、 课程思政背景下中华优秀传统文化传承创新的策略

（一）提升中华优秀传统文化育人重视度，强化课程思政中的文化应用

新时代，高校在育人中要关注学生的全面发展和综合素质培养，所以要将课程思政教育放在重要位置。高校教师要积极学习《高等学校课程思政建设指导纲要》《高校课程思政建设与改革实施方案》等文件精神[7]，根据所教授课程，从教学目标、教学设计思路、思政元素融入等方面，各自阐述如何将课程思政融入教学内容，如何开展课程思政教学改革。同时，围绕立德树人的根本任务、课程思政元素挖掘和课程思政教学设计等目标和要求，不断促进课程思政教学质量

提升。

教师在开展专业课程教学时要深挖隐性思政元素，明确优秀传统文化在课程思政中的应用价值。不同类别的专业课程对学生发展起着不同的推进作用，围绕着种类多样的专业课程，教师设计教学任务时要认真研读课程教学目标和人才培养目标，根据教育部门和时代要求进行课程教学内容的编排和思想建设培养目标的制定。针对所讲授的专业课程，教师在进行课程思政内容的渗透和教学时要始终坚持政治导向的思想引领建设，以优秀传统文化为内容和方向指引。[8]作为思政教育的最根本任务，教师在教育教学中应严格要求学生树立正确的价值观、人生观、创作观和政治信仰，始终坚定自己的政治立场不动摇，实现专业课程和思政教育的有效结合。通过深挖课程教学内容，帮助学生在逐渐步入社会的过程中坚持把马克思主义作为新时代推动中国发展的政治底色。

另外，高校的课程思政育人元素不仅仅包含在专业课程的课堂教学之中，还体现在实践教学环节中。不同高校由于地理位置、建校背景和发展历史存在明显差异，承载着不同的文化价值和人才培养任务。高校实践育人的工作开展不仅体现着自身的教育追求和办学理念，而且对学生的思想价值观念和性格培养具有独特的推动作用。对于在高校中生活学习的学生而言，在耳濡目染、实践锻炼的过程中吸收来自优秀传统文化的各种思政元素，以此构建自己基于思政教育影响的理想信念和发展目标是可行的。只有不断提升对优秀传统文化在课程思政建设中的重视度，把握课程思政中的文化育人作用，才能真正促进课程思政下中华优秀传统文化的有效传承和创新发展。

（二）注重中华优秀传统文化挖掘，促进其与课程的有机融合

新时代，高校在课程思政建设中，要以思政教材上的"文化软实力""文化自信"和"文化强国"为基础，引入传统文化的瑰宝。例如，在服装与服饰设计专业的课程思政教学中，可积极挖掘广绣对于专业课程学习的重要教育价值。学生以往的学习仅限于知识层面，而设计相关文化实践课的目的是结合广州优秀的传统文化，用广绣这个直观的经典样本让学生感受中国文化的力量。让学生带着三个问题来学习：文化自信源于何处？民族传统文化如何做到与时俱进？广绣绵延千年，背后的秘诀是什么？通过广绣在课程思政中的引入，让学生能够近距离接触刺绣工作室和广绣展厅，零距离地观察刺绣技艺和鉴赏刺绣作品。[9]这对于传统文化发展而言，是继承，也是创新，有利于促进传统文化的现代化发展和应用，赋予传统文化现代价值。

要发扬传统艺术，必须借用现代科技，走入当下大学生的现实生活，对作品进行时代创新。对此，要确保传统文化的充分挖掘，在课程思政建设中，将传统文化作为重要的一部分，深入挖掘专业课程教学中的传统文化元素。此外，要确保挖掘的传统文化元素和专业课程之间实现有效对接。对此，可以探索校企携手开展的课程思政实践课，把传统文化传承和创新接入广绣以及广州地方文化资源挖掘中，并且让学生走进企业零距离感知和接触相关刺绣文化，促进学生对思政课的内容有更深的理解，引导学生欣赏和品鉴相关刺绣艺术，感受中华文化的博大精深，为刺绣老师的纯熟技艺所折服，激发学生想象自己将来该为刺绣文化传承做点什么，让学生能够在作品设计中做到新时代下艺术与科技的融合。这看似与传统文化刺绣关联不大，但是通过这类活动，能够促进传统文化和专业课程的有机融合。[10]

学校可以围绕"思政实践课"的概念，打响"思政进企业"的品牌，组织学生走进多家知名广绣企业，走进广绣艺术研究所，将中华优秀传统文化的传承与工匠精神结合起来，给学生最鲜活生动的感知。让学生零距离接触广绣艺术品，感受广绣大师风范，一方面让传统文化跃然纸上，另一方面让学生对工匠精神有更真切的体悟。对于高校服装与服饰设计专业学生的职业操守、职业精神的培养而言，这种实践融合是很有必要的。促进高校的课程思政走进企业，邀请不同行业、不同岗位的"大国工匠"来影响学生，也是实现专业课程和中华优秀传统文化有机融合的重要措施之一。

（三）注重营造良好的文化学习氛围，发挥文化育人作用

要促进课程思政对于中华优秀传统文化的有效传承和发扬，在具体的课程思政教育实践中，高校还需要关注校园文化建设，为大学生传承和发扬中华优秀传统文化打造有益的校园文化环境，发挥文化对于大学生潜移默化和深远持久的积极影响作用。对此，高校要重视对中华优秀传统文化资源的收集和展示。传统文化遗产对强化大学生思政教育具有重要的启发作用，高校要注重课程思政工作内容体系的完善，通过开展经典导论、大讲堂、阅读沙龙、书香校园、国际文化交流、高雅艺术进校园、校园文化艺术节、科技文化节、灯箱文化等主题活动，充实思想政治教育内容，发挥传统文化修身养性、陶冶情操的作用。不管是在校园内，还是在日常的教学活动中，都要将优秀传统文化作为大学生环境创设的重要主题和题材，让大学生无时无刻不在优秀传统文化的氛围中接受洗礼和熏陶。[11]例如，在宿舍楼道中张贴传统山水画、书法作品等，让学生的生活环境处处都有传统文化熏陶，用优秀的文化来陶冶人、培养人，不断提升学生艺术文化素养，这对于他们的专业创作和创新而言意义重大。这些传统文化在校园内的传播，也能够激发学生的创作灵感，让传统文化焕发时代光芒，促进传统文化的创新发展。这些活动和工作开展，也能够让学生提升对于优秀传统文化的兴趣，激发他们的探索热情，对于促进中华优秀传统文化的传承和发展有重要作用。

四、 结语

中华优秀传统文化对于高校育人工作具有重要的应用价值，将中华优秀传统文化融入高校课程思政中，也是实现传统文化传承和创新发展的需要。目前高校课程思政中的中华优秀传统文化建设和应用还存在一些突出的问题。对此，本文提出要不断提升对传统文化的课程思政建设重视度，要善于挖掘思政元素，找准思政元素的呈现方式，提高思政元素融入的流畅性与自然性，要积极结合习近平总书记的系列重要讲话和中央文件精神，从中寻找融入点，详细具体地阐述思政元素融入教学过程，切忌泛泛而谈。在新时代的课程思政建设中，只有努力挖掘思政教育元素，着力营造"课程门门有思政，教师人人讲育人"的良好氛围，强化课程思政下的优秀传统文化环境氛围营造，才能为高校提高人才培养质量做出积极贡献。

参考文献

[1] 郑艳丽. 课程思政背景下三晋文化在大学生思想教育中的应用 [J]. 天津职业大学学报，2021，30（2）：87-91.

[2] 陈改梅，邢雅丹. 中华优秀传统文化融入"课程思政"教学模式的研究与实践——以广州华立科技职业学院服装设计专业建设为例 [J]. 中外交流，2021，28（1）：1221-1222.

[3] 周天成，孙彩云. 课程思政背景下大学语文传承中华优秀传统文化研究——以西藏高校为例 [J]. 情感读本，2022（23）：48-50.

[4] 马春娟. 职业院校课程思政改革背景下"中药制剂学"教学模式探究 [J]. 长春师范大学学报（自然科学版），2021，40（6）：139-142.

[5] 孙妍，杨松岭，孙红，等. 课程思政融入药学类专业课程传承中医药文化创新与实践 [J]. 新教育时代电子杂志（教师版），2021（2）：200.

[6] 王晔，赫威. 课程思政背景下非遗类音乐文化融入高校教学与实践的探索——以黑龙江流域达斡尔族非遗类音乐文化为例 [J]. 空中美语，2021（5）：764-765.

［7］曹亚丽. 课程思政视角下中华优秀传统文化融入高职课程的实践探究——以"时尚与文化"设计课程为例［J］. 西部皮革, 2022, 44（10）: 57-60.

［8］田文靖. 中华优秀传统文化融入中职思想政治教育的研究——基于柳州市六所中职学校的实证调查［D］. 桂林: 广西师范大学, 2021.

［9］余海群. "第二课堂成绩单"制度下交出一张文化精品的"成绩单"——以浙江舟山旅游健康学院为例［J］. 人文之友, 2021（12）: 68-69.

［10］何东. 优秀传统文化融入课程思政教育实现路径研究——以"职业文化英语"课程为例［J］. 四川省干部函授学院学报, 2022（2）: 87-91.

［11］陈静. "文化自信"视域下中华优秀传统文化融入专业课程思政建设研究——以"英汉翻译基础"课程为例［J］. 甘肃高师学报, 2022, 27（3）: 111-114.

模块三
课程思政教学实践

产教融合背景下高职院校应用文写作
翻转课堂教学模式的改革

曾兰燕①

摘　要：教学实效性欠佳是困扰高职院校应用文写作课程教师的老大难问题，翻转课堂教学模式不失为提高课程实效性的一条可能路径。在翻转课堂教学模式下，课堂变成了教师与学生之间和学生与学生之间互动的场所，教师更多的责任是去理解学生的问题和引导学生运用知识，融入课程思政，体现育人理念。本文研究产教融合背景下高职院校应用文写作翻转课堂教学模式的改革。

关键词：产教融合；应用文写作；翻转课堂；改革

高职院校应用文写作课程由于教育观念落后，课程定位不清晰，师资队伍实践经验不足，呈现越来越边缘化的趋势。大多数人认为应用文写作课程枯燥无味，既不好教，也不好学。课程内容基本按照学科体系来设计，在每个文种的教学中往往只注重概念、分类、特点等理论知识的讲解，所以导致从事应用文写作教学的教师往往只注重文种知识的讲述，教得无趣，学生也认为课程知识简单，无法切身体会它的用途，学得无趣。课程结束时，虽然考试成绩大都及格，但仍有很多学生不会写。

教学实效性欠佳是高职院校应用文写作课程的老大难问题，而风靡全球的翻转课堂教学模式不失为提高课程实效性的一条可能路径。在传统教学模式下，以教师为中心的知识传递是教学的核心活动，在翻转课堂教学模式下，课堂变成了教师与学生之间和学生与学生之间互动的场所，教师更多的责任是去理解学生的问题和引导学生运用知识。基于翻转课堂的教学模式对应用文写作课程具有高度的适用性。

---

①　作者简介：曾兰燕，广州科技贸易职业学院教师，主要研究方向：高职教育。

一、 国内翻转课堂研究与实践现状

通过中国知网学术检索进行分析，我国有关翻转课堂的论文在 2012 年 3 月首次出现在学术期刊上，可见，我国的翻转课堂研究起步较早。从数量来看，翻转课堂研究成果数量呈爆发增长趋势，2013 年论文数量只有 118 篇，而截至 2015 年 3 月底，已可以检索到 1 128 篇。总体而言，相关论文关注如下几个方面。一是翻转课堂实施与应用。翻转课堂是一个从国外引进的概念，如何与中国教育实践相结合，是研究者和实践者普遍关注的问题。首先，研究者普遍关注翻转课堂在教学中的实践应用，将翻转课堂教学模式与学科教学相结合进行案例研究，涉及中小学的基础学科，职业教育与高等教育中的专业学科、实验教学等，可见研究范围之广。其次，研究者关注应用效果，新的教学模式只有真正提高教学质量，提升学生学习兴趣与能力，才能在教育领域进行运用与推广。最后，研究者还关注翻转课堂在应用过程中的策略研究，对翻转课堂在教育中应用推广具有很强的借鉴意义。二是翻转课堂设计与开发。这也正说明与中国教育实践相匹配的模式构建、支持环境搭建以及活动与资源的设计是翻转课堂在教育中应用推广的关键。有学者结合中国教育实践及自身研究经验提出了不同的本土化的翻转课堂教学模式。也有学者将不同的教学理念与翻转课堂相结合，构建了新的模式，如张金磊等提出了基于游戏化教学理念的翻转式教学模型。还有研究者关注翻转课堂实施环境的建构，如曾明星等构建了软件工程翻转课堂教学模型及与之相适应的云计算教学平台架构。三是翻转课堂评价与反思。部分论文关注翻转课堂的实践评价与反思，部分论文则在引进翻转课堂教学模式时对其进行可行性分析，另有一些是利用内容分析法对翻转课堂资源进行评价研究。但在目前的研究中，对翻转课堂的评价体系与原则的关注不够。四是基础理论研究。研究者集中关注翻转课堂的内涵、本质特征及价值意义，如最早引进翻转课堂的重庆市聚奎中学校的实践者就论述过翻转课堂内涵，透视翻转课堂是什么、不是什么以及师生关系的变化。但是，与国外的研究相比，国内对翻转课堂的理论基础研究欠深入。而翻转课堂作为一种新的学习范式，必然要有其学习理论基础。

从 2012 年下半年以来，随着翻转课堂和可汗学院模式的传播，这种"微视频"和"学生课前自主预习、课中教师辅导疑难"教学组织流程相结合的翻转课程开始在国内流行。佛山市教育局的胡铁生于 2011 年率先提出了微课概念。近年来，越来越多的教育部门、中小学校、高校、教育企业和教育研究机构认识到微课在教育教学中的重要性，形成了一股开发、应用和研究微课与翻转课堂的热潮。各级教育行政部门随即举办了各类微课比赛，加大信息技术应用能力在教师职业能力评价中的比重，各类培训亦大规模在教师中展开。微课和翻转课堂已然成为我国教育界方兴未艾的教学模式革命。

二、 高职院校应用文写作翻转课堂研究与实践现状

高职院校应用文写作课程是为培养学生应用文写作能力而设的公共基础课程，这是高职高专学生应具备的职业能力之一。但是，在目前的教学实践中，应用文写作课程却面临着尴尬的困境，由于教育观念落后，课程定位不清晰，师资队伍实践经验不足，呈现越来越边缘化的趋势。课程内容设计基本按照学科体系来进行，在每个文种的教学中往往只注重概念、分类、特点等理论知识的讲解，导致从事应用文写作教学的教师往往只注重文种知识的讲述，学生也认为课程知识简单，无法切身体会它的用途。最后虽然考试成绩大都及格，但仍有很多学生不会写应用文。因此，为了提高课程的教学实效性，各级教育行政主管部门提出将翻转课堂教学模式应用到教学中，还组织了教师信息化大赛，大大促进了各高校对翻转课堂的重视。但由于受制于教师信息化素养及教学模式改革的不完善，实际操作困难，哪怕是在微课比赛中获得佳绩的教师也未能按照翻转课堂的要求对应用文写作课程进行整体性改造。这似乎在提醒我们，应用文写作翻转课堂教学模式的构建，仍处于资源（微课）建设的"初级阶段"，离真正的教学模式革新还有较长的路要走。

而实践的现状也反映在相关学术研究的严重不足。经文献检索后发现，目前关于高职院校应用文写作翻转课堂教学改革的研究甚少，基于微课的高职院校应用文写作翻转课堂教学改革研究在国内仍是空白。翻转课堂是方兴未艾的教学革命，翻转课堂模式在应用文写作教学改革过程中大有可为，其效益非常值得期待与研究，课改成功的关键在于系统性的顶层设计和切实可行的操作路径。

三、 开展翻转课堂模式改革的意义

（一） 有助于破解当前公共课教学中存在的矛盾

当前应用文写作教学中，普遍存在着以下四大矛盾：授课主体与学习主体的矛盾；知识掌握与写作能力培养的矛盾；教育专业性与课程公共性的矛盾；静态教学评价与动态学生写作能力的矛盾。而翻转课堂教学模式反映的是以学生为本的教学价值取向，即通过传授知识的微课，让学生在课前个性化自主学习课程的

基本理论体系和主要知识点。宝贵的课堂时间可以实现真正的互动，围绕学生的疑问用讨论、辩论、说明、写作的方式组织课程，实现合作学习，从根本上营造民主、和谐、积极的课堂氛围，提升教学效果。

（二）有助于明确翻转课堂教学模式改革的路径

相比于传统的课程教学模式，翻转课堂是颠覆性的，不仅涉及教学内容，更涉及教学组织、师生角色、教学效果评价等方面的系统性调整，因此，改革路径的选择是至关重要的。目前，国内大部分教学团队已在关注这一新的教学模式，但投入实践的并不多，总体呈个体化、初级化、碎片化状态，市属高校应用文写作课程在这方面的实践更是少之又少。本项目将按照翻转课堂的要求逐步改造应用文写作课程内容，根据课程教学大纲探索微课内容体系、课堂活动体系以及课程评价体系的路径原则与方法，制作微视频以满足学生个性化自主学习需求，组织翻转课堂教学活动，形成翻转课堂教学案例，并将其打造成应用文写作课程教学改革的样板。与此同时，对实践过程进行理论反思，探讨新的教学模式与应用文写作课程任务有机结合的顶层设计，为市属高校应用文写作课程教学改革开拓新领域、注入新活力。

（三）有助于促进应用文写作课程教学研究的科学化变革

应用文写作的学习不同于其他课程学习，它不仅需要一定的写作技巧，更重要的是要有写作灵感。所以，教师在进行应用文写作教学时，应该让学生自由安排学习时间，在状态不佳时，可以阅读一些范文来增加知识量，汲取灵感。同时，教师在上课之前应查找一些资料，制作微课或幻灯片，让学生在课外对专业知识进行自主学习，厘清写作要求及注意事项、写作格式等。通过自主学习，学生能够系统、完整地掌握应用文的写作规范。此外，学生还可以随时随地与教师进行网上沟通，就不懂的地方请教师答疑解惑，也可以分享自己发现的好范文、范例等，从而使原本枯燥乏味的写作课变得生动有趣。

应用文写作翻转课堂教学模式改革的意义，不仅是将实体课堂挪到网络平台，而且可以通过观察学生在哪个知识点停留多久、在哪里停留、看了几遍，了解学生个性化的学习需求，进而形成有利于应用文写作课程改革研究和实践的大数据。通过网络平台产生的大量系统化的教与学的大数据，将引领应用文写作课程教学改革研究从定性研究走向定量研究，从宏观考察走向微观实证，从而有力促进应用文写作课程教学研究的数据化、科学化变革。

四、 应用文写作翻转课堂的实践

（一） 应用文写作课程整体教学设计

从掌握知识和内化吸收两个方面分析应用文写作课程各章节的教学目标，根据学生的知识背景和起点设计教学内容，并对教学内容的知识体系进行梳理和分解，划分为若干个学习单元，设计小而精的知识模块，形成课改总体方案和学习任务清单。同时融入课程思政元素，将精益求精、实事求是、诚实守信、核心价值观等育人元素融入课程，达到育人效果。

（二） 制作微课，开发平台

在整体设计的基础上，教师明确微课的教学内容，并使各知识点之间的连贯性、顺承性和完整性得到保证。由教师、学生和市场第三方力量共同开发制作应用文写作微课，并通过各种渠道寻找合适的微课网络平台。

（三） 开展翻转课堂

翻转课堂是教改的核心环节，直接影响高职院校应用文写作学习的最终效果。在开展翻转课堂教学之前指导学生对课程目标、教学计划、教学方法等内容有个初步了解，避免在之后的学习过程中手足无措。课外学习的质量直接影响翻转课堂教学能否顺利进行。学生应按照学习任务自行安排时间完成微课知识点的学习。翻转课堂的实施可以贯穿整个教学过程，也可以针对教学重点、难点知识进行，还可以组织交流互动与团队研讨以加深与拓展学习内容的深度与广度，促使内化。

（四） 开展学习效果评价

学习效果评价不仅要重视期末考试情况，还要关注平时的学习情况。平时学习成绩可以通过微课视频练习、阶段性作业、课堂研讨表现、竞技成果展示情况等来评定。

五、 结语

翻转课堂教学模式将应用文写作课程教材体系有效转化为具体可测的知识和能力体系，解决学生学习目的不明确的问题。可建设一批微课，营造可视化、个性化学习环境，用微课来传递知识，让学生喜欢上这门课。实现自主安排学习进度，从根本上提升学习效益。完善应用文写作课程绩效评价机制，将教学内容、任课教师、学习测评、教学效果评价等课程要素标准化，在实践的基础上，组织专家论证，建立完善的课程标准和教学绩效评价机制。提炼应用文写作翻转课堂式课程改革操作模式。总结应用文写作课程的课改经验，可为学院乃至市属高校应用文写作公共课程教学改革提供样本和实例。

百年党史融入课程思政教学研究

孙银苹①

摘　要： 本文通过梳理党的百年发展历史，挖掘党史中蕴含的思政元素，针对党史融入课程思政存在的诸多困境，以延展课程思政六个"度"为目标，从教学理念、教学方法、理论研究、体制机制等方面提出构建党史融入课程思政教学实践方法，充分发挥课程主渠道作用和课程思政的协同育人作用，实现党史教育与课程思政的有效嵌入和融合。

关键词： 党史；课程思政；教学

习近平总书记在党史学习教育动员大会上的重要讲话，从历史、现实、未来相贯通的逻辑，从伟大社会革命和伟大自我革命相统一的维度，深刻揭示党史学习教育的重大意义和重要价值，用"学史明理、学史增信、学史崇德、学史力行"对党史学习教育进行了全面动员和部署，为开展好党史学习教育提供了认识论和方法论的根本遵循，同时也为党史学习教育融入高校思想政治理论课指明了方向。在全国高校思想政治工作会议上，习近平总书记指出："要用好课堂教学这个主渠道，思想政治理论课要坚持在改进中加强，提升思想政治教育亲和力和针对性，满足学生成长发展需求和期待，其他各门课都要守好一段渠、种好责任田，使各类课程与思想政治理论课同向同行，形成协同效应。"[1]课程思政是实现"三全育人"的重要途径，把党史教育融入课程思政建设中是推动当前高校思政课建设与改革创新的现实任务和时代课题，是推动习近平新时代中国特色社会主义思想"进教材、进课堂、进头脑"的重要举措。

一、　百年党史蕴含丰富的思政育人元素

1. 在党史中认清社会发展的真理和规律

马克思和恩格斯在《共产党宣言》中指出："代替那存在着阶级和阶级对立的资产阶级旧社会的，将是这样一个联合体，在那里，每个人的自由发展是一切

---

①　作者简介：孙银苹，广州科技贸易职业学院讲师，主要研究方向：思想政治教育。

人的自由发展的条件。"[2]这反映了 19 世纪欧洲资产阶级与无产阶级的斗争，是伟大思想家对于人类社会发展规律的认识。马克思坚信只有人民成为自己、历史和社会的主人，才能实现共产主义。中国共产党诞生之前无数仁人志士曾探索救亡图存道路，但均以失败告终。中国共产党自诞生之日起便着眼于中国国情，带领人民、依靠人民在革命改革建设中取得一个又一个胜利。党的诞生及其百年曲折发展中的成功经验与失败教训再次阐释人类历史发展中人民主体的规律性认识，只有认清历史发展的真理和规律，顺应历史潮流，积极应变，主动求变，才能与时代同行。[3]

2. 在党史学习中坚定理想和信念

历史是最好的教科书，以史为鉴可以知兴替，中国共产党自成立之日起，就把人民写在了自己的旗帜上。从"全心全意为人民服务"到"以人民为中心"再到"江山就是人民，人民就是江山"，执政为民始终是百年大党的奋斗目标。习近平总书记指出，一代又一代共产党人为了追求民族独立和人民解放，不惜流血牺牲，靠的就是一种信仰，为的就是一个理想。新时代青年学生生长在和平年代，没有遭受过血雨腥风，更需要在坚定理想信念上下功夫，在党史学习中把握党史发展的历史脉络，树立远大的共产主义理想和中国特色社会主义共同理想，把实现"小我"的个人价值融入实现中华民族伟大复兴中国梦的"大我"中去，将自己的青春书写在祖国最需要的地方。

3. 在党史育人中厚植爱国情怀

在党的革命、建设、改革的伟大实践中，爱国主义早已深植于每个中国人心中，是中华民族接续奋斗的精神传承，一代代中国共产党人践行着伟大建党精神。新时代青年在党史中体悟红色传统、传承红色基因、赓续红色血脉。身处百年未有之大变局之中，面临各种思潮和价值观的冲击，更加需要运用爱国主义的"制胜法宝"，深入挖掘党史中的红色元素，以生动党史为鲜活教材，讲好革命先烈、英雄模范人物故事，将红色基因融入思政育人中，弘扬爱国主义精神，厚植家国情怀，引导学生涵养爱国心、强国志，践报国之行。

4. 在党史中汲取奋进力量

中国特有的国情和历史决定了中国命运的坎坷与曲折，中国的道路无法从别处复制，唯有创造出前人未走过的路才能实现民族独立、国家富强。从毛泽东思想到邓小平理论，再到习近平新时代中国特色社会主义思想，党在百年奋斗和实践中开创了一个又一个伟大理论，指引着中国革命、改革和建设道路取得成功。大学生是继承社会主义事业的中坚力量，担负着民族复兴的时代重任，需要在党史学习中汲取前人奋进的力量，培养开拓、创新、进取的精神，方能有能力、有实力、有底气担起这份责任。

二、 党史融入课程思政的意义

1. 学史明理，丰富专业课程内容

学习党的历史可以从历史发展脉络中体悟坚持党的领导的历史必然，深刻领会马克思主义真理性、社会主义道路正确性。结合党的历史挖掘专业课发展的历史沿革，将党史嵌入专业课中，可以进一步丰富专业课内容，用正确的历史观全面系统掌握专业知识、专业技能，增强专业自信，丰富专业课程内容。

2. 学史增信，讲活课程思政

学习党的历史可以从党的一次次艰难困苦的成功逆袭中坚定理想信念，增强不怕困难、勇往直前的强大精神力量。结合党史挖掘在专业领域中生动的红色人物和感人故事融入专业课教学，让学生在专业授课中感受党史中的伟大科学家精神和大国工匠故事，增强课程思政授课的吸引力和感召力，激发青年学子对中国特色社会主义的信念和实现中华民族伟大复兴的信心。

3. 学史崇德，传承红色基因

党的百年奋斗史中培育形成了优秀的品质和革命精神，集中体现了党的根本宗旨和优良作风，将这些优秀品质融入课程思政中，可以引导学生涵养高尚品德，传承红色基因，以中华民族伟大复兴为己任，将所学专业技能用于服务人民、改造社会。增强学生的责任感和使命感，勤学善思，立足岗位做贡献，不负党和人民的期待。

4. 学史力行，实现铸魂育人

面对纷繁复杂的世情、国情和党情，新事物不断涌现和新问题层出不穷，教师需学会运用正确历史观处理复杂问题的方式方法，从百年党史中汲取养分和智慧，才能达到全面提高人才能力培养这个核心点的目标任务，塑造学生爱党爱国、自强自立的精神品质，实现铸魂育人、立德树人。

三、 党史融入课程思政教学的困境

1. 课程思政教学中红色基因不足

在课程思政的大背景下，虽然专业课与思政课育人同向同行是发展大势，各高校也纷纷出台政策扶持，但是在专业课中挖掘党史中的思政红色元素需教师花费更多时间与精力去研究和实践。个人党史知识储备不足、红色元素无从搜集、

党史红色元素融入专业课的方式方法运用不当等，都是课程思政教学中无法有效融入党史的原因所在。

2. 专业课教师党史知识内化力较弱

在推进课程思政教学中，除了学生接受外，更重要的是教师的传授。因此教师对于党史知识的内化就显得尤为重要。但是专业课教师面临专业课科研教学的压力，对于党史的学习仅限于支部"三会一课"、新闻报道、专题讲座等，真正潜心专研有关本专业党史知识的教师很少，造成党史知识融入专业知识中教师的内化力较弱。

3. 专业知识与党史学习契合度需提升

由于对专业课中的党史育人元素挖掘不足，研究不够深入，未能将党史有效融入专业课授课中，课程思政育人效果不佳。有些教师停留在表面的理论灌输和党史任务故事讲解，未能将深层次的党史内涵融入课程中，碎片化现象使得学生的学习缺乏系统完整性，需进一步提升专业知识与党史学习的契合度，真正实现课程思政"润物细无声"之效。

4. 学理深度不够造成课程思政内涵建设有待提高

深入系统地开展将党史融入课程思政的研究，是推动党史融入课程思政建设的关键。目前课程思政研究成果较多，但是对将党史深层次融入课程思政中的问题研究不足，党史研究与课程思政研究分层割裂现象明显，未能在课程思政中充分体现百年党史的思政元素，党史育人效果不明显，课程思政内涵建设不足。

5. 党史融入课程思政制度建设有待完善

发挥党史在课程思政育人中的作用离不开制度的支撑，提高专业课教师的党史知识内化力，提升红色文化修养，增强党史融入专业课的能力，都需要高校的顶层制度设计，建立健全贯通化的"大思政"育人格局，大力培养课程思政改革教学团队，打造名师工作室，将党史融入课程思政的效果纳入教学评价指标体系，建立健全培训和保障机制。

四、 党史融入课程思政教学实践

1. 大历史观丰富课程思政教学理念，加大课程思政论证力度

《高等学校课程思政建设指导纲要》要求形成课程思政理念的广泛共识，全面提升教师开展课程思政建设的意识和能力。习近平总书记 2019 年 4 月在中共中央政治局第十四次集体学习时指出："中华民族 5 000 多年文明史，中国人民近代以来 170 多年斗争史，中国共产党 90 多年奋斗史，中华人民共和国 60 多年

发展史，改革开放 30 多年探索史，这些历史一脉相承，不可割裂。"课程思政理念是一种人与知识交流互动的育人理念，党史作为大历史观运用的重要载体，强调将党的百年发展历史、新中国史、改革开放史有效融入课程思政育人中，将党史与专业知识融会贯通。避免历史与专业割裂的"两层皮"现象，才能进一步丰富课程思政的育人理念，拓宽授课历史视野，增强课程思政的信服度和论证力度。

2. 深挖专业课中党史人物故事，提升课程思政情感温度

以高校学生的特点和专业学习优势为导向开展有针对性的推进党史融入课程思政建设：对于理工类课程，深度挖掘科学家成长故事，弘扬追求真理、勇攀高峰的科学家精神；对于文科类课程，增强党史融入的深度和广度，引导学生自觉树立社会主义核心价值观，弘扬中国先进文化，讲好中国故事。深度挖掘提炼专业知识体系中所蕴含的党史相关的思想价值和精神内涵，科学合理地拓展专业课程内容，从课程所涉专业、行业、国家、国际、文化、历史等角度，增加课程的知识性、人文性、趣味性，提升课程思政的情感温度，讲活课程思政。

3. 把教师党支部建在研究中心上，增强课程思政学理深度

教师是课程思政建设的主力军，教师党支部作为发挥基层教师党员作用的基层党组织，要充分发挥党组织凝心聚力的优势，成立课程思政研究中心党支部，发挥支部"双带头人"的领头羊作用，调动专业课教师对于党史融入课程思政研究的积极主动性。通过"三会一课"、党日活动等形式开展党史融入课程思政学习培训、实践探索、理论研讨、读书分享，营造党史融入课程思政建设氛围。围绕课程思政内涵建设进行多维度分析，防止碎片化教学，科学构建知识传授与价值引领融合的课程思政理念，强化实证类研究，增强课程思政学理深度。

4. 完善党史融入思政育人体制机制，提高课程思政育人效度

坚持党委（组）对党史学习教育的全面领导，根据办学特色、学校特点、学院优势等，结合高校"十四五"发展规划，制订切实可行的党史融入课程思政顶层设计方案。团委、学生工作处、马克思主义学院、各基层党组织相互配合，形成合力，将党史学习贯穿高校各项工作，将红色基因、革命传统融入校园文化建设、课程专业设置等，制定完善学习规章制度，将党史融入课程思政建设纳入常态化、制度化轨道。把教师参与党史融入课程思政建设情况和教学效果作为教师评聘考核的重要指标，加大对优秀建设成果的推广和扶持力度，打造优秀课程，提高课程思政育人效度。

5. 跨学科挖掘系统化党史育人元素，延展课程思政教学广度

当前课程思政常以学科为界限开展课程经验交流，具有互补性背景的教师在进行课程思政建设中遇到共性问题时更加容易产生共鸣，有助于消除学科壁垒。对于党史育人元素的整合共享，需要高校凝聚和而不同的跨学科力量，加大跨学科课程思政的研究力度，促进历史学、社会学、管理学、教育学等其他各专业学科与党史育人经验深度融合、友好互动、交流互鉴，形成具有共同愿景的跨学科"德育共同体"[4]，激发教师将党史融入课程思政创新活力，延展课程思政教学范围。

高校加强党史学习教育，把党史学习教育融入课程思政建设，对于深化课程思政教学改革，落实立德树人、铸魂育人教育目标意义深远。把党史学习教育融入高校课程思政建设，必将引导大学生深入了解党百年奋进的光辉历史，激励大学生知史爱党、知史爱国，以昂扬奋发的姿态逐梦前行，担当起实现中华民族伟大复兴中国梦的历史重任，不负韶华，不负时代！

参考文献

[1] 习近平. 把思想政治工作贯穿教育教学全过程 开创我国高等教育事业发展新局面 [N]. 人民日报，2016 - 12 - 09.
[2] 马克思，恩格斯. 共产党宣言 [M]. 北京：人民出版社，2018：51.
[3] 习近平. 在庆祝改革开放40周年大会上的讲话 [N]. 人民日报，2018 - 12 - 19（2）.
[4] 张驰. 教师的课程思政建设意识及其培育 [J]. 思想理论教育，2020（9）：75.

"传统文化与应用文写作" 课程思政教学改革及实践初探①

李素玲②

摘　要：应将思政教育融入"传统文化与应用文写作"教学与实践活动体系，创新人才培养模式，拓展育人途径，使课程与思想政治理论课程同向同行，形成协同效应。可以岭南传统文化为切入点，推动课程思政元素更好地融入课程，弘扬中国传统文化，让学生树立爱国情怀以及民族自豪和文化自信。在实践活动中，实现技能培养与职业素养培育并重，要通过强化职业素养来提高职业技能，培养诚信意识与正确的职业观、事业观，全面提高学生在工作和生活中的综合素质，实现学生思想政治素养、职业素养和职业技能的三提高。

关键词：中国传统文化；应用文写作；课程思政

"传统文化与应用文写作"是教育部规定的为高职高专学校学生而设的公共基础课，是一门理论性、知识性、实践性融为一体的课程。

一、 课程性质与作用

通过对源远流长、博大精深的中国传统文化的学习，提高学生的人文素养和综合素质，更好地继承、创新和发扬光辉灿烂的中国传统文化；通过应用文写作的学习，使学生掌握应用文写作的基本理论和一般规律，养成良好的应用文写作思维，能够写出常用规范的应用文，为将来在实际工作中运用应用文种打下必备的基础。

---

① 本文为广州科技贸易职业学院 2020 年课程思政教育教学改革研究项目"传统文化与应用文写作"（编号：JG2020041）研究成果之一。本文已发表于《魅力中国》2021 年第38 期。
② 作者简介：李素玲，广州科技贸易职业学院副教授，主要研究方向：中国传统文化、汉语词汇、汉语史、应用写作、秘书理论与实务。

二、　课程思政建设目标

将思政教育融入公共课教学与实践活动体系，创新人才培养模式，拓展育人途径，使课程与思想政治理论课程同向同行，形成协同效应，寓道于教、寓德于教、寓教于乐，更好地立德树人，以培养"又红又专、德才兼备、全面发展"的新型人才。以岭南传统文化为切入点，结合抗击新冠疫情，推动课程思政元素更好地融入课程，弘扬中国传统文化，让学生树立爱国情怀以及民族自豪和文化自信。在实践活动中，实现技能培养与职业素养培育并重，通过强化职业素养来提高职业技能，培养诚信意识与正确的职业观、事业观，全面提高学生在工作和生活中的综合素质，实现学生思想政治素养、职业素养和职业技能的三提高。

在课程教学过程中，加入思政元素，辅助解决学风不够好的问题；在知识传授和技能培养中，以润物无声的方式实现价值引领，辅助解决部分学生价值观缺失的问题；解决以往实践活动往往重学生技能培训、轻职业素养培育的问题。

三、　课程内容及思政元素

将课程内容教学与思政元素相融合，在实践教学中，实现技能培养与职业素养培育并重，通过强化职业素养来提高职业技能。教学内容、思政元素及教育目标如下：

表 1　中国传统文化部分

单元	单元名称	教学内容	思政元素与教育目标
一	中国传统文化概述	中国传统文化内涵，传统文化植根的土壤，中国传统人生观	结合岭南地方区域特点，利用网络平台，完成岭南文化活动类型的调研分析与统计，明确现存的文化活动类型及当代价值
二	中国古代文学	中国古代文学的样式及文化特征	结合在岭南地区活动过或出现的古今名人、名作，赏析其文学作品，让学生明白古代文学样式的形成与所处的时代有着密切关系，离不开作者的不懈追求与奋斗，引导学生正确看待个人与社会的关系

（续上表）

单元	单元名称	教学内容	思政元素与教育目标
三	中国传统戏曲	国粹京剧，各具特色的地方戏	结合岭南地区产生的古代传统戏曲作品及名人、名家，赏析作品，让学生明白戏曲是一个时代的缩影，它的成功离不开作者对社会深刻的观察与思考，离不开对社会的责任与担当，引导学生正确处理个人与社会的关系
四	中国古代科技发明	中国古代最重要的科技成就，四大发明	结合在岭南地区产生的古代科技发明及非遗文化项目，让学生赞叹先人智慧；引入工匠精神，引导学生树立民族自信和自豪感
五	中国古代文化符号	书法与绘画，服饰与仪容	结合岭南地区的书法、绘画名家作品，岭南传统服饰与仪容等，让学生明白人与人之间品性各异，职业也各有特征，引导学生选择适合自己的工作，树立正确的交友观及职业观
六	中国古代节庆仪礼	古代的节庆民俗，古代的人生仪礼	结合岭南地区节庆民俗活动及人生仪礼，引导学生树立"友善"的社会主义核心价值观，做一个友善之人
七	中国古代舌尖文化	中国的茶文化，中国的酒文化，中国的食文化	结合岭南地区的粤菜、茶艺等，引导学生遵循安全、生态、绿色、可持续发展的理念，引导学生树立正确的饮食观、待客之道

表2　应用文写作部分

单元	单元名称	教学内容	思政元素与教育目标
一	应用文基础知识	应用文的内涵、源流、特点、作用及分类	依托岭南名人钟南山及其他英雄事迹，利用学校信息网络平台完成"专业职业活动调研情况介绍"文本撰写，引导学生树立向英雄榜样学习的意识

（续上表）

单元	单元名称	教学内容	思政元素与教育目标
二	事务文书写作	简报写作，计划写作，总结写作，章程和管理条例写作	结合岭南名园——余荫山房，进行参观活动相关一系列文书的撰写，让学生欣赏中国古代建筑，学习古人的勤劳与智慧，珍惜当下；或结合某活动，进行一系列事务文书的撰写，让学生树立正确的责任观
三	公务文书写作	通知写作，通报写作，请示写作，报告写作，函写作	搜集与岭南文化或某活动相关的公文，进行情境写作。各学习小组根据下发材料分角色模拟上下行文单位，拟写公文（含标题、正文、落款，可以是局部的训练，也可以是整体的综合的训练），引导学生要有规则意识，做一个遵纪守法、服务社会、服务他人的新时代青年
四	会务文书写作	会议议程和日程、会议简报、会议讲话稿、会议记录和会议纪要写作	组织召开一次参观余荫山房活动或抗击疫情主题班会，分角色完成会务文书的撰写，引导学生要有分工意识、合作精神
五	书信求职类文书写作	书信、感谢信、申请书、贺信写作，求职信写作，简历写作，竞聘词写作	组织一次写给一线工作人员的一封书信活动，搜集相关的感谢信等，引导学生向英雄学习、向英雄致敬，做一个积极进取的新时代青年；搜集线上招聘会的相关信息，结合自己所学专业及个人情况写作求职信和制作个人简历，引导学生明白人生的旅途有起有伏，在逆境中不要悲观，要往好处想，保持乐观积极的心态

（续上表）

单元	单元名称	教学内容	思政元素与教育目标
六	新闻类文书写（制）作	海报、邀请函写作，开幕词、解说词写作，消息、通讯、新闻稿写作	结合参观岭南名园——余荫山房，学习制作邀请函；结合新冠疫情设计制作抗击疫情宣传海报；结合岭南地区的粤菜进行一次制作并解说家乡菜的视频制作比赛；搜集抗击疫情的新闻稿，或采访一位抗击疫情的英雄或志愿者，完成一篇消息或通讯的写作，教师择优推荐发表。引导学生向英雄学习、向英雄致敬，做一个积极进取的新时代青年

四、 课程教学方法及考核

通过潜移默化的方式，与思政课程教育同向同行进行公共基础课程教育的课程思政改革。引入素养教育的关系模型，专业知识和技能教育主要负责修剪树枝，素养教育就是阳光照射、浇水施肥。双管齐下，职业素养和职业技能双提高，同时提高学生的思想政治素养。在知识传授和技能培养中，实现价值引领。课前引导：启发式教学。面对问题，明确主题，循循善诱。课中讲解：体验式教学。分析习惯，训练行为，互动交流。学生尝试解决，教师答疑解惑，典型现身说法。课后分享：感悟式教学。对接技能，培育素养，总结点睛。

课程考核主张以多元化、全方位、持续性、民主化的考核方式取代传统的一考定成绩的做法，将学生的学习态度、独立思考能力、科研能力纳入考核体系之中，采取综合测评方法评定学生成绩。综合测评方法强调动态考核与静态考核的结合、课内考核与课外考核的结合、教师评价与学生自我评价的结合、平时成绩与期末成绩的结合。

五、 课程思政特色与创新

（1）将思政教育融入公共课程教学与实践活动体系，打破原来思政课程和专业课程相对独立的局面，创新人才培养模式，拓展育人途径，使本课程与思想政治理论课程同向同行，形成协同效应，寓道于教、寓德于教、寓教于乐，更好地立德树人，以培养"又红又专、德才兼备、全面发展"的新型人才。

（2）以岭南传统文化为切入点，推动课程思政元素更好地融入本课程，弘扬中国传统文化，让学生树立爱国情怀以及民族自豪和文化自信。在实践活动中，实现职业技能培养与职业素养培育并重，通过强化职业素养来提高职业技能，培养诚信意识与正确的职业观、事业观，全面提高学生在工作和生活中的综合素质，实现学生思想政治素养、职业素养和职业技能的三提高。

（3）打破原来教师重传授专业知识、轻育德建设的情形，对教师实行双强化，即强化教师的育德意识和育德能力，以提高任课教师的专业知识传授水平和育德水平。

（4）在知识传授和技能培养中，以润物无声的方式实现价值引领，打破以往学生重知识能力、轻素养的情形。

通过课程思政教育教学改革，将思政教育融入公共课程教学与实践活动体系，以达到以下成果：打破原来思政课程和公共课程相对独立的局面，创新人才培养模式，拓展育人途径，使公共课程与思政课程同向同行，形成协同效应；寓道于教、寓德于教、寓教于乐，更好地立德树人，以培养"又红又专、德才兼备、全面发展"的新型人才；将社会主义核心价值观跟课程教学相整合，引导学生树立正确的价值观、人生观，并通过思政教育和素养教育让班级形成更好的学风；使学生思想政治素养、职业素养和职业技能三方面都有一定的提高；通过强化职业素养来提高职业技能；强化教师的育德意识和育德能力。

参考文献

[1] 郭敏. 应用文写作［M］. 长春：吉林大学出版社，2014.

[2] 李国英. 应用文写作［M］. 2 版. 沈阳：辽宁大学出版社，2008.

[3] 张建. 中国传统文化［M］. 2 版. 北京：高等教育出版社，2014.

[4] 张岱年，方克立. 中国文化概论［M］. 修订版. 北京：北京大学出版社，2004.

基于高职课程思政教学探索研究
——以广州科技贸易职业学院"旅游客源国概况"课程为例

周琪棋①

摘　要: 本文以广州科技贸易职业学院"旅游客源国概况"课程为例,分析目前课程思政融入的不足,深入挖掘教学任务与思政元素相结合的内容,将思政元素充分融入课程教学的各个环节,基于理论和实践教学构建可操作性"旅游客源国概况"课程思政典型模型。

关键词: 课程思政;旅游客源国概况;构建

一、　"旅游客源国概况"　融入课程思政综述

"旅游客源国概况"是旅游管理专业的一门专业必修课,开设该课程的目的在于让学生认识、了解我国海外旅游客源市场,对我国旅游客源国或旅游客源地区的基本情况有比较充分的认识和掌握。该课程的基本任务是扩大学生的知识面,使学生对我国海外客源市场即主要客源国的政治、经济、文化、民俗、旅游业以及地理概况等有一个全面准确的认识和了解,从而使其专业知识结构更加完善合理,以符合我国旅游业从业人员应具备的职业知识素养。"旅游客源国概况"课程的教学实践中,基于旅游服务岗位,以文化特色为中心,采取项目教学的模式,将内容繁多的客源国知识转化为不同国家相同情景下的对比,提升了学生的学习兴趣和学习动力,改善了旅游管理专业教学过程中因学生实践参与度不高而导致的教学效率相对低下的状况。学生通过项目教学模式,学习主动性得到提高,对所学专业的兴趣得到提升,既能借鉴和学习世界其他国家悠久的历史、灿烂的文化和丰富的资源,也能客观辩证地对比中外发展的差距、中外旅游资源在开发和保护方面各自的优势和不足,形成对中华民族悠久历史的自豪感、中华文化的自豪感、民族精神的认同感,培养传承民族文化、弘扬民族精神的历史责任与担当。

---

①　作者简介:周琪棋,广州科技贸易职业学院教师。

二、 基于理论和实践教学形成可操性 "旅游客源国概况" 课程构建

(一) 教学目标设计

"旅游客源国概况"课程是旅游管理专业学生的必修核心课,原来设定的课程目标是:遵循以就业为导向、适应岗位需求的人才培养思想,通过该课程的学习,丰富、拓展学生的人文知识,提升学生的人文素养,锻炼学生的导游讲解技能,培养符合旅游行业需求的专业人才。学生通过课程学习,能够熟悉我国主要客源国的基本概况,进而掌握我国主要客源国的民俗风情,并且熟知我国主要客源国的标志性景点和饮食文化,可以熟练运用我国主要客源国的社交礼仪,谨记我国主要客源国的旅游禁忌。同时能根据主要客源国情况,完成相关旅游路线设计,流畅讲解主要客源国标志性景点及美食,妥善处理带团过程中的各种突发事件,较好地与各国人交流沟通,并组织协调好旅游团队成员共同完成任务。该课程可使旅游管理专业学生在走出校园前就拥有丰富的人文知识和良好的人文素养,增强学生健康的旅游审美情趣,培养爱岗敬业、精益求精的职业素养,具备团队协作的意识和能力,最终发挥旅游从业人员的社会责任感。

《高等学校课程思政建设指导纲要》对课程教学目标进行了重设。基于课程思政理念下的"旅游客源国概况"课程目标,通过挖掘本课程的思政教育价值,将大学生思想政治教育渗透到该门课程专业知识传授、职业技能培养的过程中,使用恰当有效的教学手段和教学方法,润物细无声,思政沁心田,达到传播党的思想理论,提高学生的爱国、敬业、诚信、友善等方面思想道德修养的目的。这就要求教师在每一堂课中,根据具体授课内容,多维度、多层级地融入课程思政理念,设立具体的知识目标、能力目标、思政目标,引导学生树立和践行社会主义核心价值观,增强学生对中国文化的理解能力,提高学生综合文化素养,开拓学生国际视野,最终培养出有理想、有本领、有担当的高素质、高技能的新时代旅游职业人才。

(二) 教学内容构建

"旅游客源国概况"课程是旅游管理专业的专业核心课、必修课,安排在第三学期学习,共计32学时,其中理论教学20学时、实践教学12学时。本教学设计中,基于旅游服务岗位,实施项目化教学和任务驱动,以文化特色为中心重构课程内容体系,将内容繁多的客源国知识融入不同的旅游接待工作场景中,使学生掌握主要客源国的标志性景点及饮食文化,顺利完成旅游接待的景点讲解及食宿安排工作。

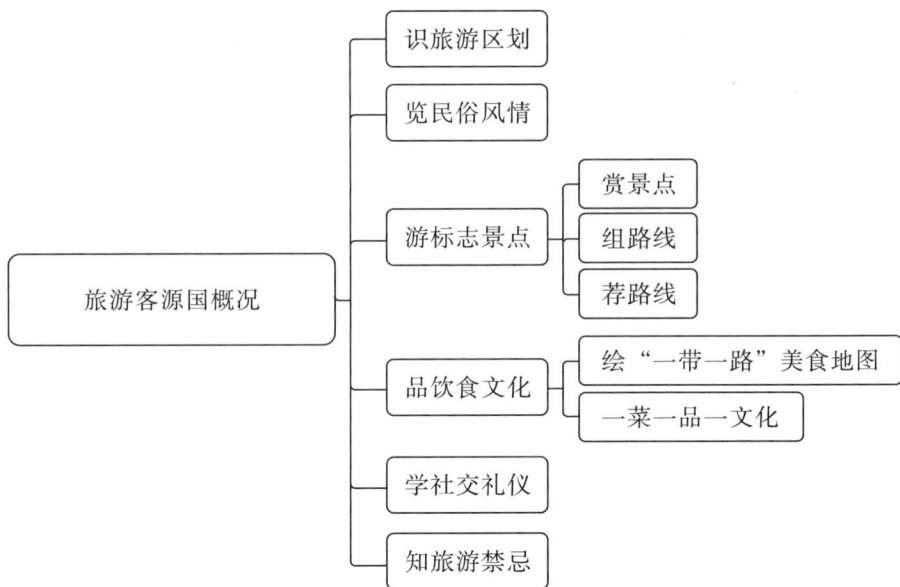

图 1　"旅游客源国概况"课程教学内容

　　本课程教学内容以六大项目呈现，本设计举例选取项目三"游标志景点"部分内容及项目四"品饮食文化"全部内容，具体教学内容如图 1 所示。本课程的六大项目让学生通过学习客源国国情，进行理性的横向、纵向对比，从而坚定对中国特色社会主义的道路自信、理论自信、制度自信、文化自信。把自己的人生目标同民族命运紧密联系在一起，把个人价值的实现同服务人民、奉献国家紧密联系在一起，合理进行职业规划，刻苦钻研，正确理解如何在中国梦的实现过程中放飞自己的青春梦想，成为有理想、有本领、有担当的时代新人。学生通过学习客源国的风土人情，树立社会主义核心价值观，自觉践行民族精神和时代精神，热爱祖国，热爱人民，加强自身道德修养，明大德、守公德、严私德。学生通过对客源国时事新闻的播报分析，形成全面理解和分析问题的能力，形成实事求是、与时俱进、求真务实的思维方式，能面对新时代的新问题和新挑战，正确理解党的理论方针政策，能将习近平新时代中国特色社会主义理论和旅游行业内涵相结合，分析、解决旅游业实际问题。

（三）教学方式构建

1. 教学策略设计原则与依据

　　本设计立足提升学生职业意识、职业素养和职业能力，坚持以学生为主体，以培养学生面向主要客源国游客的接待能力为重点，以文化特色为中心重构课程内容。践行教学做一体化，依托线上线下混合式教学平台，采用项目教学、任务驱动的教学方法，将信息化资源合理运用到课前、课中和课后的教学组织中，引导学生自主探究、相互协作、虚实结合，实现教学目标。通过多样式的教学方法和手段，不断加强学生的学习体验，从而使学生将思政内涵内化于新、外化于行，同时结合课程特点，对每节课进行课程思政的融入设计，使学生真正做到潜移默化地树立正确的人生观、价值观。

2. 教学手段方法设计

针对该课程理论性强、信息量大、知识点多的特点，以学生自主探究为主、教师讲授为辅，采用项目式教学，使用案例分析法、讲授法、游戏教学法、问答法、讨论法、情景模拟、角色扮演等教学方法，将各章节知识点、技能训练点和思政元素巧妙结合，恰当融入项目和任务中，引导学生在完成任务的过程中进行自主学习。具体流程如图 2 所示：

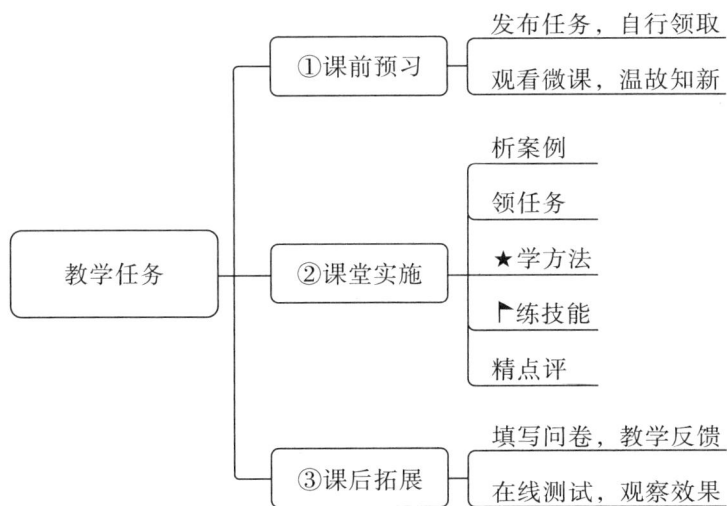

图 2 "旅游客源国概况"教学流程

（四）课程评价体系构建

教学评价是衡量课程思政是否有效的重要手段。评价主要来自同行评价及学生评价。同行层面评价，邀请课程思政专家及旅游管理专业的专业负责人评测课程的设计是否真正挖掘思政元素，以及思政元素和课程内容是否匹配得恰当。学生层面评价，更多是观察学生的思想、品行是否发生变化，通过辅导员访谈和学生评价来进行课程思政情况的客观评测。最后通过客观调查法，进一步检验课程思政的作用以及评价课程，及时了解课程思政的效果和不足之处，从而更好地改进教学，达到以评促教的目的。

三、 结语

"旅游客源国概况"课程利用课堂教学的主渠道和融入课程思政，使学生掌握主要客源国的基本情况，包括自然地理、国情概况、历史政治、经济、人文习俗和旅游资源等方面的内容，进而了解这些国家旅游业的发展状况，学会分析旅游市场的发展趋势，开拓眼界，并为全面提高学生素质、增强学生综合职业能力打下基础。对学生潜移默化地进行人生观、价值观等方面的影响，实现学生的德技双修，并能使其以理想信念、家国情怀为落脚点，了解中外历史、政治、经济和文化的区别。在课程推进过程中，旅游管理专业的学生能为身为中国人而充满民族自豪感，并以充足的文化自信心立志学好自己的专业，为日后做中华优秀传统文化的"代言人"做好准备。同时，教师应意识到这是一个艰巨且有意义的任务，更是一个长期的过程，需要循序渐进地努力和坚持，并且肩负起思政教育的重担，后续教学需要进一步落实好如下重点：一是要强化教师的立德树人意识，要求教师提高理论素养，不断提升自身的课程思政教学能力；二是根据旅游管理专业人才培养特点和专业能力素质要求，拓宽育人路径，落实立德树人的根本任务；三是教师要科学合理地设计思政教育内容，将思政教育与专业教育有机结合，形成专业课教学与思想政治理论课教学紧密结合，努力实现职业技能和职业精神培养高度融合的育人格局。

参考文献

［1］李宝芬，李晓敏，柳楠. 课程思政背景下《大学生心理健康》课程的构建——以承德医学院为例［J］. 承德医学院学报，2021（4）：346 – 349.

［2］坎香，金海峰. 高职课程思政教学的实践探索——以"企业网组建"课程为例［J］. 安徽电子信息职业技术学院学报，2022（3）：68 – 72.

［3］教育部关于印发《高等学校课程思政建设指导纲要》的通知［EB/OL］.（2020 – 06 – 05）［2021 – 08 – 12］. http：//www. moe. gov. cn /srcsite /A08 /s7056 /202006 /t20200603_462437. html.

［4］周海燕，黄桂凤. 高职院校《商务英语阅读》课程思政教学探索与实践［J］. 产业与科技论坛，2022，21（18）：191 – 192.

［5］王玲. 高职"旅游英语"课程思政教学探索与实践［J］. 科教导刊，2022（10）：126 – 128.

用英语讲好中国故事融入高职英语教学实施路径探讨①

唐长江②

摘　要： 长久以来，高职英语教学内容多以西方标准语和西方话语权为中心，中国文化和思政元素融入不足，此种情况亟须解决。学校将思政元素融入英语课的教学，应在英语课中以文载道、以文传声、以文化人，增强学生的爱国情怀。本文从时代主题出发，提出当代大学生用英语讲好中国故事的必要性，指出英语教学课程思政面临的挑战，以期通过确定主题、建构核心要素、混合式教学方式、线上线下等多元化手段提升学生用英语讲好中国故事能力。

关键词： 当代大学生；中国故事；英语教学

习近平总书记指出，讲好中国故事光靠正规的新闻发布、官方介绍是远远不够的，应该发挥多元主体的作用。讲好中国故事、传播好中国声音，向世界展现一个真实、立体、全面的中国，是我们提升中国文化软实力和中华文化世界影响力的必然要求，是世界在共享中国发展机遇中的共同诉求，同时也是广大高校教师的历史使命。应在英语教学的过程中融入课程思政，培养大学生爱国主义情怀，通过巧妙设计将思政元素的内容比例、时机频次、方法技巧潜移默化地纳入英语课程的教学过程中，培养学生的人文精神，提升其综合素质和跨文化交际能力。

将中国故事融入大学英语学习，有助于培养学生的文化自信，增强文化自觉意识，实现外语研究和外语教学服务国家、社会个人未来发展的目标。将中国故事与课程教学内容进行有效对接，体现了大学英语教学内容"两性一度"，即高阶性、创新性和挑战度，既满足了教育部"金课"建设需求，也迎合了国家课程思政的需求。

---

① 本文为2020年广州科技贸易职业学院课程思政教育教学改革研究项目"高职英语"（编号：JG2020042）成果、全国职业院校课程思政研究中心（广州科技贸易职业学院）课程思政建设阶段性成果。
② 作者简介：唐长江，广州科技贸易职业学院副教授，主要研究方向：应用语言学及英语教育。

一、 讲好中国故事融入英语教学

（一） 讲好中国故事是加强我国国际传播能力的时代要求

2021 年 5 月 31 日，中共中央政治局就加强我国国际传播能力建设进行学习。习近平总书记在主持学习时强调，讲好中国故事，传播好中国声音，展示真实、立体、全面的中国，是加强我国国际传播能力建设的重要任务。要深刻认识新形势下加强和改进国际传播工作的重要性和必要性，下大气力加强国际传播能力建设，形成同我国综合国力和国际地位相匹配的国际话语权，为我国改革发展稳定营造有利外部舆论环境，为推动构建人类命运共同体做出积极贡献。同时对实施的内容和方针进行了阐述，他指出，一是要构建中国话语和中国叙事体系，用中国理论阐释中国实践；二是要加强对党的宣传阐释，帮助外国人认识到我党是真正为中国人民谋取幸福的大党；三是通过以文载道、以文传声、以文化人，向世界推介具有中国特色、中国精神、中国智慧的优秀文化。

（二） 讲好中国故事融入英语教学必要性

1. 回应社会热点需求

2021 年全国两会期间，全国政协委员、九三学社中央委员许进曾对记者说，现在孩子和家长在课外英语培训方面所花费的时间、精力和费用都是触目惊心的。针对调研中发现的一些问题，他建议取消中小学英语主课地位，提高素质教育课程占比。他认为，英语教学课时约占学生总课时的 10%，但英语只对不到 10% 的大学毕业生有用。成果应用率低，课程设置不普惠。这个话题一时间在网上激起千层浪，英语应该怎么改，是否会减少中小学英语课时，英语高考走向会去向何方等问题引起网民热议。教育部于 2022 年 9 月 23 日在其官方网站公布了对全国人大代表提出的"关于增强文化自信增加中国文化内容教学改革和降低英语教学比重的建议"的答复，表示外语是学生德智体美劳全面发展的重要组成部分，有助于培养和发展学生语言能力、文化意识、思维品质、学习能力等核心素养，培养学生中国情怀、国际视野和跨文化沟通能力。当然，我们在回应社会热点时，应该引起足够的反思，在实现中华民族伟大复兴和第二个百年奋斗目标的过程中，英语应当承担起怎样的责任？大学英语教学目标和内容是否契合时代主题发展需要？这类问题需要引起我们警觉和思考。

2. 响应素质教育发展要求

长期以来，英语一直被冠以工具之名，因此在教学过程中主要以听、说、读、写、译为教学目标，以培养高素质语言人才为教育目的。进入 21 世纪以来，英语教育的教学观和学习观已经发生了很大的改变。束定芳认为，各级各类的英语课程中包含了大量的科学、文学、音乐、艺术等方面的内容，是提升学生国际视野、跨文化理解的重要方式，英语教学早已不仅仅是讲解、操练语法和词汇规则。在英语学习中，既要锻炼学生听、说、读、写等语言信息的输入输出实践，也要有意识地引导和培养学生的民族自信和爱国情怀，在学习英语的同时，植根中国文化，充分吸收优秀中华文化精髓。同时，让学生在对中国文化的学习中不断提高认知水平，促进心智、情感、审美等能力的发展，在增强国际理解的基础上，讲好中国故事，让世界更好地了解中国。

二、 中国文化融入高职英语教学现状

当前高职院校学生对中国传统文化兴趣不高，在西方节日和文化的宣传下，部分高职学生过分崇拜或执迷西方文化，把过情人节、万圣节、圣诞节看作一种时尚，把使用洋品牌当作高端消费，甚至在生活中的各方面都仿照西方的理念和习俗。英语教学作为一种语言教学，必须为国家服务。意识形态的阵地我们不去占领，自然就会有他人去占领，所以英语教学不仅仅是一门语言课程，同样也需要为传播中国优秀的文化服务。然而，多年以来，我们的英语教学过程受到多种因素的影响，明显在弘扬优秀文化方面比较薄弱，其原因主要有以下三点：

首先，我国高职英语长期受传统教育观念的影响，在传统的教学模式中，教师在课堂上多以教授语言、语法等为主，借助英语向学生进行传统文化渗透不足。其次，学生在英语学习过程中对优秀中华文化的重要性认识不足，关注更多的是英语的基础知识等基本技能的训练，说的能力较差，哑巴英语在英语教学中成为一大难题，英语语言学习中的文化因素的融入更是少之又少。最后，高职学生生源多样化，英语水平参差不齐，普遍英语基础较弱，再加上教法古板老套，学生在接受知识时多处于被动接受的状态，课堂学习效率不高，对课堂上所教的内容兴趣不高，自然而然出现课堂上打瞌睡、走神、玩手机的现象。

在教材的选用上，基于英语为标准语和二语习得等理论的影响，长期以来，为了英语的标准化和规范性，高职英语教材的内容多以西方的教学材料为基础，虽然在思政等方面经过了多重审查，但教学内容缺少中国元素。尤其涉及高职实用英语的教材严重缺失中国文化内容，很多同学对粤港澳大湾区、"一带一路"倡议、新时代中国特色社会主义、中国共产党等热词的翻译一概不知。即使个别教材对中国文化有所涉及，所占比重仍严重偏低。

三、 用英语教学讲好中国故事实施路径

（一） 确定主题，挖掘和整理中国故事

对外讲好中国故事，首先应确定主题。主题回应国际社会关切，阐发中国精神，展现中国风貌，彰显人类命运共同体理念，立足于中华文化的历史积淀，从新时代的身边人和身边事讲起。基于此理念我们可以把主题简单分为三类：一是通过全面宣介城市发展的成果来讲好中国建设现代化国家的故事。广东是我国改革开放的排头兵、先行地、实验区。大湾区的快速发展与人民卓越奋斗的故事息息相关，将为回答国际社会"中国人怎样富起来、强起来"提供一个重要视角。二是通过重走革命英烈路来讲好执政为民的故事。例如，仅广州的越秀区就聚集了中共三大会址、广州起义纪念馆等30多处红色史迹，通过这些可以让当代大学生从根源上更好地理解老一辈革命家坚持的以人民为中心的发展思想，以及人民至上、生命至上的价值情怀。三是通过多元展示民间传统的文化来讲好博大精深中华文化的故事。讲好粤剧、粤菜、骑楼等丰富的传统文化资源和独特的民间传统技艺背后的故事，可以让学生和更多海外受众感知中华文明的厚重感、人情味和烟火气，更好地了解中国、爱上中国。

（二） 建构讲好中国故事的能力培养核心要素

为了便于对学生用英语讲好中国故事的能力核心要素进行测评，可以从"文化知识、情感态度和行为技能"（张红玲，2018）三个方面构建讲好中国故事的能力培养要素。文化知识包括了解和鉴赏中国文化知识、外国文化知识、文化普遍知识；情感态度包括自我认知、国家认同、全球视野、国际理解；行为技能包括交流沟通、冲突管理、反思评价。其中，地道的英语表达能力（口语和写作、翻译）、跨文化理解与国际视野是讲好中国故事能力培养的三大支柱。

（三） 采用混合式思政教学模式设计与实施培养途径

讲好中国故事的混合式教学模式在重设传统学习方式的基础上，运用成果产出导向和翻转课堂等教学方法，对课前、课中和课后三个教学流程或者教学步骤进行叠加和超越，将中国故事的不同主题与大学英语三类课程的教材内容进行有效对接和有机融合。中国故事以"学生课前自学，课堂讨论互动"为主，中国故事内容以成果产出为导向，线上学习平台为学生提供大量的语言输入（课前），实验教师将具体的中国故事内容布置给学生，学生可以在学习平台上自学，包括视频观看（watching for speaking）、小组讨论（discussion for presentation）

等；线下课堂教学（课中）进行包括分享、报告、演讲、讨论、表演、评说、辩论、研讨、示范等各种形式的"翻转"，教师要通过解析教学内容和语言重点、难点，为学生有效的语言输出提供支撑；课后除了实验教师要给学生进行评价外，学生也要对学习内容进行自评、互评，或者按照要求完成档案袋的撰写等。由此形成线下驱动（课前）、线上促成（课中）、线下评价（课后）的混合式课程思政教学模式，构建超越时空和现实的学习共同体。

（四）搭建线上学习平台

建设一个以讲好中国故事为内容导向的网络学习平台，并以此为依托进行辅助教学、分享教学资源和成果，使学生在课后能够对课程内容进行预习、复习、讨论，而所有的课程教案、参考资料、作业等均能在平台上实现上传和下载。学习平台实现了信息互通、成果互享，既方便了学生处处能学、时时可学"中国故事"，也方便了教师使用、改造网上教学资源，拓展教学内容，优化教学过程。

四、 结语

"国之交在于民相亲，民相亲在于心相通"，讲中国故事是时代命题，也是时代使命。应以培养学生用英语讲好中国故事能力为抓手，英语课堂教学为途径，通过线上＋线下混合式教学模式，探究用英语讲好中国故事的能力培养途径和方法，积极探索外语课程思政新模式，融合现代信息技术，创新教学内容和教学手段，提高学生讲好中国故事所需要的语言、文化、心智、审美、情感等能力。

参考文献

[1] 习近平. 讲好中国故事，传播好中国声音，展示真实、立体、全面的中国 [EB/OL]. (2021 – 12 – 03). https://baijiahao. baidu. com/s?id = 1720517952283809023&wfr = spider&for = pc.

[2] 习近平. 加强和改进国际传播工作 展示真实立体全面的中国：在中共中央政治局第三十次集体学习时的报告 [N]. 人民日报，2021 – 06 – 02.

[3] 教育部. 中国教育部答复降低英语教学比重建议 [EB/OL]. (2022 – 09 – 25). https://t. ynet. cn/baijia/33391907. html.

[4] 沈婷婷. "讲好中国故事"背景下中国文化融入高职英语教学探索 [J]. 淮北职业技术学院学报，2021（4）：62 – 64.

[5] 夏文红. 大学英语"课程思政"的使命担当 [EB/OL]. (2019 – 11 – 04). http://www. rmlt. com. cn/2019/1104/560806. shtml – 2019.

中华传统文化融入高职英语课程的教学路径
——以岭南文化为例①

张 文②

摘 要："高职英语"是高职院校一门重要的公共基础必修课程，兼具工具性和人文性，是开展课程思政的理想载体。将传统文化（以本土文化——岭南文化为例）纳入课程教学，可以弥补高职英语教材缺乏中华文化内容的缺陷。应通过教学实践，探索合理的教学路径，在传授英语语言的同时提高学生的传统文化素养和文化自信。

关键词：传统；岭南文化；英语；教学

文化是民族的血脉，文化自信是更基本、更深层、更持久的力量。《关于实施中华优秀传统文化传承发展工程的意见》中提到，传统文化要贯穿国民教育的始终，围绕立德树人根本任务，遵循学生认知规律和教育教学规律，把中华优秀传统文化全方位融入思想道德教育、文化知识教育、社会实践教育各环节，贯穿于职业教育、高等教育、继续教育等领域。[1]

"高职英语"是高职院校一门公共的语言基础必修课程，也是一门让学生了解世界文化的通识素质课程。在通识英语课程中融入岭南文化，可以更好地体现课程为地方服务的社会价值。

一、 高职英语教学中文化意识的现状

教育部颁布的《大学英语教学指南（2020 版）》明确提出，大学英语教材编写的指导思想应体现新时代要求，体现党和国家对教育的基本要求，服务高等教

---

① 本文为 2020 年广州科技贸易职业学院课程思政教育教学改革研究项目"高职英语"（编号：JG2020042）成果、全国职业院校课程思政研究中心（广州科技贸易职业学院）课程思政建设阶段性成果。本文已发表于《教育研究》2022 年第 11 期。
② 作者简介：张文，广州科技贸易职业学院讲师，主要研究方向：英语教育教学。

育教学改革和人才培养，反映人类文化知识积累和创新成果。教材内容选择应自觉融入社会主义核心价值观和中华优秀传统文化，引导学生树立正确的世界观、人生观和价值观，并能及时反映世界科技新进展，吸收人类文明优秀成果，为培养具有前瞻思维、国际眼光的人才提供有力的支撑。[2] 同时，《高等职业教育专科英语课程标准（2021 年版）》中也强调了学生在学习英语语言知识和技能时，要增强国家认同感，坚定文化自信，树立中华民族共同体意识，能用英语讲述中国故事、传播中华文化。

目前的高职公共英语教材版本比较多，教材的名称各异，有依据《高职高专教育英语课程教学基本要求》编写的一般的公共英语教材，题材设计以校园、生活为主，注重的是英语的语言基础知识。有的教材与专业相结合，将与行业相关的英语语言知识融入教材中，针对职业岗位需要来训练学生的英语应用技能，在提高学生基础英语能力的同时，培养学生在职场中实际使用英语的能力。但这一类的教材缺乏人文素材，特别是文化方面的内容。课文的素材也是以国外文化背景为主，缺乏本土文化内容。中华传统文化在教材中严重缺失，不利于课程思政在公共基础课程的落地和实施。

语言和文化是英语课程与课程思政理念联系最为天然和紧密的部分。[3] 学生的跨文化交际能力是英语课程的主要培养目标之一，而跨文化交流是中西方文化的双向交流。学习英语，如果忽视了母语文化，中外文化交流将非常尴尬。[4] 目前英语教学还普遍存在着文化失衡与中华文化内容缺失的问题，表现为：偏重于对语言知识的传授，过多地强调目的语文化的学习，忽视母语文化，忽略了对学生思想政治意识和中华传统文化意识的培养。结果造成了学生在跨文化交际中，无法向外国朋友介绍中国的本土文化，而这些往往又是外国朋友的兴趣点，导致交际失败或低效，即"中国文化失语"现象。[5]

二、　岭南文化了解问卷情况分析

岭南文化源远流长，主要包括广府文化、客家文化和潮汕文化。岭南建筑、粤菜、粤剧、岭南工艺美术及民俗节庆等都是岭南文化的特色元素。

笔者学校地处广州，广州既是岭南文化的中心，也是岭南文化的代表。学校的生源 90% 以上来自广东省各地区，学生对于中华文化的学习兴趣和热情比较高涨，特别是岭南文化，因为他们对自己生活地域的文化比较了解。笔者从在开学初对新生和教师进行的岭南文化了解问卷中得知，89.1% 的学生和 80.2% 的教师对岭南文化耳濡目染，这为课程思政的落实提供了良好的生活经验基础。

86.2%的教师和80.3%的学生对本土文化是非常认同的，95%以上的学生对传播家乡本土文化感兴趣，这为在课程教学中开展文化教育、用英语传播岭南文化奠定了良好的情感基础。

三、 传统文化融入高职英语课程教学路径

（一） 提升英语教师的思政意识和文化素养

教师思想意识的高低直接决定了课程思政实施的效果。英语教师实施课程思政，首先要有正确的思想政治教育的意识，立德为范，能在业余时间不断加强自身的思想品德修养，对学生进行正确的思想和价值引领。

长期以来英语教师深受英美文化的影响，英语教学偏重应试和英美文化，所以，英语教师要有文化自觉，对中华传统文化充满热爱，利用业余的时间加强对中华文化的了解和学习，如中国的历史和新时代中国的发展、中国诗歌、中国古典名著等，这样才能规范地教学生用英语正确地表达中华传统文化，在教学中培养学生的文化自信，将来有机会能用英语向世界各地传播中国文化和故事。

（二） 设计传统文化的思政教学内容

笔者所在学校使用的教材主要是《职业英语》，教材围绕岗位特色开展教学，体现了公共课为专业课服务的特点。但是单一的教学内容并不能满足现实的需要，学生文化失语现象普遍存在。为此，笔者从教学大纲着手，融入课程思政内容，深挖教材中的思政元素，同时为学生开辟文化模块，职业素养和文化素养齐头并进。

学生对本土文化有一种本能的亲近感，笔者结合本地文化，在教学中采用主题和语言实践的模式，主题包括岭南传统民俗和节日、饮食文化、岭南工艺和建筑等，设计不同的学习项目和任务，创设不同的文化情境，把教学活动变成学生感兴趣、乐于参与的创造性活动，激发学生的学习动机，鼓励他们用英语传播岭南文化。[6]例如，利用学校附近的著名广东四大园林建筑之一——余荫山房，布置一个小组学习项目："带领外国朋友游余荫山房（广州番禺）"，要求团队学生用英语完成相关的主题陈述报告，可以自制视频或宣传小册。学生先要学习教师通过教学平台推送的余荫山房的中英文资料，包括历史情况、建筑构成、功能特点等，然后自发分小组参观余荫山房，拍摄现场图片，进一步地深入了解岭南园林特点，项目完成后，每个学习小组有5分钟的课堂成果展示时间，学习成果形式可以宣传小册子、海报、陈述报告PPT、演讲、对话等多种形式呈现。再如，

广州是美食之都，可以让学生绘制中英文的美食攻略等，让学生更好地认识本土的美食文化，同时学习用相关的词汇来正确表述。在教学中通过一个个精心设计的项目引导学生获得岭南文化体验，同时培养学生用英语传播岭南文化的表达能力，培养学生的文化自信，加强对母语文化的认同。

（三）利用云平台，开展智能智慧的教学模式

云平台可以打破时间和空间的限制，激发学生的自主学习兴趣。我们除了在课堂上加入思政元素进行教学外，还可以充分利用各种云平台如中国大学 MOOC（慕课）、学习强国等的云课堂，拓宽思政教育的领域。也可以在教学平台中开辟文化栏目，上传中国文化的视频（如《你好，中国》、*Amazing China* 等）和音频材料、文字介绍、链接等，让学生能随时随地学习中华优秀传统文化，增强国家认同感，提高学生的文化自信。

四、　结语

传统文化融入高职英语课程，可以弥补教材中人文素材的缺失，将英语课程与地区文化紧密结合，增强了学生对岭南本土文化的认同感，使其能更好地利用英语去传播岭南文化，实现服务地区文化发展的社会价值。

英语教师在向学生传授语言知识和技能的同时，更要意识到课程思政对培养学生的重要性和必要性。我们应该不断提升自身的文化素养，加强对中国文化的输入，承担传播中国传统文化的重任，摒弃西方资本主义文化的糟粕，弘扬中华优秀传统文化，春风化雨，以文化人。

参考文献

［1］中共中央办公厅　国务院办公厅印发《关于实施中华优秀传统文化传承发展工程的意见》［EB/OL］.（2017 - 01 - 25）. http://www.gov.cn/zhengce/2017 - 01/25/content_5163472.htm.

［2］大学英语教学指南（2020 版）［M］. 北京：高等教育出版社，2020.

［3］乔文静. 文化自信视域下课程思政建设的意义与实现策略：以独立学院"大学英语"教学为例［J］. 教育教学论坛，2020（48）：55 - 58.

［4］王静. 大学英语课堂课程思政实践研究：以《实用英语综合教程（下）》单元教学为例［J］. 湖南邮电职业技术学院学报，2019（3）：95 - 97.

［5］从丛. "中国文化失语"：我国英语教学的缺陷［N］. 光明日报，2000 - 10 - 19（C1）.

［6］易兴霞. 服务地方文化传播的高校英语课程开发探索［J］. 南昌航空大学学报（社会科学版），2018（4）：72 - 77.

课程思政视域下"数字影视后期处理"课程建设

朱恺文①

摘　要： 在课程思政视域下开展专业课重构设计，强调在专业课教学中融入思政元素，落实立德树人目标，培养德才兼备人才；契合教学内容，重点内容突破，实现课程思政有序推进；理论与实践相结合，确保课程思政取得实效。本文以高职院校"数字影视后期处理"课程为例，以课程思政为切入点，探讨如何在专业课程教学中实现人才德育建设和职业素养的培育与提升。

关键词： 课程思政；教学设计；德育建设

教育部 2020 年 5 月印发的《高等学校课程思政建设指导纲要》提出，科学设计课程思政教学体系，结合学科专业特点分类进行课程思政建设，推动课程思政全程融入课堂教学建设。然而，在将思政内容融入的过程中，存在目标不明晰、教育材料陈旧、教学方法单一化等问题，思政内容与专业技术教学脱钩，陷入一种尴尬的境地，生搬硬套、简单叠加、胡乱结合的现象时有出现，立德树人的效果大打折扣。

让专业课体现出德育功能，是每一位教师的育人职责。这种"大思政"教育新格局正在逐步形成。专业课与思政课必须同向同行，不是两者简单相加，而是要充分挖掘梳理与课程知识内容相关联的思政元素，有效融入专业课堂教学。如何进行课程思政教学设计，发挥思政教育与专业课教学活动的协同效应，一直强调技能传授的信息技术类课程该如何破题，成为当前高校亟须解决的课题。

一、 课程思政元素的融入

本文旨在研究如何在"数字影视后期处理"课程中融合思政元素。根据课程的具体内容和特点，将思政元素融入专业课程，深入挖掘与提炼各专业课程所

---

①　作者简介：朱恺文，广州科技贸易职业学院讲师/实验师，主要研究方向：数字艺术设计、动漫游戏技术、电子竞技。

蕴含的思政元素和承载的德育功能，发挥专业课的价值渗透作用以及对大学生的价值引领作用，结合职业标准和岗位要求设计教学，将社会主义核心价值观、时代工匠精神和综合职业素养融入人才培养目标，精选出"航拍中国""致敬英雄""保护环境""理性表达""廉洁""军训"等20多个思政元素，凝结成"富强、民主、文明、和谐，自由、平等、公正、法治，爱国、敬业、诚信、友善"的社会主义核心价值观，结合"党史100年"思政元素，把它们融入专业课程的教学中。用视频制作的技术手段切入，给学生以导向，激发学生个人修身、心怀天下的家国情怀；在传道授业解惑中引之以大道、启之以大智，培养国之栋梁人才，将教书育人内涵落实在课堂教学的主渠道之中。不仅让专业课堂上散发出"思政味"，更让学生在学习专业技能的同时，亲身体悟思政教育对人成长的影响，春雨润物、育人入心，达到 $1+1>2$ 的育人效果。具体课程思政元素融入如表1所示：

表1 课程思政元素融入

章节	名称	课程案例	课程思政
第一章	影视作品的画面艺术处理	《航拍中国》	富强、文明
第二章	数字视频基础知识（PR 基础）	《我的一分钟》《大学第一课军训》	爱国、敬业
第三章	认识影视特效（AE 基础）	《校园危机识别》	诚信、友善
第四章	剪辑的本质	《事实的真相》	诚信、友善
第五章	转场	《致敬战疫英雄》	爱国、敬业
第六章	预告片制作	《大鱼海棠》	中国传统文化
第七章	字幕	《成长》	自由、平等
第八章	关键帧 PR 基础	《记忆》电子相册	民主、和谐
第九章	关键帧 AE 基础	《二十四节气》	中华传统文化
第十章	蒙版与键控	《我们的中国梦》	社会主义核心价值观
第十一章	视频特效之色彩调节	《保护环境》公益广告	文明、和谐
第十二章	水墨动画系列	《廉洁》	公正、法治
第十三章	矢量绘图与人偶动画	《正风宣传片》	公正、法治
第十四章	三维空间	《党史 100 年》三维电子相册	党史 100 年
第十五章	运动跟踪、稳定与表达式	电子相册	党史 100 年
第十六章	音频处理（录音、去杂音……）音频处理（为动画片配音）	为影片《建党伟业》配音	党史 100 年

二、 "数字影视后期处理" 课程思政的发展

教师是课程的主导者，将思政元素融入专业课程，体现的是任课教师的素质和能力。课程设计影响着学生的兴趣度与认同感，能直观反映在课程的教学质量上。课程思政不是一门或一类特定的课程，而是一种教学理念、一个教学过程、一项教改行动。"数字影视后期处理"课程从以下几个方面着手，为实现课程思政有机融合寻求有效途径。

1. 强化教师的育德意识和育德能力

思政教育不单纯涉及政治，也是一种人的素质涵养，是一种思维工具和认知方法。技术技能解决的是"物"的问题，但技术技能是由"人"来掌握的，这个掌握基础技能的人动力怎样、状态如何，是技术技能本身解决不了的。专业技术类课程特别容易重视能力掌握而忽略素质培养，要更好地开展专业教学一定要借助思政教育这个工具。缺少思政教育的专业教学，最终的教学效果也不会好，因为学生没有个人理想和责任担当，就缺少学习知识和专业技能的原动力，学习主动性、积极性就不强，学习效果也会打折扣。

教师需要明白立德树人的重要性，发自内心去思考、去挖掘课程里本来就有的思想政治教育元素，有机融入教育教学。教师的育德能力是在日常的教育教学活动中生成和提升的，在教学过程中，教师需要深入挖掘学科中蕴含的育德资源，在传授专业知识的同时进行育德教育，在育人的同时也育己，使自身的育德能力和育德意识得以提升。

2. 内容精讲、融入思政元素，突破教学时间

从教学时间上确保学时压缩、内容精讲的大背景下，突破学时限制，找到"数字影视后期处理"课程思政内容的时间保障；从教学内容上整合和凝练课程中的育人资源，寻求专业知识与德育知识有机结合，提升课程思政的融入深度和广度。

在影视特效专业领域内，新知识、新技术、新设备、新流程的不断出现，使得学生要在有限的时间内学习繁多的内容。但教学上要反映这些新内容时，学时不足，很可能造成轻描淡写、一带而过的局面，学生也没有深入领会、实践的机会，导致结课后知识结构和能力落后于实际。

增加教学内容而减少教学时长，看似是相悖而行的，然而这正是最值得思考和设计的突破口之一。考虑认真审视现行的教学内容，按照"够用、会用、能用"的原则，加以取舍、合并和优化，在融入与技能知识相得益彰的思政元素

后，使得课程内容干货满满。同时，充分利用现代化教学手段，提高教学效率来解决问题。

在课程思政的背景下，结合课程特征，发掘其中蕴含的思想政治元素：比如构图技术，在《航拍中国》中展示的祖国的河山和现代文明，启示学生要热爱祖国，达到富强、文明的思政目标；比如调色技术，色彩的调节可以让身边的环境呈现两种状态，强烈的对比把环境保护意识深植于每一位同学心上，达到文明、和谐的思政目标；比如剪辑技术，让学生思考断章取义剪辑的危害，从而深刻理解理性表达的力量，达到诚信、友善的思政教育目标等。

3. 与思政元素结合，拓展专业教学内容

结合上述两点，把课程思政和课程技术的根茎枝叶梳理清楚，才能真正做好课程的设计。在有限的学时里，既深入了思政培育，又拓展了专业技术内容，以科学合理的课程设计铺开课程的根茎，以干货满满的课程内容带动学生的兴趣，以兴趣激发的内驱力提高学习效果与自我拓展，以信息化教学手段帮助学生完成枝叶知识的学习实践。

例如，第十章"蒙版与键控"的遮罩部分知识点，在教学中先引入思政部分，教师播放《我是演说家》中的《汉字精髓》视频，让学生现场感受中国汉字的美，据此展现中文魅力，引出"文化自信"，随后在课堂中展开遮罩技术教学和知识点梳理，并运用这些技能来复刻这段专业的文字动画。

在完成以上教学后，再引导学生以自己名字为内容，通过查阅互联网文献写出名字的由来和含义，思考并完成多文字动画的制作。学生需要运用已掌握的技术能力，教师在此基础上提供课程平台的教学和资源支持，学生学习多图层与遮罩的配合使用，进行知识的拓展和任务的实践。这些都是原有教学内容的组成部分，在课程思政过程中只需借用含有思政内容的视频，并不需要额外增加教学内容。事实上，思政所激发的兴趣是关键，兴趣使得原本看似冲突的各个矛盾点变得和谐统一起来。

4. 创新教学方法，激发学生参与教学热情

很多时候，课堂教学学时相对较少，给学生硬性布置的任务过多，还要求学生参与各种比赛和活动，学生负担过重。无论课程思政设计得多精妙，学生多感兴趣，任务的繁重也确实不可忽视。

在"数字影视后期处理"课程中，教师通过严格控制课堂教学学时，强调教学效率，合理安排学生任务和项目实践等环节，同时积极把握以赛促教、以赛促学的契机，运用该教学思路和方法把第二课堂的项目任务引流至各类学生比赛中，使学生能有足够的时间参与实践活动。得益于各级视频类、思政类比赛较

多，以及本课程思政设计良好，学生可以有效地深入思政主题。

例如，本课程开课之初布置了思政深度和技术难度均较强的综合性大作业，让学生随着课程的学习深入和根据不同知识的学习阶段，完善大作业中相应的设计部分，有效整合了课余时间，并不断让学生重复以往知识点的学习和应用，最终引领学生设计并完成大作业，完成参赛作品。

专业课程教学应以课程思政为契机，创新教学方法，以案例作为课程思政建设的主体，带领学生共同挖掘思政资源，激发学生参与教学的热情，在培养学生价值观的同时，引领学生科学看待问题，使学生能够认可课程思政教学，进而提高学生综合分析问题、解决问题的能力。

5. 校企合作，共同培养时代工匠

思政元素在校企合作的过程中起到了重要作用，是学生抽身象牙塔、拥抱行企业的润滑剂。"数字影视后期处理"课程积极开展思政教育，将思政元素融入各个教学环节，从而达到润物无声的效果。在课程导入环节，播放行业发展现状、新技术和新设备等介绍视频，激发学生对行业的热爱，强化责任和担当。还有融入作业完成过程的诚信观教育；通过组织小组合作，引导学生践行社会主义核心价值观，相互关爱，实现共同提高；在小组讨论环节，引导学生掌握具体问题具体分析的思维方式，从小组成员同观点、思路、方法的碰撞等方面切入，融入哲学的矛盾观等教育。

校企通过"双主体、全过程"深度融合，三位一体的育人平台（一体化课堂、校内实训基地、企业实训基地），多方位的教学活动（课堂教学、校内实训、生产实训、顶岗实习、社团活动、技能竞赛、工作室创新项目等），可以培养学生的职业道德与职业素质（爱岗敬业、诚实守信、文明礼貌、遵纪守法、开拓创新、忠于职守、社会责任、保护环境、团队协作、人际交往、沟通协调、安全意识等）。校企双方在人才、技术、设备、文化、管理元素上充分融合与共享，实现育人环境企业化、社会化，同时从企业的角度出发，培养学生的员工角色意识，提高职业素质，需要通过课程思政的不断强化来实现。

参考文献

[1] 虞丽娟. 从"思政课程"走向"课程思政"[N]. 光明日报，2017 – 07 – 20.

[2] 李国娟. 课程思政建设必须牢牢把握五个关键环节 [J]. 中国高等教育，2017（15）：28 – 29.

[3] 杨志成. 中国特色社会主义教育学理论体系发展的新境界——习近平教育思想研究 [J]. 中国教育学刊，2017（5）：1 – 8.

[4] 于冠华，李敬强. 课程思政的价值与实现路径探析——北京物资学院实践探索 [J]. 教育教学论坛，2018（21）：46 – 47.

"三维图形图像" 课程思政的探索与实践①

曹　玲　梁燕儿②

摘　要：百年大计，教育为本。课程思政不是把专业课程讲成思政课。课程思政融价值观引导、知识传授和能力培养于一体，将思政元素如盐溶于水一般有机融入课程教学，将显性教育和隐性教育相统一。所有课堂都有育人功能，所有教师都负有育人职责，课程思政存在于教学的各个环节。本文根据"三维图形图像"课程的内容和特点，深入挖掘课程所蕴含的思政元素及承载的德育功能。从三维建模和三维动画切入，将教书育人落实到课堂教学主渠道中。

关键词：课程思政；三维图形图像

课程思政不是空穴来风，它的来源可以追溯到韩愈的"传道授业解惑"。坚守育人初心，回归教育本质，大学阶段重在增强学生的使命担当。专业课程思政与思政理论课同向同行，让学生明白做人做事的道理，理解社会主义核心价值观的要求，承担实现民族复兴的理想和责任。

在全国高校思想政治工作会议上，习近平总书记强调"要坚持把立德树人作为中心环节，把思想政治工作贯穿教育教学全过程，实现全程育人、全方位育人，努力开创我国高等教育事业发展新局面"[1]。

一、　课程思政的内涵与外延

金子是以矿藏的形式藏在沙砾里面，需要用化学方法提炼出来。挖掘是一个物理过程，提炼是一个化学过程。如果我们把这堆沙土看做教学内容，那么金子就是思政元素。思政元素无所不在，我们要找到它就得重新架构教学内容，而不仅仅是价值观的提炼。课程思政能最大限度提升一门课的学术广度和宽度。

---

① 本文为广州科技贸易职业学院质量工程项目"三维图形图像课程思政"成果。
② 作者简介：曹玲，广州科技贸易职业学院讲师，主要研究方向：三维动画、影视后期、VR；梁燕儿，广州科技贸易职业学院讲师，主要研究方向：插画设计、二维动画设计、游戏美术设计。

课程思政是一种教育理念，是落实立德树人根本任务的理念创新和实践创新，是对包括思想政治理论课在内的所有课程的要求，意味着将育人的"主渠道"从思政课延伸扩展为全部课程，所有课程都要"守好一段渠，种好责任田"。

课程思政可以从家国情怀上培养学生的责任与担当意识，渗入党和国家意识、理想信念、四个自信、社会主义核心价值观、民族精神和时代精神、宪法法治、中华优秀文化等；可以从品格塑造上教育学生如何做人，体现在道德（个人、社会、职业、家庭）、奉献、守法、正义等道德情操方面，以及情感、仁爱、自尊、性格、健康、生命观、心理、鉴赏等人格和人文素养方面；可以体现在观察、想象、思考、分析、综合、判断、推理、逻辑、思维等智力方面；可以从专业伦理上培养学生如何做事，体现在职业精神、职业道德、职业规范、职业行为、专业认同方面；可以从科学精神引导学生如何做事，体现在求真务实、开拓进取、钻研、毅力、勤奋、视野、学术诚信等。

二、 深入挖掘 "三维图形图像" 课程蕴含的思政资源

全面推进课程思政建设，就是要寓价值观引导于知识传授和能力培养之中，帮助学生塑造正确的世界观、人生观、价值观，这是人才培养的应有之义，更是必备内容。专业质量是课堂生命，课程思政是课堂灵魂。二者结合的教育艺术让课堂有情感有温度。

（一）教学设计育人——以"文化自信"为主线

课程思政不是改变原来的课程体系，而是要赋予其新的学术价值——思政价值。思政价值不是隐而再隐，而是要把它显出来，找到契合点，发挥专业课的价值渗透作用。这就需要教师认真思考、优化教学设计，将德育目标进行分解细化，与德育目标相对应。

以"三维图形图像"课程为例，在课程思政的背景下，结合三维课程特征，深入发掘其中蕴含的思想政治元素并提炼出来，具象化课程思政内容，并将其整合成完整的资源体系。比如基础建模部分，选用文化地标中华艺术宫、广州塔，培养学生对传统文化的正确认知，树立其文化自信；比如基础建模实践部分，让学生根据武术造型调整建模，理解"止戈为武""思通造化"的武术含义，了解武术这一我国文化遗产；比如样条线建模部分，选用手机支架主题，说明支架首

先需要自己稳得住，才能承载其他物品、承受冲击，培养学生"穷则独善其身、达则兼济天下"的胸怀；比如复合对象建模部分，选择"火箭"和"飞机"主题，让学生了解我国的航天事业发展，以及感受一代代航天人为了祖国崇高的航天事业而勇于奉献、追逐梦想、不断进步的精神；比如多边形建模之道具部分，选用中华武术十八般武器，通过教学过程激发对民族文化传统的创新能力，并且在课程实践中不断地完善学生自我对传统文化的解读和升华；比如多边形建模之角色部分，选用二十四节气之动物，让学生了解中国文化二十四节气，了解中国文明的传承，培养学生的文化自信；比如多边形建模之场景部分，选用余荫山房，让学生深入了解广府文化，铭记历史，培养学生敏锐的洞察力、强烈的感染力，拓宽其思维与眼界，发展其内心对传统文化的正确认知，树立其文化自信；比如环境设置部分，选用中共一大的红船贴图和党史展览馆灯光设置，营造积极向上的"红色文化"育人氛围，做到红色基因的传承；比如翻版动画部分，以中华成语为学习媒介，将成语与广州科技贸易职业学院校训"厚德、砺学、修技、至善"相结合。借助课堂促进学生积累成语文化，并培养学生爱校情怀。

具体详案见后面的教学整体设计。

（二）教学环节育人——以"职业素养"为主线

课程思政教学不能割裂为单独的教学环节，那样痕迹太重，学生会有抵触情绪。教师应将思政教育融入各个教学环节中，从而达到润物无声的效果。同时要结合职业标准和岗位要求设计教学，将社会主义核心价值观、时代工匠精神和职业素养也设计进去，使得课程既有行而向下的宽度、长度、厚度、深度、广度，也有行而向上的高度（思政）、温度（道德、人文情怀）。

课前：可以播放国家大事、重要会议、重大活动等视频，让学生了解国家政策与方针。在课程导入环节，可以播放行业的发展、新技术的介绍等视频，激发学生对行业的热爱，培养学生严谨求实、创新思维的工作作风和良好的职业道德素质。

课中：可以分小组合作。通过组织小组合作，引导学生践行社会主义核心价值观，团结互助，共同提高，培养高度责任心和良好的团队合作精神。在小组讨论环节，引导学生列举不同观点、拓宽思路、探讨不同方法，可以培养学生科学思维方式和提高判断分析问题的能力。每个专业都有内在、潜在的和思政内容相关联的通道。在实践阶段，引导学生注意事物内在规律，需要用工匠精神做好数据的精准和作品的打磨。同时也要时刻关注学生，积极疏导他们的畏难情绪，给学生谈谈职业，谈谈人生，讲讲励志故事，谈谈案例教训，弘扬正能量，帮助学生克服急功近利、心浮气躁的毛病，正确认识职业、苦练技能。

课后：可以融入作业完成过程的诚信观教育，引导正确的利益观；联系企业的规章制度，引导学生遵纪守法等。此外，还可以根据专业需要和学生素养提升需求，引导学生用工匠精神自主创新。例如，运用 AR 技术将计算机生成的虚拟物体模型、场景模型或系统提示信息叠加到真实场景中，从而实现对现实的增强。在探索的过程中，让学生了解我国虚拟产业现状的同时，增加责任感，激发学生的报国情怀。

（三）课程考核育人——以"道德品质"为主线

贯彻"立德树人"理念，进行考核方法改革，形成性和终结性评价相结合[2]，将课程教学效果评价从单一的专业知识角度，向创新意识、工匠精神、职业素养、团队合作感等多维度拓展[3]，将设计性成果考核转为可量化的综合性考核。"三维图形图像"课程学习的知识和技能主要在项目实践中积累和训练，因此课程考核方式采用形成性考核与终结性考核相结合的方式进行，在考核职业能力的同时也考核职业素养。

其实，从上课签到和完成作业已经开始思政融入。无论是教学还是考核都是日积月累的量化过程。学生的总评成绩由形成性考核和终结性考核两部分组成。其中，形成性考核包含到课情况、课堂讨论、课后作业等；终结性考核包含实践作品、创新设计、中期答辩、期末作品等。期末作品一般会提前一个月布置给学生，让学生分小组合作，联系实际，综合运用所学知识解决实际问题，既考查学生对专业知识和技能的掌握程度，又考核学生的思想和品行修养，还考核了学生的团队协作能力和创新能力。评价范围广，思政教育评价从学业评价延伸至行为与观念层面的评价，关注学生的全面发展。[4]

三、 教学成效

经过探索与实践，"三维图形图像"课程两年以来学生的专业成绩反馈证明，取得了良好的教学效果。高分段人数比例增加，优良百分比明显提高。通过线上线下混合式教学，提高学生的科学思维能力、自学能力；通过借助云班课App辅助手段开展形式多样的课堂活动，培养学生的团队合作能力、创新意识；

通过引进思政案例，引导学生充分提升自己的责任感和使命感。[1]

学生参加广东省职业技能大赛学生专业技能竞赛动漫制作赛项获得一等奖 5 次、二等奖 3 次。

四、　结语

课程思政的育人目的是使课程思政目标回归生活态度，回归社会，回归"四个自信"，教会学生承担责任，如何做人，如何做事。这需要广大教师着眼于教育的"战略"，立足于教学的"战役"，着手于设计的"战术"，将无意识变为有设计，片段化变为系统性，偶发性变为教研室文化。引用原上海市教育委员会主任、时任上海海事大学校长陆靖谈课程思政的"盐论"，"课程思政"改革就是一次"将盐溶在汤里"的尝试。内涵丰富的专业课程如同一碗优质的底汤，而思政教育所要传递的正确价值观则如同盐。就像盐不仅有益于人体健康，也能让汤更有味道一样，将育人元素融入专业课教学，一方面是为了让学生更积极地"摄入盐"，另一方面也能"烧出更适口的营养汤"。

参考文献

[1] 祝敏娇，沈丹萍，李嘉珂. 课程思政背景下打造《三维建模技术（3ds Max）》课程"金课"[J]. 现代计算机，2020（21）：77－80，89.

[2] 徐启江，周波，闫海芳. "分子生物学"课程思政教学探索 [J]. 黑龙江教育（高教研究与评估版），2019（11）：15－18.

[3] 汪波，袁剑锋，栾江峰，等. 应用型本科院校课程思政实施路径探索——以"计算机辅助三维设计"课程为例 [J]. 机械设计与制造工程，2021，50（12）：123－126.

[4] 李岚，曹宇佳，杜佳. 新工科背景下三维建模基础课程思政探索与实践 [J]. 兰州文理学院学报（自然科学版），2020，34（1）：116－119，128.

附表1　课程总体设计方案

模块	单元/专题名称		教学内容概述	素质目标	拟融入的思政元素	预期达到的思政育人效果
第一模块基础概论	基本几何体建模	1	介绍 3ds Max 的基本概况和软件在动画设计中的应用特色，了解三维角色动画的一般制作过程。并介绍移动、旋转、缩放及对齐、镜像、阵列的应用	1. 具有勤奋学习的态度，严谨求实、创新的工作作风 2. 具有良好的心理素质和职业道德素质	中华艺术宫、广州塔	文化是一座城市的灵魂，"文化地标"则是这个灵魂的外化物和可视符号，是一种中国文化。培养学生内心对传统文化的正确认知，树立文化自信
		2	介绍 3ds Max 中基本几何体的创建，并详细讲解其参数的设置。学生能够创建一些简单的模型		中华武术动作	中华武术有着悠久的历史，是中国劳动人民在长期的社会实践中不断积累和丰富起来的一项宝贵的文化遗产。武，止戈为武；术，思通造化、随通而行为术。上武得道，平天下；中武入喆，安身心；下武精技，防侵害
	二维样条线建模	3	介绍二维图形的创建及车削、挤出等修改器的设置，并对线的创建和修改方法进行重点介绍		手机支架建模	支架首先需要自己稳，再去承载其他物品稳。稳得住才能承受冲击。"穷则独善其身，达则兼济天下"的胸怀
	复合对象建模	4	介绍复合对象的创建方法，对布尔运算和放样变形命令的使用进行详细的讲解。通过学习本章内容，可以运用复合对象的创建技巧制作模型效果		火箭建模、飞机建模	让学生了解我国的航天事业发展，以及感受中国一代代航天人为了祖国崇高的航天事业而勇于奉献、追逐梦想、不断进步的精神

（续上表）

模块	单元/专题名称		教学内容概述	素质目标	拟融入的思政元素	预期达到的思政育人效果
第二模块 高级建模	简单多边形建模	5	介绍多边形建模的创建方法。学生通过学习本章内容，可以掌握多边形建模的创建技巧，点、线、多边形的设置，制作出具有想象力的游戏模型效果	3. 具有高度责任心和良好的团队合作精神 4. 具有一定的科学思维方式和判断分析问题的能力	不同类型垃圾桶模型的构建	从垃圾分类对于资源再利用及环境保护的角度，向学生们进行思想道德素质育人教育，提升学生们的爱护环境，节约资源的思想意识
	游戏三要素建模（道具、角色、场景）	6	利用多边形建模方法创建游戏道具。让学生熟练多边形建模的创建技巧，制作出自行设计的游戏道具		中华十八般武器	通过教学过程激发对民族文化传统的创新能力，并且在课程实践中不断地完善学生自我对传统文化的解读和升华
		7	介绍多边形建模的创建方法。让学生掌握并加深多边形建模的创建技巧		二十四节气之动物篇	了解中国文化——二十四节气，了解中国元素。培养学生的文化自信
		8	介绍多边形建模的创建方法。让学生掌握并加深多边形建模的创建技巧		余荫山房	深入了解广州文化，铭记历史。培养学生敏锐的洞察力、强烈的感染力，拓宽其思维与眼界，发展其内心对传统文化的正确认知，树立文化自信

（续上表）

模块	单元/专题名称		教学内容概述	素质目标	拟融入的思政元素	预期达到的思政育人效果
第三模块场景组合	材质与贴图UVW贴图	9	主要讲解材质编辑器和材质参数设置，掌握材质编辑器的使用方法，了解材质制作的流程		红船贴图、党史展览馆灯光设置	提高学生审美和人文素养。以红色历史文化观念教育，营造积极向上的"红色文化"育人氛围，以艺术新形式传递党史信念，弘扬党的奋斗精神，做到红色基因的传承
	游戏场景组合	10	介绍 3ds Max 中的灯光的应用。在场景中设置灯光，增强场景中的真实感和清晰度、三维纵深度			
第四模块动画设计	基础动画	11	了解动画的原理，熟练掌握自动关键帧、手动关键帧制作动画的方法，并会用约束器、曲线编辑器制作重复性动画	5. 培养学生独立分析问题、解决问题的能力6. 具有较强的图像设计与处理的创新思维、艺术设计素质	成语翻版动画（校训、成语）	中华诗句、成语结构匀称、音律和谐、语意深邃、内涵丰富。本项目将诗句或者成语与学校校训相结合，借助课堂促进学生积累成语文化
		12	掌握动力学功能和工作流程，了解刚体动力学、柔体动力学和流体动力学基础		《社会主义核心价值观》小动画	三个层面的价值取向，客观上体现了中国特色社会主义事业的价值属性和价值理念。培养学生的爱国情怀
	粒子空间	13	掌握粒子系统的基本应用。运用材质贴图、粒子系统及拖尾插件制作复杂的游戏特效		《杂草与希望》蒲公英粒子飞散动画	培养学生做动画时的精益求精、规则意识，以及良好的团队协作和沟通能力
	骨骼动画	14	了解人物运动规律，会用骨骼绑定使两足动物适应模型。掌握蒙皮设置并会制作复杂的动作动画		《如果你不努力》角色人物骨骼绑定动画	培养学生的辩证思维、实事求是的学风，使其具有专业道德意识、健全的人格能力和社会责任感

附表 2　一个单元设计方案

单元名称	基础动画（成语翻版动画）		学时数	4
教学内容（知识点）	对应融入的思政元素	采用的相关案例（包括文字、图片、视频）	采用的教学方法和手段	育人效果及反思改进
撰写文案	校训"厚德、砺学、修技、至善"+诗句	厚积而薄发，君子以厚德载物。宝剑锋从磨砺出，不可沽名学霸王。路漫漫其修远兮，雕虫小技何足论。丹青不知老将至，平生不解藏人善	课前自学（在线微课）完成任务（网上提交）	以中华成语为学习媒介，将成语与学校校训相结合，借助课堂促进学生积累成语文化，并培养学生爱校情怀
文字建模	审美情趣		案例教学云班课头脑风暴智能标签	提高学生的审美和人文素养
材质贴图灯光设置	精益求精			把"工匠精神""精益求精"的精神内涵融合到课程设计之中，使其成为促进学习走向自觉、走向深入的内在驱力
制作翻版动画	关键帧插补动画			不要用战术上的勤奋去掩盖战略上的懒惰

从知识传授到育人：
高职"生活中的化学" 教学实践①

郑凌玲②

摘　要： 深挖高职院校公选课"生活中的化学"的育人元素，精心设计教学内容，运用课堂主题辩论、趣味生活实验的设计与展示、探秘生活中的化学等理论知识传授与课内外实践相结合的教学方式，实现全过程育人，充分展现了公选课在立德树人方面的价值。

关键词： 高职院校；公选课；生活中的化学；立德树人

《国家职业教育改革实施方案》提到要落实好立德树人的根本任务，健全德技并修、工学结合的育人机制。中国特色高水平职业院校的建设目标，是培养具备认知能力、协作能力、创新能力和职业能力的时代工匠，高职教育理应是专业知识学习、专业技能培养和健康灵魂塑造的统一。

目前高职教育知识传授和育人脱节问题比较突出。高职学生正处于主题思想和价值观塑造的关键时期，理性、客观和成熟的判断力尚未形成。现代社会生活方式的多样化、经济全球化和国际化以及新媒体技术的广泛应用，容易导致学生的价值观发生迷失[1]，如缺乏工匠精神，对未来职业不感兴趣，对社会上发生的重大事件、热点问题缺乏理性思考和正确判断，职业道德意识淡薄等。学生三观的引导和教育，比以往任何时代都需要，也更具艰巨性和挑战性。

课程思政是落实立德树人的重要举措。2020 年教育部印发的《高等学校课程思政建设指导纲要》要求高等职业学校结合专业分类和课程设置情况，分类推进课程思政。高职院校针对课程思政的教学改革开展得如火如荼[2]，但主要集中在公共基础课和专业课，很少涉及公选课。

---

① 本文为广州市科技计划项目（编号：202102080326）、院级课程思政教育教学改革研究项目（编号：JG2020039）、广州市教育科学规划重点课题（编号：201811611）、广东省教育厅科研项目（编号：2019GKTSCX085）成果。
② 作者简介：郑凌玲，广州科技贸易职业学院研究员，主要研究方向：新材料的制备与性能研究。

在现代社会日趋多元化和知识高速更新的大数据背景下，公选课已超越了专业课的理论性和实践课的实用性，凸显知识的融会贯通，有助于将学生培养成为视野开阔、人格健全与和谐发展的人[3]。这与课程思政的理念不谋而合，因此公选课以"全人培育"为宗旨[4]的价值应得到充分发掘和肯定[5,6]。

一、高职 "生活中的化学" 的教学理念

化学研究物质的结构、性能和转化，是一门创造新物质、探索新应用的学科，在推动科学与社会进步、改善人们物质生活质量方面，发挥着无可替代的作用。高职"生活中的化学"关注知识传授与育人的协调统一，在知识传授中凸显育人取向，课程秉承"授之以渔"的教学理念，具体如下：

（1）"生活中的化学"重在训练科学方法。从高职学生感兴趣的热点问题切入，训练学生自主获取知识、驾驭知识、深入探索和发现未知领域的能力，以点带面，培养学生对知识的凝练能力、对未知问题的研究能力、想象力、好奇心以及演绎升华等深度思考问题方面的科学素养，引领学生在科学方法运用等方面逐步获得如图 1 所列能力。

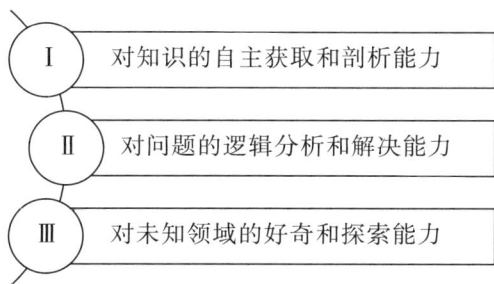

图1　高职"生活中的化学"对学生科学能力的培养

（2）"生活中的化学"具备育人的天然优势。作为一门富含哲学的自然学科[7]，化学的学科发展历程本身就反映人类探索自然和战胜自我的历史，学科发展的轨迹蕴含着对大学生世界观、人生观和价值观具有重要启示的素材，为育人提供了良好契机。课程还蕴含着伦理道德、生态环境、能源动力、审美观等与高职学生综合素养相关的因素。

二、高职 "生活中的化学" 课程设计思路

（一）课程育人目标

"生活中的化学"立足于高职学生综合能力和职业技能提升，确立了如图 2

所示的育人目标，即：以提高学生综合素质为目的，以掌握化学知识为基础，以社会热点问题为载体，通过课堂内辩论、研讨、趣味实验设计与展示等传授理论知识，结合探秘生活中的化学课外实践，充分利用课堂、校园和社会三方面资源，激发学生的主动性和创造性，培养学生的实践动手能力、资料搜集归纳能力、语言表达能力、沟通协作能力等；立足学生长远发展，培养学生的社会责任意识、环保意识[8]、创新意识、辩证思维意识、节约意识和安全意识，实现价值引领、知识传授、技能训练的"三合一"。

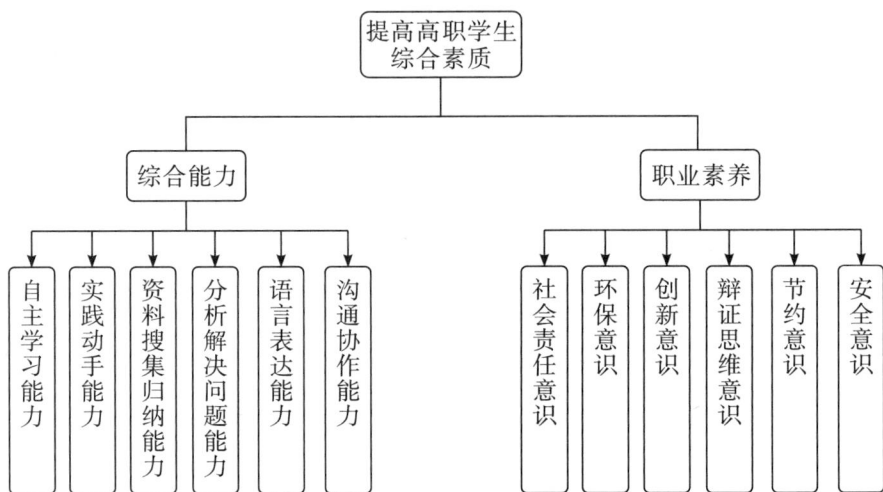

图 2　高职"生活中的化学"的育人目标

（二）课程设计原则

"生活中的化学"蕴含丰富的育人资源，运用德育的学科思维，精心提炼其中蕴含的育人元素和价值范式，结合高职院校学生特点，使知识传授、育人、技能训练协同并进，课程设计遵循以下原则。

1. 保持育人的实效性

遵循职业教育供给侧改革理念[9]，紧跟时代步伐，融入时政元素，将社会上的热点问题恰到好处地引入课堂，激发学生兴趣，提升课程的教学效果和育人实效。在每学期期末通过问卷、访谈等方式，实时掌握学生对课程开设的看法，及时调整学生兴趣度不高的主题，让课程内容始终保持"鲜活"。

2. "适度"的教学目标和教学方式

高职学生理论知识基础相对薄弱，动手能力略强，教学目标要有合适的知识深度和育人深度，以适应学生的需求度和接受度。选课学生多为大一学生，根据自我发展理论[10]，他们逐渐从高中阶段的服从外部规则阶段向自我主导阶段过渡，讨论、辩论的教学方式有助于激发学生发现问题、分析问题和解决问题的能力；自主设计实验及课堂展示，能发挥高职学生爱动手、动手能力强的优势，潜移默化地将学科特色、化学情怀恰如其分地传授给学生。

3. 能有效激发学生的学习动机

选课学生中文科生居多，学生普遍认为公选课的内容与自己的专业相关性不大，修完学分即可。这种"专业主义"和"功利主义"是公选课学习的重要障碍[11]。根据学习动机理论，外部动机（如学分压力、教师要求等）对学生学习的推动作用，远不及内部动机有效[12]。以学生为主体的"开放交互"教学模式能营造出共同参与、活泼热烈、轻松和谐的学习氛围，极大地调动学生参与课堂的积极性[13]。教师主动关注学生需求，结合学生专业，让学生认识到课程学习是自身发展的内在需求，有益于未来职业发展，激发学生的学习主动性。

借鉴学生发展理论、学习动机理论，考虑高职学生的特点，突出课程的育人价值，设计课程内容和教学方法，如以学生为主体的课堂辩论、趣味生活化学实验设计比赛、课外探秘等，将有效激发学生的科学求知欲，让学生在"生活中的化学"学习中树立正确的三观。

三、 凸显育人取向的课程内容设计

"生活中的化学"共有 32 学时，内容选取上坚持"三贴近"原则，即贴近生活、贴近学生、贴近实际，运用德育的学科思维，精心提炼其中蕴含的育人元素和价值范式，使知识传授与育人二者协同发展。课程知识体系分为八大主题，每个主题都恰到好处地引入与育人目标相贴近的案例，详见表1。

表1　体现育人价值的课程内容设计

主题	教学内容	部分典型案例	育人目标	学时
关于化学的那些事儿	（1）课程介绍（2）化学学科发展简史（3）化学的未来	（1）古代化学到现代化学的演变（2）拉瓦锡的燃烧理论（3）徐光宪提出"化学让生活更美好"、国际化学年主题"化学——我们的生活、我们的未来"、《探索化学化工未来世界》、《化学化工前沿》	（1）感受科学技术的伟大成果和科学演变的魅力，深刻认识课程的实用性（2）理解科学知识对社会发展的推动作用，鼓励学生探索未知，用知识改变生活（3）增强民族自豪感和自信心，热爱祖国，努力学习	2

（续上表）

主题	教学内容	部分典型案例	育人目标	学时
化学名人堂	爱国化学家的事迹及贡献	（1）徐光宪与稀土 （2）侯德榜与制碱工业 （3）黄鸣龙与有机合成 （4）邓稼先与原子弹 （5）卢嘉锡与结构化学	（1）激发学生爱国主义情怀和社会责任感 （2）学习科学家不怕挫折、百折不挠的求知精神，敢于创新的科学精神 （3）培养淡泊名利、坚守职业、乐于奉献、勤奋执着的品德 （4）培养对工作恪尽职守、实事求是、精益求精的工匠精神	2
有"历史"的化学	中国传统文化中蕴含的化学智慧	（1）茶叶中的化学 （2）传统节日如端午、清明、春节习俗中的化学知识 （3）四大发明中的化学 （4）发酵技术如酿酒、酿醋 （5）典籍中的化学：如《本草纲目》《梦溪笔谈》中的化学知识	（1）了解中国悠久历史文化 （2）感受中华民族的伟大智慧 （3）激发学生的民族自豪感，增强文化自信	4
化学热点事件	新闻报道、焦点事件中与化学相关的案例	（1）抗击新冠疫情的化学药物 （2）高校化学实验室安全事件 （3）天津港事件 （4）广东茂名PX事件 （5）日本释放福岛核泄漏废水事件 （6）化学博士给同学、同事投毒事件	（1）增强学生对社会的关注与责任感 （2）认识科学技术的运用既要考虑目标达成，更要考虑后果 （3）培养学生的安全意识 （4）培养学生的生态环保意识 （5）引导学生分析化学反应的危险源头，提出解决方案，让学生敬畏化学 （6）引导学生既要有才，又要有德，树立正确的三观	4

（续上表）

主题	教学内容	部分典型案例	育人目标	学时
实用到爆的化学小技巧	利用化学知识轻松解决日常生活的问题	（1）如何去除小轿车中的异味 （2）厨房中的化学：如何做出好吃的红烧肉，怎样给鱼肉去腥味 （3）巧除衣服上污渍 （4）合理规避生活中的危险：如何用酒精消毒 （5）如何挑选食用油 （6）如何挑选护肤品，特别是美白类化妆品	（1）感受科学技术能让生活更美好，崇尚科学 （2）激励学生努力学习，掌握现代先进技术 （3）学会用科学的方法解决实际生活问题	4
品味化学的两面性	化学中的辩证问题	（1）天然的东西是否一定比化学合成的好 （2）分析重大环境污染事件 （3）新能源核能的开发与潜在的危险 （4）农药、化肥的使用与农业发展、环境保护 （5）非法添加物与食品添加剂的使用	（1）培养学生辩证思维，能从不同的角度分析问题 （2）诚信教育：培养学生诚实守信、诚恳待人的意识，懂得"有才无德，其行不远"的道理 （3）培养学生联系和全面看问题的哲学观 （4）培养学生遵纪守法的法治意识	4
发现化学之美	美学教育与艺术熏陶，引领学生发现化学的美	（1）物质结构对称美：分子结构、杂化轨道 （2）物质形态的美：晶体、石钟乳 （3）物质的颜色美：烟花 （4）化学反应的变化美：如《重现化学》《美丽化学》等	（1）培养学生的审美素养，提高欣赏美和创造美的能力 （2）引导学生领悟自然的美、生活的美和科学的美，擅于发现生活中的美、创造美，培养乐观积极向上的心态	4

（续上表）

主题	教学内容	部分典型案例	育人目标	学时
化学实验动起来	趣味化学实验设计及展示	（1）根据主题，查资料，设计生活化学实验方案 （2）实验设计方案评比 （3）优秀方案课堂展示	（1）锻炼学生实践动手能力 （2）培养查资料归纳能力 （3）培养敏锐的观察力 （4）培养敢于质疑、解疑的能力 （5）加强诚信教育	8

四、　课程实施

丰富多样的教学方式能活跃课堂氛围，激发学生对所学知识的认同感，提高学习的专注度，继而获得良好的教学效果。[14]结合高职学生愿意动手、乐于动手的特点，在课程实施环节，尽量创造机会，让学生动起来，充分参与到课程学习。

（一）课堂教学：教师授课 + 学生主题辩论

公选课育人宗旨之一，是培养学生具备认真思考、表达、辩驳、分析探究的能力，获得终生受益的批判性思维，进而树立正确的人生观和世界观。[15]目前高职院校公选课教学以任课教师的讲述为主，在培养学生批判性思维方式上存在不足。

"课堂辩论"的教学方式能让学生把所学的知识、原理和方法应用到实际生活中，激发学生关注、思考及参与社会事件的讨论，保持清醒的头脑，坚定自己的理想信念，使自身的思辨能力以及语言表达、合作交流、逻辑思维等能力得到提升，潜移默化地培养学生的批判性思维。

以主题为模块，第一至第七主题采用"教师授课 + 学生主题辩论"的形式开展课堂教学，按照以下两个阶段进行：

（1）教师通过播放视频、转发新闻链接、讲故事等方式将与学生生活经验相关的案例引出，结合案例向学生传授化学知识，引导学生体会化学与生活的密切关系。

（2）开展"每周一辩"活动。学期初，教师围绕学习主题，综合考虑化学知识、社会热点，并结合高职学生的兴趣点，设计"每周一辩"的主题，发布在超星学习通平台。学生在查阅文献资料后，将自己的意见反馈到平台，教师搜集整理后，发布最终主题（见表2），辩论的规则与流程一并发布。

表2 "每周一辩"的主题

内容	辩论主题	化学知识
爱国化学家	如果你是侯德榜，在当时的情况下，会选择回国吗（正方：会）	爱国科学家对化学学科的贡献
传统文化中的化学知识	喝茶对身体有益，因此多多益善（正方：正确）	茶叶的成分、化学组成对人体健康的影响，与人体内物质相遇发生的化学反应
热点问题中的化学知识	抗击新冠疫情时，中药和西药哪个对疫情防控效果好（正方：西药）	药物的成分及与人体结合产生的化学反应，防疫机理
生活中实用的化学小技巧	护肤品的利与弊（正方：利大于弊）	化妆品的成分及功效，如美白类化妆品中美白、祛斑等原料中有害成分汞对身体的危害
化学中的辩证问题	含食品添加剂的食物对身体的利与弊（正方：利大于弊）	食品添加剂、化学非法添加物的定义与区别，各自在食物中发挥的作用，对健康的影响
化学学科的发展	化学工业的发展与环境保护的发展问题（正方：可以并行发展）	深刻认识化学对人们生活带来的巨大便利、环境污染产生的原因，思考如何利用化学知识美化环境

第一次课上，4~5名学生自愿组成一个辩论小组，并分成正、反两方，抽签决定辩论的主题和时间。正式辩论前，双方至少进行一次预演，教师现场指导。学生整理资料，确定本方论点，预测对方可能提出的问题并研究辩论战术。辩论时间控制在35分钟以内，随机抽取5位学生和任课教师进行综合评分。参考正式辩论赛的规则并结合本课程的学习要求，制定评分标准（见表3），"每周一辩"的成绩计入过程考核评分。

辩论结束后，2个小组互相交流，评价对方的表现，教师点评化学知识、原理阐述是否到位，以及有哪些有待提高的地方，供其他学生学习。

表 3 "每周一辩"的评分标准

评价指标	评价内容	所占百分比
语言表达	表达流畅，语速适中；学以致用，感染力强；口头、肢体语言和谐	10
逻辑思维	逻辑推理过程严谨、清晰；论证结果合理、有据；契合辩题，说理透彻	30
辩驳能力	提问简明扼要，针对性强；论据充分，反驳有理有据；化学知识、原理阐述到位，论点鲜明，引用实例恰当	30
团队意识	分工合理，配合默契；衔接有序，取长补短	20
综合印象	着装得体，仪态大方；台风与辩风有一定的幽默感；尊重对方辩友、评委和观众	10

（二）课内外实践

鉴于职业教育在学生实践能力培养方面的要求，课程实践部分由课堂内趣味化学实验设计和课堂外的"探秘生活中的化学"两部分组成。

1. 趣味生活化学实验设计与展示

化学是一门实践性非常强的学科，虽然很多本科院校在开设化学类公选课（通识课）[16]时，有设置少量趣味实验，但高职院校因为专业设置的限制，极少开设"生活中的化学"公选课[5]。化学实验对场地有特殊要求，有些试剂具有易燃、易爆、剧毒等危险性，无法开放给学生使用，偶有的实验也仅限于课堂上教师的现场展示，学生无法在实验中感受到化学的魅力。

为给学生提供能自主研究探索实验的机会，提高学生学习化学的兴趣，笔者设计了趣味生活化学实验设计与展示环节。开设 8 学时的实验课，要求 3～4 名学生组队，挑选生活中的原材料，自主开发趣味实验，参加趣味实验设计比赛。实验材料源于日常生活吃的食物、喝的饮品、用的物品，材料易得，能替代传统化学专用试剂，实验结束后不会产生有害废弃物，契合绿色化学的理念。

设计的实验要有一定的趣味性，反应过程伴随鲜明的颜色变化、气体或沉淀生成、物质迅速溶解、发光、发热、燃烧等，以激发学生的兴趣。学生参考教师提供的选题，查阅资料后确定实验方案、所需材料、用量和辅助器材。要求学生预做实验，确保实验现象稳定，可重复。若未达到预期效果，自行查阅资料，与教师讨论交流，教师进行启发指导。

学生提交匿名版的设计方案到学习通平台进行线上展示，由班上学生与教师匿名投票，按照得票率高低，挑选出 8 个左右的优秀设计方案。被评为优秀的小组，将获得额外加分，优秀方案由小组成员在课堂上进行展示、讲解。讲解时将实验内容以小故事、小视频等活泼形式呈现，向台下的学生提问，引发思考，比如有学生做水果电池，以青蛙腿导电的小故事引入。展示结束后，台上学生组织和引导其他学生重复该实验，教师总结和点评。

实验设计与展示充分激发了学生的求知欲，让学生领悟到"纸上得来终觉浅，绝知此事要躬行"的道理，锻炼了学生的创新实践能力，让学生对化学在生活中的广泛应用有更深刻的认识和理解，学会用掌握的化学知识解决生活中的化学问题[17]，体会到学习化学知识是生活的需要。这种自行设计实验与展示的教学方式获得了学生们的一致好评。[18]

2. "探秘生活中的化学"课外实践

为激励学生主动发现问题、提出问题，课程推出了"探秘生活中的化学"课外实践活动。学生根据自己的专业背景和生活经历，与同学们分享自己发现、观察到的趣味化学现象，以及对其认识过程和内心感悟。每次课预留 20 分钟，让学生结合拍摄的视频、照片，以讲故事、作品展示的形式进行面对面的分享交流，并将视频、照片分享到班级群，编辑后还可发布到抖音、快手等社交软件。

实践证明，课外探秘活动能锻炼学生的观察能力，增强学生的分析能力，激发学生的自主学习能力。比如有学生发现金属眼镜框的夹片周围有绿色物质，通过查阅资料并与教师交流得知了该物质的成分、形成原因，以及去除的简易方法，相关照片分享到班级群后，也引发了其他学生的关注，学生纷纷感悟"化学在生活中真是无处不在""体验到了化学的神奇和魅力"。

五、 课程育人效果

（1）选课情况。学院将"生活中的化学"定位为任选课，学生对这门课的学习完全出于自己的喜欢和课程的口碑。每学期公选课的选课系统一开放，选课人数在 2 小时左右就达到了上限，有学生因名额限制没选上，提出要来听课。自开课以来，学院文科类（财务管理、工商管理等）、理工类（电气自动化、电子信息工程、机电一体化技术）、艺术类（艺术设计、服装设计、音乐表演）等 27 个专业的学生选课，学生到课率保持在 98％以上，充分说明这门课对学生的吸引力。

（2）学生反馈。为了解课程育人效果，根据课程内容，设计了课程育人效果评价表（见表 4）。2019 年以来，累计有 240 名学生选课。每学期课程结束之前，任课教师在学习平台上发布评价表及简答题"请结合自己的专业，谈谈你对生活中的化学这门课程的学习心得和建议"，要求学生有感而发，且作为最终考核成绩之一。

统计显示，评价表的平均分为91.7，分项统计得分见表4。简答题部分98%以上的学生认为通过课程学习感受到了化学的实用性。学生对课程内容、实验设计等提出不少中肯意见，说明课程在价值观引领方面效果明显，不仅让学生学到了实用的化学知识，还提高了思想道德修养。

表4　育人效果评价表

评价指标	评价内容（权重/%）	评价等级 （是，否）	评价结果 （肯定回答 所占比例/%）
课堂理论 知识传授	是否感受到化学的无处不在（10）	是	93.2
	是否愿意参与课堂活动（10）	是	89.6
实践活动	在实验设计环节是否体验到化学的魅力（20）	是	92.4
	在探秘活动中是否发现了有趣的化学现象（20）	是	90.5
思政收获	课程是否具有德育元素（30）	是	91.6
拓展部分	是否愿意继续学习化学相关知识（10）	是	95.8

（3）课程思政专家评价。邀请学院课程思政领导小组的专家听课，就目标达成、育人元素与思政元素融合度、成效展现等3个方面进行评价，该评价能体现课堂教学中课程思政的实施细节，有利于课程思政教学设计的改进。专家们认为教学实施过程合理，思政元素引入恰当，思政案例贴近高职学生，教学方式丰富多样，达到了预期效果，建议教师要及时总结并不断提炼，充分挖掘课程中蕴含的思政元素，与专业知识有机结合，做到润物细无声。

六、　结语

公选课为高职学生积累知识、开阔视野、树立三观提供了有效的途径。"生活中的化学"秉承"全方位育人"理念，从知识传授、实践锻炼（课堂辩论，趣味实验设计与展示）、发现探索（探秘生活中的化学）等方面对学生进行科学方法的训练，既发挥了育人功效，也注重育人的连贯性，达到了全程育人，实现了寓价值观引导于知识传授和能力培养之中，充分展现了公选课在立德树人方面的成效。

参考文献

[1] 程有娥. 基于核心素养的高职通识教育改革研究与实践——以浙江工贸职业技术学院为例 [J]. 职业技术教育, 2020, 41 (17): 41 – 45.

[2] 林素琴. 高职院校深入开展"课程思政"建设的具体路径 [J]. 教育与职业, 2021 (11): 83 – 88.

[3] 张威. 通识教育: 高校课程思政的有效促进 [J]. 中国高等教育, 2019 (2): 36 – 38.

[4] 钟鸿英. 从知识到智慧: 自然美和科学美的统一——"魅丽印象·化学"通识教育课程设计理念和实践探索 [J]. 大学化学, 2019, 34 (11): 10 – 20.

[5] 郑凌玲, 周爱菊. 高职院校学生化学科学素养培养的实践 [J]. 大学化学, 2017, 32 (1): 36 – 41.

[6] 汤苗苗, 董美娟. 高校课程思政建设存在的问题及对策 [J]. 学校党建与思想教育, 2020 (22): 54 – 55.

[7] 余丹梅, 甘孟瑜, 李泽全. 大学化学教学中培养学生辩证思维能力的实践 [J]. 化学教育 (中英文), 2015, 36 (12): 9 – 12.

[8] 郑凌玲, 周爱菊. 高职"人居环境"课程教学中学生化学素养的培养 [J]. 化学教育 (中英文), 2017, 38 (24): 43 – 47.

[9] 何世松, 贾颖莲. 新时代背景下高等职业教育的综合改革路径——从产业需求侧反观教育供给侧 [J]. 中国职业技术教育, 2020 (4): 83 – 87.

[10] 解启健. 自我主导力理论在高等教育领域的应用与发展 [J]. 江苏高教, 2017 (7): 19 – 27.

[11] 卢晓东. 从通识教育深入到通识学习 [J]. 中国高校科技, 2015 (1): 54 – 57.

[12] 李丽萍, 张璐. 化学与社会: 跨学科视角下的通识课教学新探索 [J]. 化学教育 (中英文), 2019, 40 (10): 6 – 11.

[13] 易晓春. 适应高职学生特点的思想政治理论课教学改革思考 [J]. 职业技术教育, 2017, 38 (20): 70 – 72.

[14] 赵岩, 郭玉鹏, 李根. "三全育人"视阈下高校学科导论课程育人路径研究——"化学与社会"课程的问卷调研 [J]. 化学教育 (中英文), 2020, 41 (18): 15 – 18.

[15] 冯清. 在化学类通识教育课程中开展"课堂辩论"对大学生能力培养的探索与实践 [J]. 大学化学, 2018, 33 (11): 70 – 74

[16] 訾学红, 陈永宝, 刘淑珍, 等. 在生活化学实验展示训练中培养学生的科学素养 [J]. 实验技术与管理, 2019, 36 (5): 188 – 189.

[17] 周贤亚, 聂丽, 黄磊, 等. 通识课"趣味化学实验"存在的问题与对策 [J]. 化学教育 (中英文), 2017, 38 (24): 11 – 16.

[18] 郑凌玲, 王静, 周爱菊. 供给侧改革视角下高职院校生活化学实验的设计与教学实践 [J]. 化学教育 (中英文), 2021, 42 (6): 83 – 87.

"机械制造技术基础" 课程思政教学改革探索与实践①

邹黎明　苏再军②

摘　要："机械制造技术基础" 作为装备制造类专业的必修课，蕴含丰富的思政元素。本文分析了该课程开展思政改革现状，并结合高职院校情况，从课程标准修订、教学资源库建设、教学方法设计等方面进行分析探讨，并希望能为其他相关课程的课程思政教育提供借鉴。

关键词：课程思政；机械制造技术基础；教学改革；装备制造类专业

"机械制造技术基础" 是装备制造类专业的一门专业必修课，课程内容一般包括金属切削基础知识、常规加工技术、机床夹具设计、机械加工工艺规程制定、机械装配工艺基础、机械加工质量分析等。该课程能把理论和实践充分结合起来，蕴含丰富的思政元素，课程内容符合中国制造和大国工匠精神的内涵，是课程思政教育改革的一块 "天然试验田"。针对该课程开展思政教育，对培养工科学生的爱国精神、职业精神、职业道德等大有裨益。本文对该课程思政教学方法、教学内容、教学实施路径等进行了探索，同时可为装备制造类其他专业课程开展课程思政提供借鉴。

一、 "机械制造技术基础" 课程思政改革现状

（一）课程标准需重新修改

由于课程思政是一种新颖的教学元素，因此，大部分学校需要在原有课程标

① 本文为广州科技贸易职业学院校级质量工程课程思政类专项（zx202160）、广东省普通高校特色创新项目（2021KTSCX273）、广州科技贸易职业学院创新创业教育研究项目（2021JYYJ08）、全国职业院校课程思政研究中心（广州科技贸易职业学院）课程思政建设阶段性成果。本文已发表于《工程技术研究》2022 年第 10 期。
② 作者简介：邹黎明，广州科技贸易职业学院副教授，主要研究方向：材料先进制造加工技术；苏再军，广州科技贸易职业学院副教授，主要研究方向：智能制造。

准中加入思政元素，重点是新增课程思政教学目标，以及在课程教学设计中增加每个知识点需引入的思政元素，将价值塑造、知识传授和能力培养三者融为一体，实现"德智技全面发展"。在编写课程建设、课程教学方案与课程成绩评价体系时，要将"价值引领"功能的增强和发挥作为首要因素。从目标和过程上尽可能将该课程所有知识要点融入思政教育理念，并在教学建设、运行和管理等环节中步步落实。在课程教学设计方案等教学文件中要同步提升"知识传授、能力提升和价值引领"的目标；在课程标准的制定过程中，要牢记设置"价值引领"或"以德育人功能"指标观测点，促进课程思政落实落地。

（二）任课老师思政教学经验不足

目前高等院校大部分任课教师都是毕业后就直接进入学校工作，对本课程思政教育所包含的职业精神、工匠精神等元素理解不是很充分。此外，思政教育带来新的教学要求，大部分教师尚未认识到思政教育的重要性，经验也相对匮乏。思政教育要求任课教师具有较好的政治理论素养和文学素养，才可在课堂传授专业知识过程中给学生培养高尚的道德素养，但目前理工科任课教师政治理论素养和文学素养相对较为缺乏，也会影响最终教学效果。

二、"机械制造技术基础"课程教学改革措施

（一）将课程思政融入课程标准

课程标准是规定某一学科的课程性质、课程目标、内容目标、实施建议的教学指导性文件，是教师进行课程教学的主要依据。目前广州科技贸易职业学院已要求各门课程都需将思政元素纳入课程标准。本课程将价值导向与知识传授相融合，明确课程思政教学目标，在知识传授、能力培养中，弘扬社会主义核心价值观，传播爱党、爱国、爱岗敬业的正能量，培养学生的崇尚科学精神，将思想价值引领贯穿于课程体系、课程标准、课程内容等主要教学环节。在每个知识点的教学设计中增加 1~2 个思政教学案例，引入相应的典型思政元素。在专业课教学过程中，要注重课程中的思政元素与课程本身的有机融合，通过潜移默化、"润物细无声"的方式达到课程育人良好效果，重点培育学生的爱国情怀、大国工匠精神、职业精神、职业道德等。

（二）将思政元素融入实训教学

实训教学是高职学生重要的一种教学方式，是职业技能训练和提升的重要环节。在本课程的实训教学过程中融入思政教育，能让学生更深刻地理解良好职业

规范、爱岗敬业的职业道德等思想政治元素。如在机床加工实训教学过程中，引入案例"东芝事件""考克斯报告"等，让学生明白高档数控机床是一个国家综合国力的重要体现，目前是中国的"卡脖子"技术，中国不能没有自己的数控技术，让学生充分认识专业学习的重要性。在实训过程中，讲授职业规范、团队合作等思政元素，让学生树立团队协作意识、奉献事业精神，深化思政教育的意义。同时，可安排学生赴优秀国产装备制造类企业参观交流，增强民族自豪感。如广州科技贸易职业学院安排学生到广州数控设备有限公司学习交流，作为该课程的实践环节。广州数控自成立以来，坚持走自主研发、自主创新的道路，目前该公司已成为我国最大的数控机床生产基地，成功开辟出一条振兴民族数控机床系统的通天大路。通过学习交流，学生在全面熟悉了解典型零件的机械加工过程的同时，也了解到广州数控坚持自主研发、自主创新，突破高端市场，打破国外垄断局面，充分理解大国工匠精神，增强了民族自豪感，立志为民族数控机床行业的振兴贡献自己的力量。

（三）建设好思政元素课程资源库

在思政教育过程中，应避免单纯的说教，融合视频、音频、图片等多媒体教学资源，让学生感同身受，认同其中包含的思政元素。因此，教师应建设好思政元素课程资源库，如反映大国工匠、中国制造2025、民族制造工业腾飞等的视频资料，加以剪辑。教师也可以自己录微课，融入相关思政元素。在课堂上给学生讲授的同时，还要将内容上传到超星学习通等在线教学平台，以便学生能随时学习。此外，要做好典型思政案例的收集整理。通过典型思政案例的分析，将思政元素融入具体案例，会引起学生共鸣，产生更深的领悟。课后，教学团队开展教学活动，对课程思政资源库中的教学案例进行归纳总结，优选教学效果好、学生反响佳的教学案例，并在后续增加更类似案例，从而不断提升课程思政育人效果。

（四）设计好课程整体教学内容

结合课程教学内容实际，将爱国爱党、大国工匠、中国制造2025、民族自豪感等思政元素有机融入。建立有机统一的课程体系，形成思政元素全覆盖的思政教育课程内容。本课程设计的部分思政元素与教学成效如表1所示。

表1　教学内容、思政元素与育人目标

序号	单元/专题名称	教学内容概述	素质目标	拟融入的思政元素	预期达到的思政育人效果
1	绪论	机械制造技术发展趋势，及本课程主要讲解的内容	具有大国工匠精神、爱国精神	（1）介绍工业4.0、中国制造2025的国家战略，结合视频资料，讲解机械制造技术的发展历史，让学生关注学科发展和行业的最新动态，激发学生学习本专业和本课程的热情。（2）介绍大国工匠精神，鼓励学生为振兴我国的制造业而努力奋斗、拼搏，强调我国工业出口占比超90%，激发学生爱国主义情怀，体现人文精神	激发学生对提高我国机械制造水平的紧迫感、责任感与使命感。帮助学生理解全面提升中国制造业发展质量和水平的战略部署对实现伟大中国梦的重要意义
2	金属切削基础知识	刀具材料、金属切削过程及其物理现象、切削力与切削功率、切削热和切削温度、刀具磨损与刀具寿命、切削用量的选择及工件材料加工性、高速切削及刀具	具有辩证思考问题的能力	（1）通过刀具五个基本角度的选择相互制约关系，在课堂引入唯物辩证法，说明在事情的发展过程中一般都存在主要矛盾与次要矛盾，二者在一定的条件下是可以相互转换的，强调解决问题时一定要抓住主要矛盾，不要钻牛角尖，从而培养学生辩证思考问题的能力。（2）分析各种常用刀具材料的性能差异，以及它们的优缺点及使用领域，从而给学生强调任何事物都存在优缺点，在分析问题的时候不能以偏概全，应进行全面分析	让学生学会如何辩证思考问题

（续上表）

序号	单元/专题名称	教学内容概述	素质目标	拟融入的思政元素	预期达到的思政育人效果
3	常规加工技术及设备	车铣刨磨加工过程、加工设备及特点	具有爱国情怀、奉献精神	（1）通过讲解案例"东芝事件""考克斯报告"，让学生明白高档数控机床是一个国家的战略物资，是一个国家综合国力与实力的重要体现，高档数控机床是西方对我国封锁与限制的重点，中国不能没有自己的数控技术，让学生充分认识专业学习的重要性。（2）通过实例分析车铣刨磨技术在国防军工、航空航天领域的应用，让学生了解机械加工技术在富国强军、中华民族伟大复兴路上的重要性	激发学生爱国主义热情及培养热爱专业、热爱学习的良好品质
4	机械加工工艺规程的制定	机械加工工艺过程、零件的工艺性分析、毛坯选择、定位基准选择、工艺路线拟定、加工余量确定、工序尺寸确定	具有精益求精、追求完美的工匠精神，具有诚实守信、遵守规章制度的职业精神	（1）在讲授机械加工工艺规程制定内容时，突出机械加工工艺中体现的大国工匠精神，挖掘典型案例，强调在制造产品时要追求高品质，一丝不苟，拥有耐心与恒心，在生产当中具备质量至上的职业操守、对生产过程中各个细节都给予重视的工作态度；工匠精神应成为人生的价值标高，成为人才"质检"的衡量标尺。（2）工艺规程方案的选择应逐步提高加工方法的精度，欲速则不达，从而给学生讲授量变引起质变的哲学思想，说明做任何事都要循序渐进，脚踏实地。（3）在拟定工艺路线时，教育学生在保证零件质量要求的前提下如何提高生产率，降低加工成本，做到技术上先进、经济上合理	学生从制定机械加工工艺规程出发，举一反三，以点带面，提升在各方面总揽全局、协调各方的能力

（续上表）

序号	单元/专题名称	教学内容概述	素质目标	拟融入的思政元素	预期达到的思政育人效果
5	机床夹具设计	典型零件定位、定位误差分析、常用机床夹具的夹紧装置、专用夹具设计方法	遵守劳动纪律和规范，具备严谨、细致的职业素养	（1）讲授专用夹具设计，培养学生的创新创业精神。 （2）讲授定位误差，强调实事求是的工匠精神；强调标准件的选用，突出遵守行业规范的重要性，讲授夹具图的绘制，体现大国工匠严谨的精神	培养学生严谨、细致的工作态度
6	机械加工质量分析	机械加工精度分析、机械加工表面质量分析	具有敬业、精益求精的工匠精神，具备职业素养	强调对精度的要求，即是对技艺的要求也是对工匠精神、精益求精的追求。 案例：讲授华为"零缺陷"质量管理体系，讲授在进行机械制造与测量的过程中，应该以专业、细心、专注、零缺陷的科学素养进行工作，才能做出精品	（1）让学生明白新时代的工匠精神的内涵（敬业、精益求精、专注、创新）。 （2）让学生了解科学素养对于一个专业人士的重要性，在今后的工作实践中不断提高自己的科学素养
7	机械装配工艺基础	机械装配过程分析、装配方法及选择、装配尺寸链	具备团队协作、乐于奉献的职业素养	（1）强调每个机械零件就如单个个体，装配就好比人与人之间需要团结协作起来，互相配合，才能拧成一股绳，完成既定的目标。 （2）强调只有每个零件的团队协作、愿意奉献付出，才可保证装配好的机器能正常运行	让学生树立团队协作意识、奉献事业精神

（五） 采用新颖独特的教学方法

课程团队应思考在教学过程中，如何有效组织教学活动。既要保证完成专业知识的教学任务，又要充分融入课程思政元素，做到生动活泼，提高学生的学习兴趣与学习热情，促进学习的主动性。可采取以下三种教学方法：

（1） 借助信息化教学手段展示思政元素。

（2） 通过典型案例融入思政元素，开展对学生的思政教育，加深学生对专业的理解，促进学生对专业的应用，提高学生的综合素养。

（3） 摸索协作式的学习模式。在课堂教学中适当增加协作环节，针对学生关注的事例，组织学生分组讨论，引导学生运用所学的专业知识解析思政元素，增强学生的国家认同感、民族自豪感和责任心，树立学生爱国信念。

三、 结语

综上所述，"机械制造技术基础"课程蕴含了丰富的思政元素，通过教学改革探索与实践，可将课程思政元素有机融入教学过程，塑造学生的世界观、人生观、价值观，发挥该课程的双重育人功能，促进学生知识、能力、素质全面发展，落实立德树人的根本任务。

参考文献

[1] 习近平总书记在全国高校思想政治工作会议上的讲话 [Z]. 新华社，2016 – 12 – 09.

[2] 沈志煌，许志龙，刘菊东，等. 《机械制造工艺学》课程中思政元素的探索 [J]. 广东化工，2020，47（15）：201 – 203.

[3] 曹瑞香，黄根勇. 课程思政在高职《机械制造基础》课程中的应用 [J]. 内蒙古煤炭经济，2020（11）：219 – 220.

[4] 吴元徽，施渊吉. 机械制造基础课程思政实施的探索与思考 [J]. 教育现代化，2020，7（22）：138 – 140.

[5] 蒋洪奎，徐洪. 专业课程与思想政治协同育人模式的探索 [J]. 大学教育，2020（3）：108 – 110.

大思政背景下高职院校市场营销专业
课程思政建设初探①

陈洁玲②

摘　要： 课程思政的根本任务是立德树人，希望全面发挥中国特色社会主义教育的育人优势，以理念信念教育作为核心，引领社会主义核心价值观，全面提高市场营销专业人才培养能力。课程育人是一项复杂的系统工程，需要全员参与、全方位推动、全要素协同。本文围绕课程思政在教学过程中的实用性问题进行分析，结合市场营销专业课程的育人目标和教学特点，研究适应高职院校专业课课程思政改革的路径，探索专业课课程思政的规范建设。

关键词： 三全育人；市场营销专业；课程思政；教学改革

"育人为本、德育为先"是课程思政的核心任务。习近平总书记指出，高校立身之本在于立德树人。要坚持把立德树人作为中心环节，把思想政治工作贯穿教育教学全过程，实现全员育人、全程育人、全方位育人。现阶段，专业课课程建设必须融入大思政的理念和环境，深入挖掘各类课程的思政元素，把价值观的培育和塑造有机融入整个教育体系，坚持把立德树人作为教育教学的中心环节和根本任务，把思政工作放在首位，贯穿教学的全过程，覆盖各项工作、各个环节。

一、 市场营销专业课程思政改革的必要性分析

做好教学工作是高职院校教育工作的首要任务。培养什么样的人，如何培养人及为谁培养人，是教育工作的根本问题。专业课课程思政是大思政工作总体格局的重要组成部分，因此，建设高质量优秀精品专业课程，要以立德树人为根本

---

① 本文已发表于《广东职业技术教育与研究》2022 年第 1 期，原名"'大思政'视域下专业课的课程思政建设研究——以'市场调查'课程为例"，略作部分文字调整及修改。
② 作者简介：陈洁玲，广州科技贸易职业学院教师，主要研究方向：市场营销学。

任务，把立德树人成效作为检验教学成败的一个根本指标，进而实现全员育人、全程育人、全方位育人（简称"三全育人"）的要求。

（一）大思政理念下市场营销专业课程改革的意义

课程思政是落实立德树人根本任务的重要举措，是新时代加强高校思想政治工作的新要求。高职院校肩负为党和国家培养人才的重任，应以习近平新时代中国特色社会主义思想为指导，站高位看全局认识课程思政的时代价值，加强专业课课程思政建设，可以完善全员全程全方位"三全育人"实施途径，全面提升立德树人的针对性和实效性。

课程思政是新时代专业课改革的必然结果，可以极大地促进专业课教学效果的提升。任何课程都蕴含着一定的价值导向，分别蕴含着不同的思想政治教育元素。比如，在教书育人中加入"育人"的元素，践行"传道授业解惑"的师道精神，揉入爱国爱岗敬业素养，传承中华优秀文化和创新奋搏精神等，它是一种自然而然的过程。课程思政存在于专业课教育中不仅有助于课程发展，而且能营造正向积极的课堂环境，促进学生成长，全面提升教学质量，从而达到构建"三全育人""十大育人"的战略目标。因此，大思政改革理念是专业课课程思政改革应然发展后的必然结果。

（二）高职院校市场营销专业课程思政教育存在的问题

目前高职院校市场营销专业学生是 00 后新生代，学生的道德素质主流是健康积极向上的，但仍存在一些不容忽视的问题：一方面，新生代学生普遍受家庭保护得较好，依赖性较强，自身受挫力较差，所学专业知识不够扎实，知识迁移能力较弱，在实践过程中缺少磨练；另一方面，新生代学生的自我意识较强，喜欢沉浸在自己的世界中，不善于表达，社会责任感淡漠，利己思维较强，团体意识薄弱。高职院校培养的是高素质技能型人才，教学环节设计必须具备良好的社会适应性和技术应用性。然而，在课程思政建设过程中，专业课教师对于课程思政的认识还不够深刻，未能理解课程的思想和政治内涵，教学目标较为模糊，需要达成的教学效果不清晰，很多教学环节随意安排，往往课堂中的理论与社会实践脱节，缺乏社会真实项目的引入和社会活动的参与，讲解过程中缺乏教学技巧，教学手段过于单一。因此，育人工作要根据学生的学习和生活实际，将显性教育和隐性教育相结合，通过有形与无形的手段把思想政治教育融入学生学习和生活的各个环节，渗透到教学、管理和服务的各个方面，使学生形成良好的思想品格和人格修养，促进学生全面发展。

（三） 市场营销专业课程思政改革研究的目标

市场营销专业课程思政改革研究的目标是围绕如何通过提炼蕴含在专业知识中的思政元素，利用学生对专业知识技能学习的认可度与专注度，促使专业课教学中的知识传授与价值观培养有机统一。譬如，"市场调查"作为市场营销专业的必修课，它的基础应用性和实践性较强。在"市场调查"课程思政的教学改革中，思政内容与专业知识如何进行深度的有机融合是难题。专业课教师需要厘清哪些专业知识构成思政内容，哪些内容最核心、最重要，不能把与专业毫不相干的内容塞进课堂，从而使课程思政教学改革效果大打折扣。因此，如何以"工作过程"为导向，结合思政内容提炼典型工作任务，设计实用的学习情景和有关的课堂实践；如何准确、深入地挖掘专业课程里蕴含的思政元素，结合专业引导学生思考和探究怀抱中国梦、建设粤港澳大湾区、弘扬岭南文化等热点问题，使学生掌握市场调查基本理论的同时了解市场调查工作的思维和工作方法，是课程思政改革研究的核心问题。好的教学方法和教学手段可以令课程思政教学改革效果事半功倍。在专业课堂教学活动实施时，要在教学方法上注重开拓创新，将多种教学方式巧妙整合，避免传统的"填鸭式"的生硬说教。通过引入合适的任务或案例进行驱动，既能激发学生对专业课程学习的兴趣和专注度，也能引发学生认知、情感和行为的认同，从而达到潜移默化的育人效果。通过思政元素的融入，能激发学生对社会主义核心价值观的认同感，培养学生诚实守信、坚韧不拔的职业精神。因此，探讨和锤炼一定的思政育人技巧，是课程思政改革研究的重要问题。

按照"价值引领、能力达成、知识传授"的总体要求，课程思政要求教师在教学过程中开发专业课中的"育德"内涵，打破原有学科的思维束缚，仔细梳理、挖掘蕴含于各专业课程的显性及隐性的思政元素，将其列入教学计划的重要条目和课堂讲授的重要内容，从而可以让学科内容更加丰富和深入。同时，课程思政的实施要求教师创新教学方法，通过专题教学、案例教学、翻转课堂、微课视频等教学方法，融入人文和情感因素，让知识的传授更有感情。这些改革和变化都有助于增强专业课教学的吸引力。[1]

二、 基于大思政理念进行市场营销专业课程思政教学改革的有效方式

（一） 准确把握学生的思想动态，充分挖掘思政育人元素

现代教育理论强调，学生是学习和发展的主体，师生互动必须是一个双向的

过程。全堂翻讲，全堂说课，"填鸭式""灌输式"教学难免令学生感觉枯燥、乏味和厌烦。高职教育阶段是大学生心理成熟的定性时期，缺乏参与、实践和沟通的课堂环境，大大影响学生形成自主思维能力和问题解决能力，不利于学生的成长乃至未来的发展。为此，课堂教学必须确立学生在课程学习中的主体地位，树立"以人为本、以学生为本"的核心理念。

第一，从学生感兴趣的专业课程内容入手。教师应该引导学生形成深度挖掘问题的能力。比如在市场营销专业课程中，教师可围绕现实生活中的营销案例，要求学生从多个角度出发对某个经营项目成功或失败的内外因素进行分析。在该过程中，学生的思维可得到拓展，进而将自己得出的结论应用于时间，得出最终结论。教师还可透过时政热点情境进行引导提问。比如围绕国家新发布的某项经济政策，教师应引导学生从社会、经济等多个层面分析实施该政策的目的。如疫后中国实施多重经济政策，教师应组织学生了解国家发展策略，从而使学生明白事件表面趋势下隐藏的深层内涵。在形成明确的问题之后，学生可通过组织学习小组，探索团队研究模式的价值，对典型案例进行探索、讨论和释疑，思考如何透过现象看到本质，并规范构建解决问题的途径。[2]

第二，促进多向交流，丰富学生实践。教学过程应注重利用一切资源拓宽教学空间，让学生畅享多向交流、实践乐趣，提升教学效果。一方面，积极运用校内外教学基地、专业实训室、模拟实训室、多媒体实训室，进行岗位情景演练。另一方面，实施校企"合作双赢"的办学模式，当市场营销专业的学生进入大二、大三学年后，便拥有大量进入本省企业深度实习的机会。除了专业度极高的工作场所之外，学生还能够与实习企业的资深人员共同参与特定的项目，有助于学生将理论与实践相结合。总体而言，上述过程即为"以学生为本"的具象体现。事实上，绝大多数学生都不愿意接受"支配式教学"，如果学习活动中自身的价值可以充分展现，在获得足够独立尊重的同时还能够解决现实问题，则学生必定选择"愿意听""愿意做"，并且"主动学"。因此，高校能否真正做到"以学生为本"是能否完成课程思政教学改革的关键。

（二）课程思政要自然融入专业知识学习，将社会主义核心价值观渗透到教学的每一个环节

无论大思政理念、"三全育人"理念还是课程思政教学改革探索，终极任务均在于立德树人。在我国，现阶段乃至未来相当长的一段时间内，社会主义核心价值观均会对学生的成长以及观念的形成产生无与伦比的影响。基于此，高职院校市场营销专业若要基于三全育人理念，通过课程思政教学改革，真正实现立德树人，一个行之有效的方式为：将社会主义核心价值观渗透到市场营销教学的每一个环节，使学生得到全方位提升。例如，在宏观调查背景下以粤港澳大湾区40多年来的发展成就为题目让学生收集历史资料讲述中国故事，通过分组实施实践调查项目和讨论，厚植学生的爱国主义情怀、激发责任担当，引发思想共鸣和思考。通过案例式、探究式、体验式教学，进行思想引领和价值塑造，最终让课堂"活"起来，在不断启发中引发学生情感共鸣，实现隐性教学、润物无声。[3]

（三）充分利用信息化教育教学平台，巧妙融入新课程理念及运用多种教学方法

前文提到，师生之间互动，是一个双向的过程。双方互动需要建立在共同的知识背景下，保持思维的活跃状态，这样才会有互动的话语权和共同语言，实现互动的默契与高效，教学目标的达成才会一帆风顺。随着信息技术在课堂中的介入，师生之间的互动凭借的不仅仅是书本、语言和黑板，还有呈现多形态的信息技术。信息技术不仅改变了互动的载体，而且改变了互动的方式，因而师生适应这种新的互动环境和互动需要就显得非常必要和迫切，否则，必然会造成思维的迟滞和互动的困难。因此，熟练地运用恰当的方式，让学生迅速找到信息技术载体上的师生共同关注点，让学生保持思维的紧凑性和流畅性，进行行云流水般的师生互动，就会有效地促进学生对知识的主动建构。

三、 结语

高职院校将立德树人作为根本任务后，探索课程思政的教学改革时，必须正确融入思想道德教育、文化知识教育和社会实践教育，发挥思想政治教育的强大推动作用。对于市场营销专业来说，培养学生的方式应该有所调整，务必保证学生在掌握更多市场经济知识的同时，还能够坚守初心，为国家发展贡献力量。

参考文献

[1] 王玲芝，杨须栋. 浅谈高校"课程思政"建设的意义 [J]. 科技风，2019（34）：75－76.

[2] 黄娟. 以网络平台建设激发学生"问题意识"的思政实践教学改革 [J]. 创新与创业教育，2014，5（5）：61－63.

[3] 李树涛. 课程思政建设要充分发挥教师作用 [N]. 光明日报，2020－06－16（15）.

课程思政视域下职业院校"写作育人"路径

刘付娟①

摘　要： 在全面推进课程思政工作的大背景下，"应用文写作"作为职业教育学生必修的公共基础课，以提升学生应用写作能力、分析问题能力、解决问题能力、思维能力等综合素质为教学目标，承担和肩负着坚定学生道路自信、制度自信、理论自信和文化自信的任务和职责。把思政元素融入课程建设标准、课堂教学设计等，不仅可改善课程教学内容乏味枯燥、脱离实际的不足，还可提高课堂教学质量和思政育人成效，促进各类课程与思想政治理论课同向同行，形成协同效应。

关键词： 课程思政；应用文写作；职业教育

2016 年全国高校思政工作会议进一步明确"用好课堂教学这个主渠道，各门课都要守好一段渠、种好责任田，使各类课程与思想政治理论课同向同行，形成协同效应"[1]。2019 年的全国教育工作会议指出培养什么人、怎样培养人、为谁培养人是教育的根本问题，立德树人成效是检验高校一切工作的根本标准。2019 年中共中央办公厅、国务院办公厅印发《关于深化新时代学校思想政治理论课改革创新的若干意见》指出整体推进高校课程思政，即"深度挖掘高校各学科门类专业课程和中小学语文、历史、地理、体育、艺术等所有课程蕴含的思想政治教育资源，解决好各类课程与思政课相互配合的问题，发挥所有课程育人功能，构建全面覆盖、类型丰富、层次递进、相互支撑的课程体系，使各类课程与思政课同向同行，形成协同效应"[2]。

"应用文写作"是职业院校面向全体学生开设的公共必修课，一方面要以学生为本，正确教育、引导学生提升口头表达能力、书面表达能力和自身综合能力，另一方面要强化对学生的思想引领，提升其文化自信，实现为国家培养德才兼备的技术人才的目标。总结"应用文写作"课程教学的思政元素，在提升学生写作技能过程中可培养学生的工匠精神和劳动精神，在写作目的出发点上可培

---

①　作者简介：刘付娟，广州科技贸易职业学院讲师，主要研究方向：中文、思想政治教育。

养学生"以人为本"的思维，在写作语言的运用中可培养学生对汉语汉字的艺术美欣赏和使用，使其在经典案例中感受中华优秀传统文化精神的内涵，结合自身专业和体验，思考中华优秀传统文化的传承和创造性转化等，以达到"写作育人"、培养学生"四个自信"的目的。

一、 "应用文写作" 课程思政改革现状分析

目前，国内"应用文写作"课程的课程思政改革主要有以下几个路径：

1. 进一步贴合专业人才培养目标

课程进行课程思政改革，首先要体现在课程教学目标上。"应用文写作"课程作为职业教育长期开设的公共基础课程，过去着重培养学生的综合素质和职业能力，虽然部分专业有开设专门的应用文写作课程，如经济应用文写作、法律文书写作等，但大部分专业按照传统的、统一的和基础的文种模块进行教学。在课程思政和课岗融合理念的融入下，促使更多教师关注国家和行业的最新发展，以社会主义核心价值取向为引领，与红色文化资源、时政资源、地域资源、行业资源、传统文化资源等结合，首先从文种、案例的选用进行应用文写作的教学改革，更贴合国家和行业的人才培养目标。

2. 促使教师提升综合素养

课程教学关键在教师，课程思政的改革关键也在教师。教师的政治素养、职业素养、文化素养决定了课程改革的成效。课程思政改革需要教师具有较高的政治素养，需要加强对习近平新时代中国特色社会主义思想的学习，并以此为指导，以社会主义核心价值观为引领，再融入课程设计中。"应用文写作"课程要为国家和行业发展服务，就需要教师紧跟国家和行业的发展和变化，涉外专业甚至应了解国际形势变化，不能闭门造车。这需要教师具有一定的职业素养，主动关注和了解各专业的人才培养需求。习近平总书记提出了"两个结合"，要把马克思主义基本原理与中华优秀传统文化相结合，"应用文写作"课程在职业院校往往担负着汉字、汉语和国学文化的传承任务，需要教师具有较高的中华优秀传统文化素养。这些要求将不断促进教师提升自身的综合素养，成为培养教师树立良好师德师风的动力和压力。

3. 创新教学模式和考核标准

职业教育的课程教学改革经历了校企结合、产教结合、课岗融合等，这是促使课程符合行业、生产和岗位需求的发展过程，再到课程思政、"两个结合"等社会主义价值观的融入，使中国的职业教育更符合新时代中国特色社会主义和职

业教育高质量发展的需求。课程改革进一步推进"应用文写作"课程在教学模式、方式方法、考核方式等"以生为本"，逐渐改变应用文写作教学模式，更贴近职业教育的特点，不断提升教学质量和效果。教学模式在理论讲授、案例分析、写作实践的基础上，融入小组团队合作任务、网络教学资源、职场仿真和实训项目、校园活动实践、社会实践项目、传统文化项目、红色文化项目等。考核评价也融入更多综合考核的方式，结合线上线下、课内课外、校内校外，在单一的知识技能考核中逐渐融入社会主义价值观、职业素养、中华优秀传统文化和社会实践的考核等。

总体来说，"应用文写作"课程基于课程思政的改革仍存在问题和不足，总结如下：

1. 课程思政理念认识不充分

非思政专业的教师往往对思政理论、思政元素的认识和理解不够专业和深入，对课程思政理念的重视程度和实践情况不平衡，对于为何融入、融入什么、怎样融入存在困惑。应用文写作是技能和文化、内容和形式的统一体，但高职院校的写作课程往往追求写作技能和写作套路的教学，忽视其思政教育功能，不能有效回应学生成长成才所面临的关键问题，教学模式容易僵化。

2. 思政育人元素融入不贯通

非思政专业教师缺乏专业的思政理论和思想教育方法，教学内容融入较生硬，契合度不够，无法融会贯通。教师在选择含有思政元素的教学案例时容易产生困惑，有效资源不足和社会信息过多，讲解思政内容时语言存在表述错误、概念不精准等问题。在课堂活动、作业、课后实践和考核评价体系方面，教师对于融入什么、怎样融入也存在许多困惑。常容易发生思政元素"漫灌"、课程教学与思政教育"两张皮"的现象，强行嫁接，达不到育人成效。

3. 教学改革效果实践不理想

新时代的学生虽然视野开阔、个性鲜明，但对思政教育的领悟能力和接受程度具有较大差异，个别学生甚至会有抵触心理，这使课程思政改革具有一定的挑战性。在当前应用文写作教学中，遵循着讲授、示范、实践的传统技能教学模式。部分学生缺乏主动性、自觉性和学习动力，认为写作单调、枯燥、无趣，个别学生缺乏诚信、道德意识，通过互相抄袭、网络下载应付写作练习和实践，这是课程思政协同育人的难点。

二、"应用文写作"课程"写作育人"的改革目标

1. 助立"立德树人"教学理念

"应用文写作"课程的教师不仅要"授业",还得做"传道"和"解惑"的大先生。教师将思政元素融入写作教学可破解重技轻文的不足,也体现教师以学生为中心的教学理念。"教师将思政理论融入语言教学的过程也是教师深入学生当中去,关心学生、热爱学生、服务学生的过程。"[3]学情分析在了解学生学业情况的同时,更加关注学生的思想动态,理解学生的个性发展。"以写育人"是指依托应用文写作教学来教育和引导学生,充分挖掘"应用文写作"课程作为语言学科的政治性、时代性、科学性、创新性、主体性,以及对人类意义、价值的建构能力,帮助学生紧跟时代步伐,传承中华优秀传统文化和培育劳动精神、工匠精神,树立道路自信、制度自信、理论自信和文化自信,成为担当重任的时代新人。如课程绪论部分,讲授应用文的起源、发展、功能和作用等,通过介绍中国最早发现的甲骨文就是应用文,第一本应用文汇编《尚书》,指出应用文自产生之日起,就承担着思想教育、指挥管理、沟通协调、处理事务、联络感情和依据凭证等功能,对社会的治理和发展、人民的情感交流和信息互通、文化的传承和创新起了关键的作用等,让学生了解中国文字、传播媒介、文学的历史发展,以此加强学生对中华优秀传统文化的了解和传承,增强文化自信,并培养学生"以人为本"的写作意识。并通过规范公文格式、应用文语言语法标点的准确使用等培养学生的工匠精神。

2. 助改教学内容紧跟时代

挖掘写作内容中的思政元素可破解教学内容枯燥陈旧的不足,发挥育人作用是应用文写作教学改革的关键环节。"在新时代,应用文写作教学担负着育人的重要功能,在提升大学生应用文写作能力的同时,又以承载的优秀文化、传统美德感染学生、陶冶学生、塑造学生,增强学生对民族文化的认同感,激发对祖国语言文字的热爱之情。"[4]以政治认同、家国情怀、道德修养、法治意识等为思想引领,以爱党、爱国、爱社会主义为目标,融入中国特色社会主义主题教育、社会主义核心价值观教育、法治教育、心理健康教育、中华优秀传统文化教育价值引领,培育学生的集体主义精神、工匠精神和劳动精神。通过时事新闻、行业动态、社会热点、先进人物事迹等写作案例分析,让学生关心国事、天下事,教学内容也紧跟国家、社会和行业发展等,在教学新闻文体、政府公文、经济文书和法律文书写作的同时,贯通新时代变局、中国特色社会主义建设和各行各业的建

设发展内容介绍等，让学生了解近十年中国经济、政治、民生、文化、生态和党建等各方面取得的成就，通过情景模拟、角色扮演等促进学生代入政府、企业的角度探讨如何加强社会、行业的现代化建设和管理，并在应用文写作中体现出来。如第一章公文写作部分，可选取政府的十四五规划、党的二十大报告、先进人物表彰通报等作为教学案例，在讲授文种使用、写作模板和案例分析的过程中，宣讲国家的政策、方针，社会主义国家的特点，社会主义核心价值观等，发挥思政育人的功能，培育学生道路自信、理论自信和制度自信。在讲授礼仪文书时，通过介绍中华优秀传统文化中礼仪文化与现代文化的结合，培养学生的文化自信。

3. 助推教学效果改革创新

应用文写作教学融入思政元素可破解教学缺乏创新的不足，是提升教学效果的路径。写作技巧的讲授和实践都是比较枯燥乏味的，教学手段和技术有限，通过教学改革，让学生培养稳定的写作兴趣、学习古人"吟安一个字，捻断数茎须"的工匠精神、"语不惊人死不休"的创新精神，并从中感受中华文学和汉语言的魅力，从而能持之以恒地自学和正确运用应用文，并形成独立的思考和内容创新，以此推动学生综合素质的提升。如讲授演讲稿文种时，通过引用习近平总书记的系列讲话案例，学习习近平总书记面对不同场合、不同情景、不同对象时不同的语言风格和思维模式、同样内容的不同表述等，感受汉语言的魅力，培养学生的创新思维，推动马克思主义理论与中华优秀传统文化的结合等。

三、"应用文写作"课程"写作育人"的实施策略

1. "写作育人"铸师魂，提高课程改革的认识水平

进一步构建"三全育人"思政模式，树立"久久为功 铸魂育人"的课程思政建设理念。其一，思政课教师与院系对接，以院系核心课程的课程思政教改项目为抓手，思政课对各立项项目及课程建设、论文撰写进行一对一全程指导，提升专业教师的思政理论、方法业务水平。其二，组织课程思政定期培训，提升专业教师协同育人的认识和能力，帮助教师树立育人的教育理念和师德建设。

2. "写作育人"注新源，增加教学资源的契合度

加强教学案例与思政元素的契合度。教学案例融合中华优秀传统文化、社会时事热点、社会主义核心价值观，挖掘改革开放的创新精神、学习习近平新时代中国特色社会主义思想理论体系等，紧跟时代思政教育要求，增强案例的时代性、创新性、引领性等。

教学实践融入思政元素。在课堂组织、写作练习、课外实践等环节设置隐性的思政教育，提升学生的家国情怀和文化归属认同感，增强道路自信、理论自信、制度自信和文化自信等。应用文写作涉及学生的学习、生活、生产各方面，利用学生校园文化活动、网络思政等扩展"写作育人"的实践育人平台。

3. "写作育人"促实效，提升教学质量水平

"《应用写作》的'课程思政'必须与写作的逻辑、思维、思辨结合起来，要在思辨中进行价值塑造和思想引领。"[5]教师在传授写作技巧时，渗透工匠精神、劳动精神、创新精神等显性教育，写作内容上渗透爱国主义、民族团结、中华优秀传统文化、社会主义荣辱观、社会主义核心价值观等价值导向，是提高"写作育人"教学效果的重要途径。高职院校的课程多采用任务驱动法，在设计教学项目时，把项目目标、内容与思政元素结合，结合学生专业和兴趣，如以策划组织喜迎二十大的系列校园文化活动为抓手，把常用的文种教学内容和实践项目融入，既能激发学生的兴趣，也能以此拓展隐性的思政教育内容。结合岗位模拟，如让学生以某单位办公室宣传岗职员的身份，拟定单位喜迎二十大宣传系列的活动方案、通知、广告海报、公众号文案、讲话稿、表彰通报、新闻稿、总结等；以某村大学生村官的身份，写一份关于乡村振兴的策划案等。通过教学内容、实践活动与思政元素的融合，提高写作教育的政治性、思想性、接受性和时代性等，实现文以载道的功能。

四、　结语

"应用文写作"课程具有帮助学生提升综合素质和职业素养的教学目标，国家也非常重视汉语言教育和中华优秀传统文化传承，将其作为提升"四个自信"的重要抓手。课程思政改革是实现"三全育人"的重要途径和方法，可通过"应用文写作"课程把思想、政策、道德、法治、历史、文化、科学等和写作技能融为一体，实现知识传授与价值引领同频共振的教育理念，培养学生诚实守信、忧国忧民、独立思考、发现问题、分析问题、解决问题的综合素质。通过课程思政改革，各类课程与思想政治理论课同向同行，形成协同育人成效，师生互促成长，共同推动立德树人目标的实现。

参考文献

[1] 把思想政治工作贯穿教育教学全过程下开创我国高等教育事业发展新局面 [N]. 人民日报, 2016 – 12 – 09 (1).

[2] 中办国办印发《关于深化新时代学校思想政治理论课改革创新的若干意见》[N]. 人民日报, 2019 – 08 – 15 (1).

[3] 如何理解语言教学课程思政的哲学意蕴 [EB/OL]. (2022 – 02 – 18). http://theory. people. com. cn/n1/2022/0218/c40537 – 32354805. html.

[4] 王莹雪. 课程思政教育理念在应用文写作教学中的运用 [J]. 包头职业技术学院学报, 2022, 23 (1): 49 – 52, 71.

[5] 梁金凤. "课程思政"视野下高职院校《应用写作》教学改革研究 [J]. 河北能源职业技术学院学报, 2022, 22 (1): 84 – 87.

[6] 罗俊英. 应用文写作课程思政教学的改革创新路径 [J]. 文学教育（下）, 2022 (10): 113 – 115.

[7] 黄立霞. 高职院校应用文写作课程思政实践路径探究 [J]. 长沙民政职业技术学院学报, 2022, 29 (3): 101 – 103.

[8] 陈华. 课程思政融入大学应用文写作教学路径研究 [J]. 国家通用语言文字教学与研究, 2023 (4): 13 – 15.

[9] 尹若笛. 课程思政融入高职院校应用文写作教学的实施路径 [J]. 长春教育学院学报, 2023, 39 (3): 66 – 71.

[10] 付丽娅.《经济应用文写作》课程思政教学路径探索 [J]. 武汉工程职业技术学院学报, 2023, 35 (1): 100 – 103.

虚拟仿真技术深度融合课程思政的教学实践研究
——以"汽车发动机电控系统检修"课程为例

张霞峰　柳　畅　张世光①

摘　要：遵循寻找前沿、把握重点、围绕热点的原则，校企合作通过不断迭代开发深度融合课程思政的虚拟仿真软件来探索资源建设的有效路径。根据课程特点，融合政治认同、法治意识、职业精神、公共参与、人格健全"五素养"等思政元素，大力培养工匠精神，促进虚拟仿真实训教学与课程思政协同进行。以"三教"改革为载体，以教学诊改为指导，建立基于目标、指标的评价管理体系，实行多方参与的多元评价模式，制定考核评价"金标准"，切实提高人才培养质量。

关键词：虚拟仿真；课程思政；深度融合；教学实践

高校的根本任务在于立德树人，为党育人、为国育才。为全面深入推进课程思政建设，应发挥好每门课程的育人作用，让教师、专业、课程、课堂等"全员、全方位、全过程"地承担好育人责任，守好一段渠、种好责任田，使专业课程与思政课程同向同行，形成协同效应。以"汽车发动机电控系统检修"课程为例，以立德树人为根本任务，以虚拟仿真实训激发学生学习兴趣为切入点，通过分组完成虚拟仿真实践任务的形式，让学生能够在虚拟仿真技术环境中获得课程思政"协同合作"的真实体验，通过教学设计把"工匠精神""正向价值""红色项目"等课程思政内容与虚拟仿真技术协同进行与点滴渗透融合，引导学生从单纯的"专业学习"转变到"思专并学"，最终培养出拥有"强技能""高思想"的德才兼备的新时代高素质人才。

① 作者简介：张霞峰，广州科技贸易职业学院助教，主要研究方向：智能网联汽车、智能机器人；柳畅，广州科技贸易职业学院助教，主要研究方向：智能网联汽车、汽车主动悬架；张世光，广州科技贸易职业学院工程师，主要研究方向：机械设计与制造。

一、 虚拟仿真技术与课程思政的现状

1. 虚拟仿真技术的研究现状

虚拟仿真技术就是模拟仿真生活中的场景或创建人脑中想象出来的虚拟场景，以获得身临其境的体验。可以通过虚拟仿真教学改革传统教学，提升职业院校人才培养质量。英国开放大学通过三维技术开展虚拟教学活动，构建与课堂平行的三维虚拟环境，学生与教师在其中"无障碍"沟通交流，学生可以在线下进行相关试验，还可以通过仿真软件进行远程控制完成实训，具有方便、快捷和节省昂贵购置费用的优点。

国内虚拟仿真技术研究起步较晚，但发展迅速，其在教学中的应用范围也越来越广。2018—2020 年国家相继印发《教育信息化2.0行动计划》《职业教育提质培优行动计划（2020—2023 年)》，鼓励职业院校利用现代信息技术推动人才培养模式改革。李贵、王兴东等学者探究了虚拟仿真技术在机械专业中的应用，通过专业知识与虚拟仿真技术的深度结合，构建了交互式、立体式、可视化的三维沉浸式虚拟实训教学系统，学生可有效地将知识运用到实训中。

2. 课程思政的研究现状

2016 年，习近平总书记指出"要用好课堂教学这个主渠道，使各类课程与思想政治理论课同向同行，形成协同效应"；2019 年，国务院发布的《关于深化新时代学校思想政治理论课改革创新的若干意见》中，建议深入挖掘各门课程中的思政资源，解决思政课程与各类课程之间彼此配合的问题，构建全面覆盖、相辅相成的课程体系，强调了课程思政的重要作用；2020 年5月，教育部印发了《高等学校课程思政建设指导纲要》，提出把思想政治教育贯穿人才培养体系和全面推进高校课程思政建设，发挥好每门课程的育人作用及提高高校人才培养质量。刘建军认为"课程思政就是通过学校课堂教学和课程建设来对学生进行的思想政治教育"；刘福军认为课程思政是一种新理念、新方法，反映了国家教育事业的全局性和方向性的要求，是在新时代的教育改革和发展中所形成的；耿爱华、周蓉等认为"认同感"是教师开展思想政治教育的前提，也是课程思政建设过程中的要点，有利于教育目标的实现，可以通过记住学生姓名这种日常学习生活中的细节，促进学生建立对于教师的认同与信任。

夸美纽斯在关于教育作用的论述中，将教育看作发展国家、变革社会的手段，他也高度评价了德育的作用，认为通过德育可以改变人的德行。日本在《21世纪教育目标的规划》中认为，要保证人才健康成长，须加强培养思想素质。美

国教育家杜威在《通识教学与素质教育改革》中指出要把青少年的思想政治教育和宗教课程、道德课程及学生的指导结合在一起。德国对学生的思想道德教育表现在设置相关公共课程，如伦理学、社会学等课程对学生的思想政治建设进行引领和教育，塑造学生的价值观念。英国主要采用艺术性的暗示，利用纪念馆、博物馆、科技馆等场所进行教育。法国在思想政治教育层面普遍开设了"公民爱国教育课"，制定公共教育法，设定公民必须学习的知识。

二、　虚拟仿真技术融合课程思政的原则

1. 坚持专业知识与课程思政元素相结合

课程思政的目标是培养专业优秀、综合能力强、信念坚定的人才，在教学中同时体现专业知识和思政价值，知识是基础，价值是目标。局限于知识而忽视价值的引导是不全面的，局限于价值而忽视知识是不符合社会发展的。实现专业课程的价值导向，需要使学生对专业有正确的认识，形成一定的学科逻辑，然后挖掘专业知识中的课程思政元素，使知识与价值之间建立起自然的联系，在课程思政中潜移默化地向学生传达正确的价值观，使专业课程既有专业知识的广度，又有社会价值观的深度，其总体思路如图 1 所示。

图 1　课程思政总体思路

2. 坚持理论与实践相结合

课堂教学中要准确地向学生传递正确的思想观念，让专业课教师提高对课程思政的重视程度，深化课程思政的教学技能。更要高度重视实践教育，如果只有理论没有实践，学生就无法深入地运用理论知识，脱离了实践的理论教育就是"纸上谈兵"。在专业课中融入课程思政，坚持理论与实践相统一，用实际案例解读新时代中国特色社会主义理论等，增强学生对中国历史使命的理解，明确个人发展对社会和国家的价值。

三、　虚拟仿真技术融合课程思政的意义

1. 激发学生学习兴趣，充分投入课堂思政协同合作任务

利用虚拟仿真教学的新颖性、科技性调动学生的学习兴趣，旨在使学生把身

心都充分投入知识的学习中，进一步提高课堂教学质量。通过分组分工协作完成虚拟仿真实践教学任务，在实践教学中强调坚持遵守操作规程，坚持团队协作等，这样既可以在发动机电控系统仿真实训教学中精准融入课程思政要素，又让学生在学习专业知识中体会到真实的课程思政魅力。

2. 打造身临其境虚拟仿真实践教学场景，培养创新能力

利用虚拟仿真技术通过实践的方式提供课程思政的真实体验，让学生真正有真实的贴合感与参与感。以虚拟仿真技术为依托，在教学实践中综合利用思政教学资源，打破理论教学的时空局限，利用虚拟仿真交互性、快速性等特点，让学生直接参与体验，推动思政实践教学由"平面"走向"立体"，从"传统"转到"现代"，从单纯"灌输"变为多样"互动"，凸显学生的主体地位和创新思维，实现"能"和"智"、过程和结果、个性体验和自主创新的有效融合，从而更好地培养学生的创新精神和实践能力，让学生身临其境，激发其学习的内生动力和参与意愿，让课堂"活"起来，有效提升教学效果。

3. 思政元素与虚拟仿真教学深度融合，提升职业素养

在"汽车发动机电控系统检修"课程教学中，按照人才培养方案和课程标准的要求坚持融入课程思政元素，根据虚拟仿真实训特点，在实践教学的同时进行课程思政内容的传播，让学生在虚拟仿真实践教学中自然而然地接受课程思政的教育，让课程思政真正地与专业课程深度融合。例如以"工匠精神"引领专业技能的学习，培养和塑造知识技能精湛、富有家国情怀的大国工匠；以"红色项目"驱动专业教学，采用"做中学、学中做"的教学方式，让学生在教师的协助下，团队协作完成实训；以"正向价值"规范职业行为，把社会主义核心价值观融入专业实践中，帮助学生深刻理解社会主义核心价值观的内核，增强他们的认同感，将社会主义核心价值观的课程思政实施落脚在职业的规范和实践中，内化为学生的自觉性职业行为，进而提升他们的专业素养。

4. 更新仿真技术，创设持续发展教学模式

课程思政内容会随着国情与热点不断更新，为可持续发展，应不断完善教学基础建设，为虚拟仿真技术教学的持续性奠定良好基础。在不断更新虚拟仿真教学技术、促进持续性教学模式期间，应重视校企合作、产教融合，挖掘课程与思政元素之间的关联要素，全面提升虚拟仿真的体验感与交互感，通过技术不断更新的方式把虚拟仿真技术与课程思政深度融合，对学生产生潜移默化的积极影响。

5. 打造课程师生评价"金标准"，诊改赋能质量

以教学诊断与改进理念为指导，完善和修订专业教学标准，制定课程思政教

师与学生的能力考核评价标准，逐步完善专业课与课程思政的融合方法。设立学生自评、师生互评的机制，评价后的反馈精准回到对应责任人，使其认清薄弱环节和漏洞进行及时整改，从而不断提升课堂教学质量。

四、　虚拟仿真技术与课程思政深度融合的教学策略

1. 探索虚拟仿真技术与课程思政资源建设的有效路径

首先，基于实践教学的课程化，遵循寻找前沿、把握重点、围绕热点的原则，通过及时挖掘、提炼与时事同步的思政元素，精选资源嵌入若干专题虚拟教学课程，找准理论教学与实践教学的内容契合点，使虚拟仿真实践教学内容专题化、精细化，落实如图 2 的课程教学目标。其次，通过校企合作开发优质仿真项目，进而打造精品实践课程，将教学资源与网络相结合，实现教学资源的多元化整合、合理化配置、高效率利用，建设思路如图 3 所示。最后，以"三教"改革为载体，打造标准化的实践教学体系，建设融合课程思政的虚拟仿真实践教学资源库，让实践教学更加有章可循、有本可依。融合课程思政的仿真软件如图 4 所示，教学模式下具备语音解说、文字介绍、操作步骤引导、零部件高亮提示等功能，考核模式下具备仿真训练考核的功能，可记录阶段学习测试的相关信息，包括正确率、实训时长、错误详细信息等。

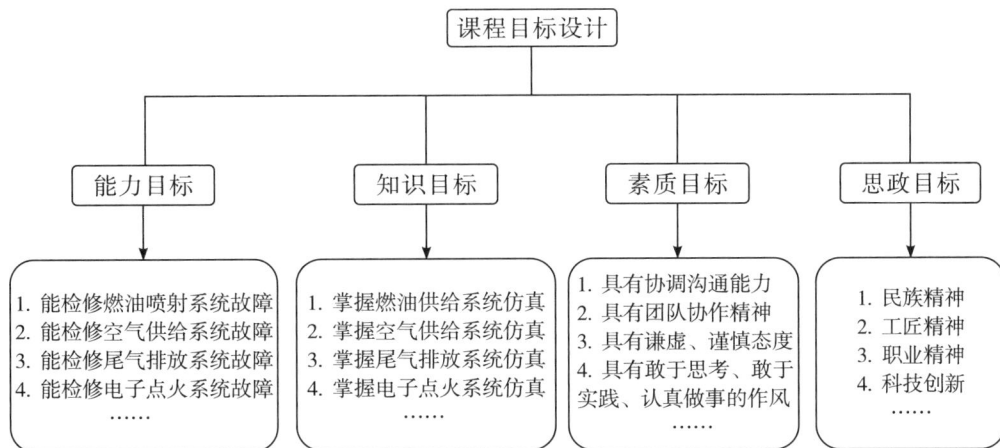

图 2　课程教学目标

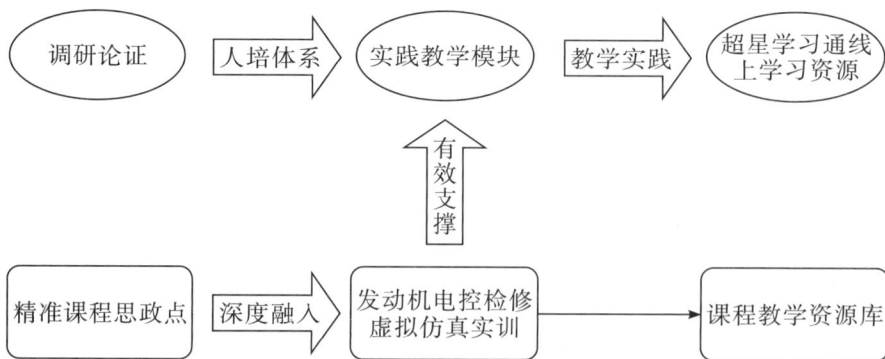

图3　思政实践教学资源建设思路

2. 促进课程教学与课程思政协同进行

精准提炼课程思政元素，"融五素养"创新课程思政建设路径，将其有机地融入实践教学中，以滴灌的方式潜移默化地引导学生树立正确的人生观与价值观，以期达到思政教育润物细无声的效果，最终达到共鸣、共生、共情。从理论知识到虚拟场景的实践，从知识点的显性教育到职业道德的隐性教育，以项目的形成性评价方式，将道德教育要素有机融入其中，从而促进学生专业素质和道德素养内化于心、外化于行。全路径落实立德树人根本任务，根据课程内容特点，充分利用线上教学的优势，将课程教学知识点中蕴含的思政元素精准融德于教，提高教学内涵，建立课程思政整体观，将课程中每个小的思政元素串联起来，形成"五元协同""五维推进""融五素养""树四好新人"的特色化思政建设模式和方法路径，建设路径如图5所示。

在设计实践课程内容时，将课程思政内容融入虚拟仿真实践教学中，根据特点

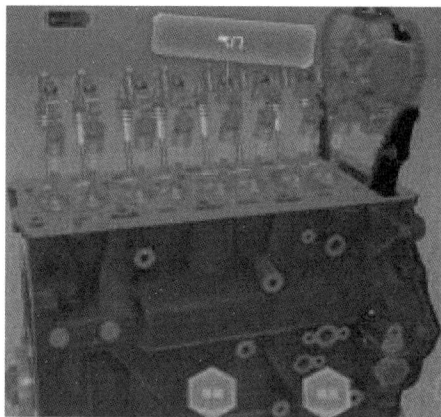

图4　发动机电控系统仿真软件

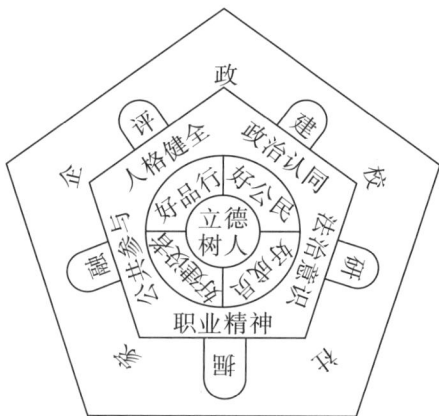

图5　课程思政建设路径

和要求，在实践教学的同时进行课程思政内容的传播，让学生在虚拟仿真实践教学中自然而然地接受课程思政的教育，让课程思政真正地与专业课程深度融合。结合"汽车发动机电控系统检修"课程中包含的发动机电控系统、燃油供给系统、空气供给系统等几个模块的专业教学内容，把党建引领、职业精神、工匠精神、科技创新、集体主义等思政元素有机融合到课程里面，精准找到渗透点，有的放矢地进行思政教育，其专业仿真教学内容与思政教育的结合方式如图6所示。

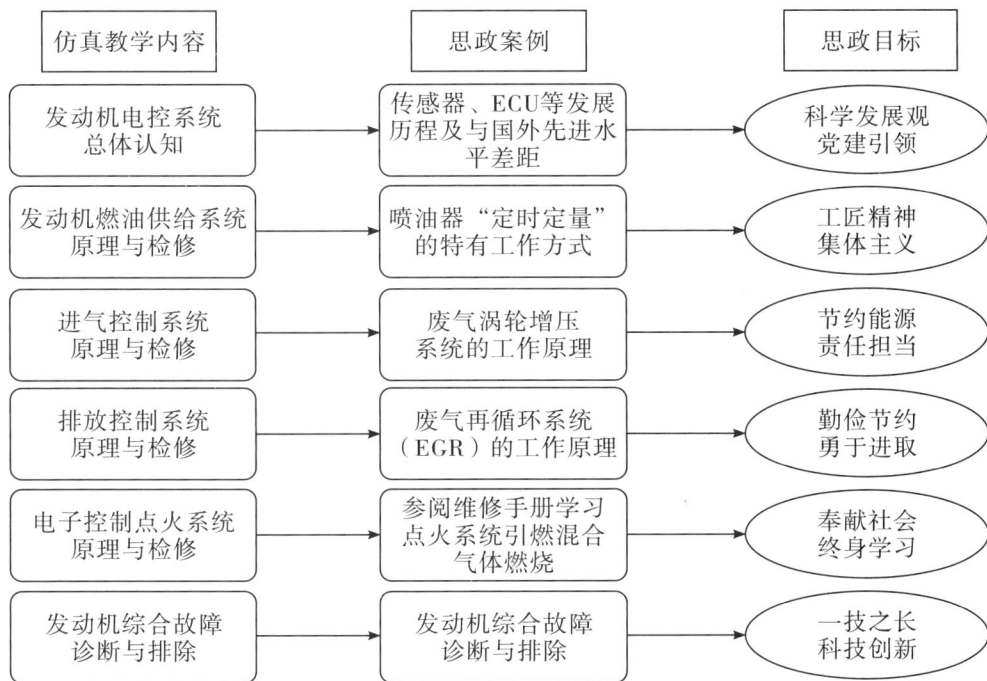

图6 思政教育与专业内容的结合

3. 锻造课程思政教学成效"金标准"

借助超星学习通，探索"线上微课＋直播专题＋互动答疑"的"互联网＋思政课"教学法，用透彻的学理分析回应学生，用深邃的思想理论说服学生，深化教与学的深度融合，让学生真学真信、愿学爱学。遵循教学规律，以"学、考、悟"为主轴，形成"沉浸＋交互"教学模式，构建教学新方法。将"老师讲、学生听"的单一形式转变为集"理论教学、实验仿真、场景互动"于一体的新模式。

利用虚拟仿真技术优化教学方式手段，虚拟仿真技术与课程思政教学相结合，真正做到"虚实结合、以虚补实"。对课程原有考核评价模式进行改进，以立德树人成效作为根本标准，围绕"汽车发动机电控系统检修"的思政素养、相关知识、必要技能要求，建立基于目标、指标的评价管理体系，实行由学校、学生、校内外同行、家长、用人单位等多方参与的多元评价模式，利用课堂教学管控系统，开展线上线下相结合的评价，加强课堂教学日常管理，推动"课堂革命"，将课程教学改革推向纵深，具体评价体系如表1所示。

表1　多方参与的多元评价体系

学业评价要点	课程描述	课程名称：汽车发动机电控系统检修	基本成绩：100分，学分：4，课时：64	过程性评价规划分数：2 000 分
	多元评价（100分）	思想政治教育、综合素养：30分	专业知识（围绕专业定位）：40分	专业技能（围绕培养目标）：30分
	评价的分值分配	课堂教学：35%　实习实训：25%	网络教学：20%　泛在学习（含活动转换分）：10%	期末考试：10%
	多方评价设计	教师评价：50%　学生互评：30%	企业技术人员（线上）评价：10%	其他人员评价：10%
	评价思路	学生学业评价指标设计：以专业、课程的定位与培养目标为基本依据 学生学业评价设计要点：完善的学分建设、学分银行建设、学分转换等 探索增值评价：传统评价分占70%，增值评价分占30%		
	教师工作安排	课堂教学24课时，实训18课时，其他30课时（教师不受时空限制）		

参考文献

[1] 徐稳，葛世林. 虚拟仿真环境下思政课实践教学课程化的路径探析 [J]. 马克思主义理论教学与研究，2021（2）：141-145.

[2] 刘桓，瞿晓理，王佳. 职业院校"课程思政"实施及建设研究——基于2020年全国职业院校教学能力大赛优秀作品分析 [J]. 职业技术教育，2021，42（29）：24-28.

[3] 徐蕾，刘述强，刘勇贤. 企业运行虚拟仿真实践教学中的课程思政建设 [J]. 林区教学，2022（5）：26-29.

[4] 许玲，黄波. 虚拟现实（VR）技术融入高校思政课教学的应用优势与现实基础 [J]. 中国多媒体与网络教学学报（中旬刊），2021（2）：28-30.